中国科学院教材建设专家委员会规划教材

全国高等医药院校规划教材

医学生实用口才教程

第 2 版

主　编　李　平

编　委　张　玲　蓝　英　张丽平

科学出版社

北　京

内 容 简 介

本书作为医学生人文素质教育课读本,力求简明、实用。全书由导论和上中下三篇构成。导论介绍口才的重要意义以及如何提高口语表达能力。上篇医学生实用口才基础由第一、二章构成:第一章口语表达的基础,介绍口语表达的基础知识以及进行口语表达的基础训练;第二章口语表达的技巧,介绍了幽默、赞美、批评、说服、拒绝等几种语言表达技巧。中篇医学生常用口才由第三章到第七章构成:第三章演讲,介绍命题演讲和即兴演讲的基本知识,以及提高演讲水平的实用方法;第四章辩论,介绍辩论的本质与作用,辩论的证明、进攻、防御技巧;第五章毕业论文答辩口才介绍答辩的准备,答辩的语言运用要领;第六章求职应聘口才,介绍求职面试的方法与技巧。第七章管理口才,讲解管理实践中的口才技巧、解决下属纠纷、上下级沟通语言技巧。下篇医学生职业口才由第八、九章构成:第八章医学生职业语言表达基础,阐述医学语言的重要性,医学语言的特点;第九章医疗语言表达艺术,主要介绍医务工作者应该避免使用的语言,以及医患纠纷及其语言应对等。在本书最后附录的名篇鉴赏中,精选了12篇中外演讲佳作,供学习参考。

图书在版编目(CIP)数据

医学生实用口才教程/李平主编. —2版. —北京:科学出版社,2016.3
中国科学院教材建设专家委员会规划教材　全国高等医药院校规划教材
ISBN 978-7-03-047997-6

Ⅰ.①医… Ⅱ.①李… Ⅲ.①口才学–医学院校–教材 Ⅳ.①H019

中国版本图书馆 CIP 数据核字(2016)第 065812 号

责任编辑:朱　华/责任校对:赵桂芬
责任印制:赵　博/封面设计:陈　敬

科 学 出 版 社 出版
北京东黄城根北街 16 号
邮政编码:100717
http://www.sciencep.com

新科印刷有限公司 印刷
科学出版社发行　各地新华书店经销

*

2010 年 12 月第 一 版　开本:787×1092　1/16
2016 年 3 月第 二 版　印张:11 1/4
2016 年 3 月第三次印刷　字数:262 000

定价:29.80 元
(如有印装质量问题,我社负责调换)

第 2 版前言

《医学生实用口才教程》2010 出版后,在使用过程中,学生与教师都提出了宝贵的意见和建议,对此,表示衷心的感谢。为进一步增强口才的实用性 适应教学的需要,本版对以下内容作了修订:

一、由于时代变化,对教材中的案例作了个别增减,在名篇鉴赏中增加了习近平在博鳌论坛上讲话。

二、根据实际需要增加了管理口才,因此对章节顺序进行了调整。

三、重点对在编写体例方面,对应各章的思考题修改为思考与训练,强调口才的实际运用,达到实用效果。

在修订过程中,参考了一些相关的论著,引用了一些例文(有的略有删改),在此一并向原作者表示诚挚的谢意。

由于时间仓促和水平有限,书中难免还存在一些不足和不妥之处,恳请广大师生及读者批评指正。

本书由李平主编、设计全书框架和拟定写作修改大纲,对书稿进行加工修改,统稿。具体分工如下:导论、第一章、第二章、第五章、第六章,李平修编;第三章、第四章、第七章,刘丽平修编;第八章,张玲修编;第九章,蓝英修编。

作 者
2016 年 3 月

第1版前言

随着现代生物-心理-社会医学模式的转变,树立以病人为中心的理念,提高医疗、护理服务质量,以质量求生存,以质量求发展已成为大家的共识。医护人员要善于运用语言艺术,达到有效沟通,使病人能积极配合,早日康复。医护人员语言美,不只是医德问题,而且直接关系到能否与病人进行良好的沟通,关系到病人的生命与健康。

作为在医学院校从事教学的教师,我们深感目前医学生口语表达中存在的问题,有的同学因口语表达欠佳而自卑,影响自身的发展;有的在招聘现场不敢高声语而留下遗憾。为提高医学生口语表达能力,我们开设了《口才与演讲》选修课,受到学生们的普遍欢迎。

本书尝试把口语表达的一般方法与医患语言沟通融为一体,较详细地介绍了一般口语表达的基础与技巧;在提高医学生日常口语表达技巧的基础上,专门介绍了医疗语言风格与语用原则等医患语言沟通技巧;在讲述口语表达基础理论时,选用了许多艺术性和思想性高度统一的优秀口才案例,使之在学习口语表达知识的同时还能接触许多人文社会知识,对于加强医学生人文素质修养,全面提高医学生的综合素质,培养适应现代医学模式的新型医务人才打下良好基础。

本书是一本理论与实际相结合,知识性、通俗性、可读性融为一体,既可作为教材也可作为想提高口语表达能力朋友们的工具书。本书在编写过程中参考了相关的著作和文章,并且选用了一些优秀演说的片段与内容,在此,对那些作者们表示深深的谢意。

因编者水平有限,如有不妥之处,欢迎赐教!

编　者
2010 年 7 月

目　录

上篇　医学生实用口才基础

中篇 医学生常用口才

下篇　医学生职业口才

好口才将使得你雄辩滔滔,占尽上风。

——镌刻于 3000 年前埃及古墓上的铭文

良好的口才,可以让人倾心于你,交结更多的朋友,替你开辟人生之路,让你获得幸福美满……

——戴尔·卡耐基

大多数成功的人都能言善道,而不成功的人大多数不怎么会说话。如果你真的很会说话,请相信,你便能成功;如果你觉得自己已经是个成功之人,要是你更能说,你会更成功。

——拉里·金(美国 CNN 著名节目主持人)

导　论

> **教学目的与要求**　通过学习了解口才的真实内涵,口才的作用与功能,树立练好口才的信心,为将来更好地发挥个人才能打好基础。

一、口才概说

语言的历史和人类的历史同样久远。自从第一声音义结合的符号在先民的嘴里发出,人就成为万物的灵长。借助语言这个工具,人们创造了自己辉煌的文明史。语言是人类分布最广泛、最平均的一种能力。在人的各种智力中,语言智力被列为第一种智力。事实表明:语言在人的一生都占据着重要地位,是人们发展智力和社交能力的核心因素。

社会是人的社会,人是社会的人,生活在社会中的人离不开和其他人的交流。人与人的交流有多种方式,但是其中最重要、最基本的莫过于直接进行口头表达了。人类生活到了现在,口才已成为决定一个人生活及事业优劣成败的一个因素,通过一个人每天所说的话,可以判定他每天的工作生活情况。一个人每天的喜怒哀乐,往往由其言语来决定。因为口才拙劣而失败的人很多,我们和人接触时所说的话,是很容易被人估定其价值的。例如,同样是说话,同样要表达一种意思,有的人会"妙语连珠",而有的人却"词不达意"?这就是心智能力的差异。假如一个人其他方面的能力很优秀,同时他的语商能力也在逐步提高,那么他一定会更优秀。语商不但可以使人用大脑思考问题,还可以随时用语言表达思考的问题。如果我们说话时用语准确,修辞得体,语音优美,那我们从事各项工作会更加游刃有余,事业就会更加成功,人生也会更加丰富多彩。

(一) 良好的语言艺术称为口才

人们经常说,某某人口才好,某某人口才劣。什么是口才呢? 怎么样的口才算口才好呢? 伶牙俐齿、滔滔不绝、口若悬河、妙语连珠等字眼用来形容一个人口才的高妙,这很容易让人误解,认为说话快、连贯、花哨就是口才好。其实不然,口才绝不是指讲话利落。有的人一说话就脸红脖子粗,或者说了一句话就无话可说,或者说了四、五句却吭哧了老半天。有的人虽然讲话利落,但是喋喋不休,夸夸其谈,东拉西扯,无边无沿,言之无物。他们都属于口才拙劣之辈。世界上能说话的人很多,但口才好、会说话的人却不多。那么,到底什么是口才呢? 用一句话来概括,就是口语表达能力有了相当高的技巧和艺术水平的时候,就有了良好的口才,良好的语言艺术称为口才。

(二) 口才是一个人综合素质的反映

口才是指人的口头表达能力,是人用语言准确、生动、贴切地表达自己思想感情的一种能力。它集道德修养、文化积累、知识结构、思维方式、价值判断、心理素质、语言艺术和仪态仪表为一体,充分展示了个人的魅力和风格。口才也可以说是在交际过程中,人们凭借自己的知识和阅历,准确地表达自己的态度、见解和感情,充分发挥交际功能的口头表达能力。毫不夸张地说,口才是一门语言的艺术,是用口语表达思想感情的一种巧妙的形式。懂得语言艺术的人,懂得相处之道的人,不会勉强他人与自己有相同的观点,而会巧妙地用自己的思想去引导他人,那些善于用口语准确、贴切、生动地表达自己思想感情的人,办事往往圆满,反之,不懂得语言艺术的人,最后自己也会陷入困境。

一个善于表达的人,必然思维敏捷、洞察能力强。只有具备这种素质,他说出来的话才能既生动又准确地反映事物的本质。此外,他还必须具有严密的思维能力,懂得分析、判断和推理,使自己说出来的话有条有理、滴水不漏。最后,有口才的人还必须有流畅的表达能力、丰富的词汇、渊博的知识等。口才实际上是一个人的综合素养、综合实力的外化,是一个人思维水平、观察能力、知识储备、表达技巧甚至心理素质、精神状态等方面的集中表现。正因为如此,口语表达能力是一个人素质的重要体现,是学识的标尺。在人们诸多能力与才干中,口才是最基本、最重要、最实用的才能,也是一种必备的才能。口语表达能力是反映一个人基本素质的重要指标。世界上的有识之士,已经把口才艺术能力的培养当作给人以勇气和热忱的成功之路的过程,认为开发人们潜能的途径可以从语言突破开始,事业走向成功和胜利大多需要通过口才锻炼奠定基础,培养团队精神和合作精神能够凭借口才训练增强效果。

二、口才的功能与作用

人类生活已经到了不能孤独生存的境地,语言的作用,更表现出不可一时或缺。你无论在什么环境中,你都不可能避免跟人们交往,那么你就不能不依靠说话来做交往的媒介。在整个人类社会生活当中,口才具有非凡的作用,其效应不可小看。翻看古今中外的历史,结合现代社会的实际,口才的效应无与伦比。慧心秀口使人办起事来如虎添翼。笨嘴拙舌则可能让人举步维艰。对一个普通人来说,口头表达能力会影响他一生的学习工作、事业家庭、人际交往,精神状态,日常情绪;对一个领导者来说,它会影响到一个集体的利益,对一个领袖来说,它甚至会影响到一个民族、一个国家的命运和前途。"一言可以兴邦,一言可以误国",我国古人早已认识到了语言的重要性。

我国的象形文字很有意思。中央电视台曾播出一个"赢家"节目,很受欢迎,每年评选一位成功人士,并邀请他们谈谈成功经验。而这个"赢"字由什么构成呢?"亡"、"口"、"月"、"贝"、"凡"组成。"亡"代表危机感,"口"代表口才,"月"代表时间,"贝"代表宝贝、健康、财富,"凡"代表要有一颗平凡心,具备了以上五个条件,你就是赢家。更有趣的是口在中间,起着中流砥柱作用,说明要取得成功口才作用举足轻重。

口才的非凡作用,还渗透于各个领域:国际争端,谈判顺利,可以化干戈为玉帛,避免战祸;商业桌上,巧于辞令,可以增加利润,甚至开辟贸易新渠道,拓宽财源;学术研究,阐精释义,可以方便交流,提高水平;一席恳谈,可以使绝望者重燃希望,丧志者再度立志,歧途者悬崖勒马;片言据要,百意烛照,可以使人感到"听君一席话,胜读十年书"。美国人在 20 世纪初就提出:一个人在专业上的成功,只有 12% 是仰仗其业务技术的,另外 85% 则要靠人际关系和处世技巧。然而,这 85% 的成功成分很大程度上取决于一个人的口才。不管是政界领袖毛泽东、周恩来、列宁、林肯、奥巴马,还是商界成功人士比尔·盖茨、松下幸之助、马云,他们无不具有良好口才。有位美国政界要人曾说过,个性和口才的能力比外语知识和哈佛大学的文凭更为重要。再看看我们周围,你一定会发现,那些领导者,那些成功人士,大多是擅长当众讲话的人。

案例 0-1:

　　我国春秋战国时代,君主崇尚口才,天下学者俊士更是趋之若鹜,蔚然成风。以在秦国推行连横策略而著称的游说家张仪,就颇懂得舌头的珍贵。他初到楚国当说客时,一天,碰巧相国家丢失玉璧,主人咬定他是窃贼,将其严刑拷打后逐出家门。回家后,妻子叹着气说:"你若不读书游说的话,怎么会遭到这样的奇耻大辱呢?"谁知张仪并无愠怒之色,却答非所问:"你看看我的舌头还在吗?"其妻说:"还在。"张仪听说舌头还在,舒了一口气说"够了",因为他懂得:舌头在,就有飞黄腾达之望。后来,他真的扶摇直上,当上了"一人之下,万人之上"的相国。

(一) 政治生活中的鼓动作用

口才历来是政治家发表政见、阐明观点、批驳论敌、争取朋友,军事家鼓舞士气、激励斗志的有力武器。

我国历史上很多口若悬河、能言善辩之士,凭借一条剑舌,活跃在政治舞台。诸葛亮"舌战群儒"、"智激周瑜"是家喻户晓的例子。

案例 0-2:

　　古代的烛之武说退秦影,秦晋大军攻打郑国的时候,郑国的文臣武将一筹莫展,武将不敢出征,文将没有办法,最后郑王不得不让老将烛之武亲自出马,到秦国去一趟。烛之武受命危难之间,到了秦军,找到了秦军的统帅。他说起来,动之以情,晓之以理,情真意切,痛陈唇亡齿寒的利和弊,最后终于说服了秦国的统帅,秦国立即撤军不再攻打郑国,而且留下两员大将,协助郑国保卫家园。晋国一看无可奈何,也只好撤军。一个烛之武就把秦军大兵说退了,胜利了,成功了。这是什么威力?口才的威力。

大家知道,诸葛亮舌战群儒。请想一想,诸葛亮没有口才能行吗? 正因为他有了口才,出使东吴的时候,建立了联吴抗曹的统一战线,最后致使号称"八十万大军"的曹兵,几乎全部葬于滔滔的长江之中。这不是口才的威力吗? 设想一下,假如刘备不让诸葛亮去,让张飞去,其后果又会什么样呢?

进入当代社会,政治生活内容更加丰富多彩,体现在政治演讲、外交谈判、法律辩护等诸多方面的口才艺术,更是发挥了不可替代的作用。多少优秀的政治家在风云变幻的政治舞台上凭借良好的口才挥洒自如,游刃有余,做出了不可磨灭的贡献,留下了千古美名,并传为佳话。

在当今社会,无论是竞选就职还是新闻发布、体察民情还是应对危机,政治家们时刻要面对挑战,口才的重要性也就越来越凸显出来,如历届美国总统选举,也就是一场激烈的唇枪舌剑的较量。政治家的口才不仅影响自身的政治生涯,在国际舞台上更代表国家的形象。

(二) 经济竞争中的公关谈判作用

在当今市场经济条件下,口才在市场竞争中扮演着十分重要的作用。

出色的口才是客户关系的润滑剂,有助于开拓和巩固公共关系网络。良好的口才可以拉近与客户的关系,赢得客户的信任,建立与客户的良好关系,并不断拓展新的客户群;而说话不当,不仅疏远客户,而且很有可能与财富失之交臂。

俗话说,"酒好不怕巷子深",但是在信息时代中,再好的产品也需要吆喝,没有好的宣传推广,产品很难赢得客户和市场。而产品的推销、市场的推介等,都需要发挥口才的作用。

讨价还价、经贸谈判就更需要口才了,高明的谈判者可以说服客户,实现双赢;口才不好可能签订"不平等条约",利润白白送人;但是如果过于精明,咄咄逼人,寸利不让,则容易导致谈判破裂,双方都一无所获。

(三) 教育活动中的传播作用

古希腊哲学家柏拉图把演讲视为一种社会现象,把它当做传授知识、培养智慧和美德的手段给予高度评价。

当今社会,尽管信息技术高速发展,知识传播的途径迅速增多,但是作为直接运用语言进行交流的演讲(包括课题讲授、专题讲座等)始终是传播文化知识的重要途径。口才好的教师能够准确清楚地传授知识,吸引学生注意力,教学效果好;而口才欠佳的教师往往无法有效地吸引学生,把自己的知识深入浅出地表达出来,学生听得晕头转向,不能实现教学目的。

在思想政治教育过程中,口才也起着重要作用。口才好的教师善于"晓之以理、动之以情",让受教育者心服口服,产生共鸣。

(四) 日常生活中的沟通协调作用

在日常生活中,人与人随时都要沟通交流,从陌生到熟悉,从熟人到朋友再到知音,离不开沟通与了解。人与人的交往始于开口介绍,在不断交谈、交流、交心后,彼此的认识逐步深入,关系逐步稳定,感情逐步升温。会说话的人,总可以流利地表达出自己的意图,也能够把道理说得很清楚、动听,使别人很乐意地接受,有时候还可以立刻从问答中测定听众言语的意图,并从听众的谈话中得到启示,增加自己对听众的了解,跟听众建立良好的友谊,不会说话的人,不能完全表达自己的意图,往往会使听众费神去听,而又不能使他信服地接受。

在现实生活中,无论亲情、友情还是爱情,交往过程中肯定有融洽也有矛盾。关键是矛盾出现的时候如何正确地应对。而要避免矛盾、化解矛盾、发展感情,归根到底都需要交流的技巧、说话的艺术。话说对了,可以缓解气氛,解决问题;话说错了,可能火上浇油、激化矛盾。因此,想要建立一个和谐的人际关系就必须学会看时间、看地点、看对象,巧妙地说话。

口才好的人很受欢迎,他能够使许多素不相识的人携手,亦能使许多本来彼此不发生兴趣的人互相了解,能替人排解纠纷,消除人与人之间的隔阂。能医治他人的愁苦、忧闷,使大家生活得更美好、更快乐。我们知道口才好的人能把生活弄得很快乐,可以快快乐乐地和朋友或家人渡过闲暇时光,使大家收获更多的乐趣。

三、提高口语表达的方法

每个人都希望自己拥有高超的口才,渴望能展示超凡脱俗的说话魅力,然而,人的口才并不是与生俱来的,而是在生活中实践中不断锻炼与积累获得的。

(一)提高口才素养

有位美国政界要人曾说过,个性和口才的能力比外语知识和哈佛大学的文凭更为重要。的确,口才很重要。但你也许会说:"我先天不足怕开口,见人就脸红,没口才。"那么,我们告诉你:朋友,这不要紧,路就在脚下。口才不会与生俱来,也不会从天而降,就像庄稼需要施肥、道路需要整修,口才也要培养。如果我们把口才也看成是百花园中的一朵鲜花,那么它扎根的沃土就是人的思想、知识、能力、毅力,离开了人的这些素质,口才也就成了一朵空中的花,一朵永远不会盛开的花。

崇高的思想、渊博的知识、远见卓识以及一定的记忆能力、较强的应变能力、持之以恒的毅力,这些都是我们培育"口才之花"的"养料",离开了这些,练口才只能是一句空话。

1. 崇高的思想　中国有句老话,"近朱者赤,近墨者黑"。品德、修养恶劣的人带给别人的也只能是卑鄙的灵魂、低级的趣味,而且很难受到大多数人的欢迎。这就是一种人格力量。演讲、谈话、论辩都是一种向听众做宣传的双重活动,你的思想、品德、感情、修养都会在有意与无意中影响着听众的思想、品德、感情、修养。而演讲者、说服者只有具备了高尚的思想修养,他的话才具有说服力。演讲所以能打动人、教育人、感染人,是与演讲者本人的崇高品德分不开的,是与他热爱党、热爱人民的炽烈感情分不开的,也是与他坚定的共产主义信念分不开的。如果一个演讲者、一个辩手没有高尚的思想修养做后盾,那么他的演讲、辩论是不可能成功的,其结果只能是台上他讲,台下讲他。

所以,我们要练口才,首先就要培养自己的思想美、心灵美、行为美,培养自己热爱祖国、热爱人民的高尚情操,学会用正确的方法、立场去分析问题、解决问题,只有这样,你才能用美好的语言去感染听众、说服听众、宣传听众,你练就的口才也才能为人民服务,为祖国服务。

2. 广博的知识　要想给别人一杯水,自己就要有一桶水。我们要说给别人听,首先就得自己有。别小看了演讲时的几分钟,论辩时的几句话,就这几分钟、这几句话,需要我们长期的丰厚的知识积累。

准备一个小本子,把每天从报纸、杂志、课本中看到的观点、方法、好的词、句都记录下来,有时间就拿出来看看,天长日久,就形成了自己的思想,有了自己的见解,也有了自己的词汇库,说起话来也就头头是道,也不觉得没词可说了,甚至常常能妙语惊人,这就是知识积累的结果。

3. 远见卓识 远见卓识是演讲者、交谈者、论辩者必须具备的一种素质。我们不论是演讲,还是谈话、论辩,面对的都是人,或是广大的听众,或是单个的个人。但不论是大众,还是个人,谁都不愿意浪费时间听那些老掉牙的、人人皆知的陈词滥调。如果你总是人云亦云,没有自己的见解,自己的观点,那么你永远也不会成为一名受人尊敬、受人欢迎的演讲者、谈话者、论辩者,你永远不可能征服你的听众。而要想自己的见识超群,见解独到,就要站得高,看得远,高瞻远瞩,言别人之未言,说别人之难说。但是,我们千万记住一定不要去追求华而不实的噱头,一定不要去哗众取宠。

4. 较强的应变力 我们无论是演讲、谈话,还是论辩,都是在与听众进行感情交流,在进行信息传递。这就需要我们在演讲、谈话、论辩的过程中随时注意对方的变化,观察对方的表情,掌握听众的情绪,并要根据听众的反馈及时调整我们演讲、谈话、论辩的内容及角度,把听众不愿听而你原本打算讲的东西删掉,加进一些听众感兴趣的内容,没有较强的应变能力是做不到这一点的。

案例 0-3:

著名相声演员马季,有一次到湖北省黄石市演出。表演之前,有一位演员错把"黄石市"说成了"黄石县",引起了观众的哄笑。在笑声中,马季登台演出。他张口就说:"今天,我们有幸来到黄石省演出……"这话把哄笑中的观众弄糊涂了。正当大家窃窃私语时,马季解释道,方才,我们的一位演员把黄石市说成县,降了一级。我在这里当然要说成省,给提上一级,这样一降一提,哈,就平啦!几句话,引得全场哄堂大笑,马季机智巧妙地给圆了场,使演出得以顺利进行。

马季所以能把场圆下来,关键还在于他有较强的应变能力。一位艺术家如此,一个演讲者、谈话者、论辩者也是如此。

案例 0-4:

《正大综艺》的节目主持人杨澜,在广州市天河体育中心演出时,戏到中途,她在下台阶时摔了下来。出现这种情况,的确令人难堪。但杨澜非常沉着地爬了起来,凭着她主持人特有的口才,对台下的观众说:"真是人有失足,马有失蹄呀。我刚才的狮子滚绣球的节目滚得还不熟练吧?看来这次演出的台阶不那么好下哩!但台上的节目会很精彩的,不信,你们瞧他们。"杨澜这段非常成功的即兴演讲,不仅为她自己摆脱了难堪,更显示出她非凡的口才。她话音刚落,会场就立刻爆发出热烈的掌声。有的观众还大声说:"广州欢迎你!"

另外,我们在与人交际、交流时,还会遇到一些意想不到的事情。如你正在演讲时却有人起哄,正在交谈时却遭人抢白,你的辩词受到人们的反对,这一切一切都需要有从容镇定的应变力。所以为了使你在窘境中得到解脱,为了练就一副在任何情况下都对答如流的口才,为了在社交场合免受尴尬之苦,为了你临危不乱,请培养应变能力吧。

5. 一定的记忆能力　记忆力也是演讲者、谈话者、论辩者的一项重要的素质。我们的演讲词、论辩词包括谈话的一些内容都是需要记忆的,通过记忆把演讲、论辩的内容储存在大脑中,登台演讲或进行交谈、论辩时,才能张口即来,滔滔不绝。如果记忆力不强,到了台上,一紧张就会丢三落四,甚至张口结舌。积累知识时也需要有较强的记忆力,否则,打开书什么都知道,合上书又什么都忘了,这是不行的。

培养记忆力是要下点苦工夫的。记忆的方法很多,我们可以自己从学习中寻找、总结一些记忆规律,供自己使用。也可以学习、借鉴他人的成功方法,如形象记忆法、数字记忆法、联想记忆法等。总之,我们只有过目成诵,才能出口成章。

6. 持之以恒的毅力　看了以上几点,可能会说:"练口才真难呀!咱也不具备这些素质,口才也练不成了,不用白费劲了!"那么你错了!我们讲的几种练口才的素质,是必备的,但不是天生的,不是与生俱来的,而是靠后天的苦学、苦练得来的。有一句名言:"书山有路勤为径,学海无涯苦作舟"。西方也有一句格言:"诗人是先天的,演说家是后天的。"确实,要练就一付悬河之口,非下一番苦工夫不可。

(二) 刻苦训练

口才是人类生活中最难能可贵的艺术或技术,人人羡慕那些妙语连珠、出口成章的说话高手,你看到一百个人中能有几个人是长于口才的呢?少数人口才好,可以说是出于天才,但多数人口才好,却是出于平常多锻炼的缘故。所以,要想练出人人羡慕的妙语连珠、出口成章的说话高手,临渊羡鱼不如退而结网,意识到口语表达能力的重要性后,不必为自己有种种不足而灰心退缩,只要你有一颗进取的心,就有了获得良好口才的重要条件;要想具有人人羡慕的好口才,就要下一般人没有下或者下不了的苦工夫。"宝剑锋从磨砺出,梅花香自苦寒来,"就是所有的成功者奋斗过程中最真实的"诀窍"。

口才并不是一种天赋的才能,它是靠刻苦训练得来的,是一分天才,九分努力的结果。古今中外历史上一切口若悬河、能言善辩的演讲家、雄辩家,无一不是靠刻苦训练获得成功的。

案例0-5:

在古希腊,曾经谁能登台演讲,他就是这个城堡的领袖,那是了不得的!大演说家德摩斯梯尼第一次登台演讲的时候,他希望的是掌声,他希望的是笑声。最后,没有笑声,倒有了掌声——背掌!把他哄下台去。讲得实在是不行。讲着讲着,耸肩,肩膀往上耸。一个演讲者,耸肩这个姿势多难看!再讲讲,他的气不够用,说着说着就长出一口气。请大家想一想,这长出气的时候,这个形象又是什么样呢?台下的人把他轰下去。但是,德摩斯梯尼并不气馁,他回来以后,自己剃个阴阳头,以示再也不出去,借来很多的书籍,拼命地读书,为了克服自己耸肩的毛病,他在棚上吊了两把宝剑,剑尖正好对着自己的肩膀,如果一耸肩就扎着。经过这样长期的练习,耸肩的毛病克服掉了。说话不清楚,怎么练?他找一个小鹅卵石含在嘴里。他本来说话就不清,再含着鹅卵石是更不清了。经过艰苦的努力和训练,最后含着鹅卵石说话都非常清楚。吐出鹅卵石以后,他讲话达到了炉火纯青的地步。气不够用,怎么办?他边朗诵诗歌,边往山上跑。最后,三个毛病终于都克服掉了。他的内功有了,有了丰富的学识和思想见地;他的外功有了,口才练成了。他再一登台演讲的时候,人们的掌声暴风雨一般地响起来。最后,他的七篇演说,永远垂于历史。

案例0-6:

　　美国第十六任总统林肯,起初一开始说话,他根本什么也不是。第一次说话,嗓子里面好像棉花堵住了嗓子,脸色铁青,不知道手往哪儿放。为了练口才,他徒步30英里,到一个法院去听律师们的辩护词,看他们如何论辩,如何做手势,他一边倾听,一边模仿。走在乡村路上,见到树桩、高粱地,他也对着它们演讲,手势怎么做,面部表情应该什么样,他也在学。经过长期苦练,林肯终于成为世界的名演说家、雄辩家、交谈家。在葛底斯堡的演说,林肯总共才三分钟十句话,竟使一千五百人落了眼泪。现在已经铸成经文,放在英国的牛津大学里,作为英文演说的典范。

案例0-7:

　　闻一多先生,1919年在清华学校读书的时候,那时候不叫清华大学,还叫清华学校,他为了学演讲,早晨五点多钟就起床。有一次,他发现演讲落后了一点:"近来发现演讲渐落他人之后,乃奇耻大辱也! 必须急起直追。"他马上又开始五更半夜的勤练。最后,闻一多先生终于成功了,他最后一次演讲为我国演讲史上添了一个光辉的一页。这不都是练习得来的吗! 是苦练得来的。

案例0-8:

　　我国早期无产阶级革命家、演讲家肖楚女,更是靠平时的艰苦训练,练就了非凡的口才。肖楚女在重庆国立第二女子师范教书时,除了认真备课外,他每天天刚亮就跑到学校后面的山上,找一处僻静的地方,把一面镜子挂在树枝上,对着镜子练演讲,从镜子中观察自己的表情和动作,经过这样的刻苦训练,他掌握了高超的演讲艺术,他的教学水平也很快提高了。1926年,他30岁时,就在毛泽东同志主办的广州农民运动讲习所工作,他的演讲至今受到世人的推崇。

　　这些名人与伟人为我们训练口才树立了光辉的榜样,我们要想练就一副过硬的口才,就必须像他们那样,一丝不苟,刻苦训练,正如华罗庚先生在总结练"口才"的体会时说的:"勤能补拙是良训,一分辛苦一分才。"

(三) 口才练习的几种方法

　　练口才不仅要刻苦,还要掌握一定的方法。科学的方法可以使你事半功倍,加速你良好口才的形成。当然,根据每个人学识、环境、年龄等因素的不同,练口才的方法也会有所差异,但只要选择最适合自己的方法,加上持之以恒的刻苦训练,那么你就会在通向"口才家"的大道上迅速成长起来。

　　1. 速读法　这里的"读"指的是朗读,是用嘴去读,而不是用眼去看,顾名思义,"速读"也就是快速的朗读。

　　这种训练方法的目的,是在于锻炼人口齿伶俐、语音准确、吐字清晰。

　　方法:找来一篇演讲词或一篇文辞优美的散文。先拿来字典、词典把文章中不认识或弄不懂的字、词查出来,搞清楚,弄明白,然后开始朗读。一般开始朗读的时候速度较慢,逐次加快,一次比一次读得快,最后达到你所能达到的最快速度。

　　要求：读的过程中不要有停顿，发音要准确，吐字要清晰，要尽量达到发声完整。因为如果你不把每个字音都完整的发出来，速度加快以后，就会让人听不清楚你在说些什么，语速快也就失去了快的意义。我们要求的语速快必须建立在吐字清楚、发音干净利落的基础上。我们都听过体育节目的解说专家宋世雄的解说，他的解说就很有"快"的功夫。宋世雄说的"快"，是快而不乱，每个字，每个音都发得十分清楚、准确，没有含混不清的地方。我们希望达到的快也就是他的那种快，吐字清晰、发音准确，而不是为了快而快。

　　速读法的优点是不受时间、地点的约束，无论何时、何地，只要手头有一篇文章就可以练习，而且还不受人员的限制，不需要别人的配合，一个人就可以独立完成。当然你也可以找一个同学听听你的速读练习，让他帮助挑你速读中出现的毛病。比如哪个字发音不够准确，那个地方吐字还不清晰等，这样就更有利于你有目的地进行纠正、学习。你还可以用录音机把你的速读录下来，然后自己听一听，从中找出不足，加以改进。如果有老师指导就更好了。

　　2. 背诵法　大家都背诵过课文。有诗歌、有散文、有小说。背诵的目的是各不相同的。有的是因为老师要求必须背诵，而不得不背，以完成老师交给的学习任务；也有的是为了记忆下某个名诗、名句，以此来丰富自己的文学素养。而我们提倡的背诵，主要目的是锻炼我们的口才。

　　我们要求的背诵，并不仅仅要求你把某篇演讲词、散文背下来就算完成了任务，我们要求的背诵，一是要"背"，二还要求"诵"。这种训练的目的有两个：一是培养记忆能力；二是培养口头表达能力。

　　记忆是练口才必不可少的一种素质。没有好的记忆力，要想培养出好口才是不可能的。只有大脑中充分地积累了知识，你才可能张口即出，滔滔不绝。如果你大脑中是一片空白，那么你再伶牙俐齿，也无济于事。记忆与口才一样，它并不是一种天赋的才能，后天的锻炼对它同样起着至关重要的作用，"背"正是对这种能力的培养。

　　"诵"是对表达能力的训练。这里的"诵"也就是我们常说的"朗诵"。它要求在准确把握文章内容的基础上进行声情并茂的表达。

　　背诵法，着眼点在"准"上。也就是你背的演讲辞或文章一定要准确，不能有遗漏或错误的地方，而且在吐字、发音上也一定要准确无误。

　　方法：

　　第一步，先选一篇自己喜欢的演讲词、散文、诗歌；

　　第二步，对选定的材料进行分析、理解，体会作者的思想感情。这是要花点工夫的，需要我们逐句逐段地进行分析，推敲每一个词句，从中感受作者的思想感情，并激发自己的感情；

　　第三步，对所选的演讲词、散文、诗歌等进行艺术处理，如找出重音、划分停顿等，这些都有利于准确表达内容；

　　第四步，在以上几步工作的基础上进行背诵。在背诵的过程中，也可分步进行。

　　第一，进行"背"的训练。也就是先将文章背下来。在这个阶段不要求声情并茂，只要能达到熟练记忆就行。在背的过程中，自己要进一步领会作品的格调、节奏，为准确把握作品内涵打下更坚实的基础。

　　第二，是在背熟文章的基础上大声朗诵。将你背熟的演讲词、散文、诗歌等大声地背诵出来，并随时注意发声的正确与否，而且要带有一定的感情。

　　第三，是这个训练的最后一步，用饱满的情感，准确的语言、语调进行背诵。

这里的要求是准确无误地记忆文章,准确地表达作品的思想感情。比如,我们要背诵高尔基的《海燕》,我们首先就应明白,这是篇散文诗。它是在预报革命的风暴即将来临,讴歌的是海燕——无产阶级战士的形象。整篇散文诗是热烈激昂的,表达了革命者不可遏止的爱憎分明。那么我们在朗诵《海燕》时就要抓住这个基调。当然,仅仅抓住作品的基调还是不够的,我们还要对作品进行一些技巧上的处理,比如划分段落、确定重音、停顿等。平平淡淡,没有波澜,没有起伏,一调到底的朗诵是不会成功的。有些人在背诵《海燕》时把握了它激昂奋进的基调,却没有注意朗诵技巧,开口就定在最高的音上,结果到了表述感情的最高点时,就只能是声嘶力竭。我们说这也是把握欠准确的缘故。如果对作者思想感情的发展脉络有了准确地把握,那么就不会犯类似的错误了。

这个训练最好能有老师的指导,特别是在朗诵技巧上给予指导。如果没有这个条件,也可以找同学帮助,请同学听自己背诵,然后指出不足,使我们在改进时有所依据,这对练好口才很有好处。

3. 练声法　练声也就是练声音、练嗓子。在生活中,我们都喜欢听那些饱满圆润、悦耳动听的声音,而不愿听干瘪无力、沙哑干涩的声音。所以锻炼出一副好嗓子,练就一腔悦耳动听的声音,是我们必做的工作。

方法:

第一步,练气。俗话说练声先练气,气息是人体发声的动力,就像汽车上的发动机一样,它是发声的基础。气息的大小对发声有着直接的关系。气不足,声音无力,用力过猛,又有损声带。所以我们练声,首先要学会用气。

吸气:吸气要深,小腹收缩,整个胸部要撑开,尽量把更多的气吸进去。我们可以体会一下,你闻到一股香味时的吸气法。注意吸气时不要提肩。

呼气:呼气要慢慢地进行,要让气慢慢地呼出。因为我们在演讲、朗诵、论辩时,有时需要较长的气息,那么只有呼气慢而长,才能达到这个目的。呼气时可以把两齿基本合上,留一条小缝让气息慢慢地通过。

学习吸气与呼气的基本方法,你可以每天到室外、到公园去做这种练习,做深呼吸,天长日久定会见效。

第二步,练声。我们知道人类语言的声源是在声带上,也就是我们的声音是通过气流振动声带而发出来的。

在练发声以前先要做一些准备工作。先放松声带,用一些轻缓的气流振动它,让声带有点准备,发一些轻慢的声音,千万不要张口就大喊大叫,那只能对声带起破坏作用。这就像我们在做激烈运动之前,要做些准备动作一样,否则就容易使肌肉拉伤。声带活动开了,我们还要在口腔上做一些准备活动。口腔是人重要的共鸣器,声音的洪亮、圆润与否与口腔有着直接的联系,所以不要小看了口腔的作用。

4. 复述法　复述法简单地说,就是把别人的话重复地叙述一遍。这种方法在课堂上使用较多。如老师让同学们看一段幻灯片,然后请同学复述幻灯片的情节或人物的对话。这种训练方法的目的,在于锻炼人的记忆力、反应力和语言的连贯性。

方法:

选一段长短合适、有一定情节的文章,最好是小说或演讲辞中叙述性强的一段。然后请朗诵较好的同学进行朗读,最好能用录音机把它录下来,然后听一遍复述一遍,反复多次地进行,直到能完全把这个作品复述出来。复述的时候,你可把第一次复述的内容录下来,然后对比原文,看你能复述多少,重复进行,看多少遍自己才能准确复述全部的内容。这种练习绝不仅仅在于背诵,而在于锻炼语言的连贯性。如果能面对众人复述会更好,它还可以锻炼你的胆量,克服紧张心理。

这要求我们在开始时,只要能把基本情节复述出来就可以,在记住原话的时候,可以用自己的话把意思复述出来;第二次复述时就要求不仅仅是复述情节,而且要求能复述一定的人物语言或描写语言;第三次复述时,就应基本准确地复述出人物的语言和基本的描写语言,逐次提高要求。在进行这种练习之前,最好能根据自身实际和所选文章的情况,制定一个具体的要求。

开始练习时,最好选择句子较短、内容活泼的材料进行,这样便于你把握、记忆、复述。随着训练的深入,可以逐渐选一些句子较长、情节少的材料进行练习。这样由易到难,循序渐进,效果会更好。

这种练习一定要有耐心与毅力。有的同学一开始就选用那些长句子、情节少的文章作为训练材料,结果欲速则不达。这就像我们学走路一样,没学会走就要学跑是一定要摔跤的。而且这种训练有时显得很繁琐、麻烦,甚至枯燥乏味,这就需要我们要有耐心与毅力,要知难而进,勇于吃苦,不怕麻烦。没有耐心与毅力,那么你将注定一事无成。

5. 模仿法　我们每个人从小就会模仿,模仿大人做事,模仿大人说话。其实模仿的过程也是一个学习的过程。我们小时候学说话是向爸爸、妈妈及周围的人学习,向周围的人模仿。那么我们练口才也可以利用模仿法,向这方面有专长的人模仿。这样天长日久,我们的口语表达能力就能得到提高。

方法:

(1) 模仿某人:在生活中找一位口语表达能力强的人,请他讲几段最精彩的话,录下来,供你进行模仿。你也可以把你喜欢的、又适合你模仿的播音员、演员的声音录下来,进行模仿。

(2) 专题模仿:几个好朋友在一起,请一个人先讲一段小故事、小幽默,然后大家轮流模仿,看谁模仿得最像。为了激发同学们的积极性,也可以采用打分的形式,大家一起来评分,表扬模仿最成功的一位。这个方法简单易行,课上、课间、课后都可进行,只要有三四个人就能进行,娱乐性较强。要注意的是,每个人讲的小故事、小幽默,一定要新鲜有趣,大家爱听爱学。而且讲之前一定要做好充分准备,一定要讲准确、生动、形象,千万不要掺杂一些错误的内容,否则模仿的人跟着错了,害人害己。

(3) 随时模仿:我们每天都听广播,看电视、电影,那么你就可以随时模仿播音员、演播员、演员,注意他的声音、语调,他的神态、动作,边听边模仿,边看边模仿,天长日久,你的词汇量将会增长,你的文学素养将会提升,你的口语能力将会有较大提高。

这里要求要尽量模仿得像,要从模仿对象的语气、语速、表情、动作等多方面进行模仿,并在模仿中有创造,力争在模仿中超过对方。

在进行这种练习时,一要注意选择适合自己的对象进行模仿。要选择那些对自己身心有好处的语言动作进行模仿,我们有些同学模仿力很强,可是在模仿时都不够严肃认真,专拣一些脏话进行模仿,久而久之,就形成了一种低级趣味,我们反对这种模仿方法。

模仿法是一种简单易学、娱乐性强、见效快的方法,尤其适合我们这个年龄的同学们练习,希望大家能勤学苦练,早日见效。

6. 描述法　小的时候我们都学过看图说话,描述法就类似于这种看图说话,只是我们要看的不仅仅是书本上的图,还有生活中的一些景、事、物、人,而且要求也比看图说话高一些。简单地说,描述法也就是把你看到的景、事、物、人用描述性的语言表达出来。

描述法可以说比以上的几种训练法更进了一步。这里没有现成的演讲词、散文、诗歌等作为你的练习材料,而要求你自己去组织语言进行描述。所以描述法训练的主要目的就在于训练同学们的语言组织能力和语言的条理性。

演讲、说话、论辩都需要有较强的组织语言的能力,没有这种能力也就不可能有一张悬河之口,组织语言的能力是口语表达能力的一项基本功。

方法:

把一幅画或一个景物作为描述的对象。

第一步,对要描述的对象进行观察。比如,我们所要描述的对象是"秋天的小湖边",那么我们就要观察一下这个湖的周围都有些什么,有树?有假山?有凉亭?还有游人?并且树是什么样子,山是什么样子?凉亭在这湖光山色、树影的衬托下又是个什么样子,这秋天里的游人此时又该是一种什么心情呢?这一切都需要你用自己的眼睛去观察,用你的心去体验。只有有了这种观察,你的描述才有基础。

第二步,描述。描述时一定要抓住景物的特点,要有顺序地进行描述。

要求:

抓住特点进行描述。语言要清楚明白,要有一定的文采。描述千万不要成流水账,平平淡淡,一定要用描述性的语言,尽量生动些,活泼些。要有顺序,不要东一句,西一句的,描述出的东西,让人听了以后能立即知道你描述的到底是个什么景物。描述的时候允许有联想与想象。比如,你观察到秋天的湖边有一位白发苍苍的老爷爷,孤独地坐在斑驳陆离的树荫下,你就可能有一种联想,你可能想到了自己的爷爷,也可能想到这个老人的生活晚景,还可能想到"夕阳无限好,只是近黄昏"这个诗句……那么在描述的时候,你就可以把这一切都加进去,使你的描述更充实、生动。

7. 讲故事法 大家或许都听过故事,但是不是都讲过故事呢?讲故事看起来很容易,要真讲起来就不那么容易了,常言说:"看花容易,绣花难"呀!听别人讲故事绘声绘色,很吸引人,有些朋友听起故事来甚至都可以忘了吃饭、睡觉,可是自己一讲起来,仿佛就不是那么回事了,干干巴巴,毫无吸引力。因此,讲故事也是一种才能,并不是人人都可以把故事讲好的。学习讲故事是练口才的一种好方法。

讲故事,可以训练人的多种能力。因为故事里面既有独白,又有人物对话,还有描述性的语言、叙述性的语言,所以讲故事可以训练人的多种口语能力。

方法:

分析故事中的人物。故事的情节性十分强,而且故事的主题大都通过人物的语言、行动表现出来,所以我们在讲故事前就要先研究人物的性格特征,以及人物之间的关系。比如,我们要讲《皇帝的新衣》这个童话故事,那么你就要分析其中的几个人物,以及他们的性格,然后把国王的愚蠢无知,骗子的狡诈阴险,大臣的阿谀奉承、不分是非,乃至小孩的天真无邪都用语言表现出来,这是一项十分艰巨的工作。

掌握故事的语言特点。故事的语言不同于其他文学形式的语言,其最大的特点是口语性强、个性化强。所以当我们拿到一个材料的时候,不要马上就开始练习讲,而要先把材料改造一下,改成适合我们讲的故事。

反复练讲。对材料进行分析、加工后,我们就可以开始练讲。通过反复练讲达到对内容的熟悉。最后能使自己的感情与故事中人物的感情相隔合,做到惟妙惟肖地表现人物性格,语言生动形象。

另外,边练讲,还要边注意设计自己的表情、动作。看看你讲故事时的表情、动作是不是与你讲的内容相一致。

要求:

①发音要准确、清楚。平舌音、翘舌音、四声都要清楚,最好能用普通话讲。②不要照本宣读。讲故事是不允许手里拿着故事书照着念的,那样就成了念故事了。讲故事要用自己的语言去讲,才能生动形象。

训练口才的方法很多,并不仅限于以上几种。同学们在练口才时,一定也会总结出一些适合自己的训练方法。我们说只要此法对练口才有益、有效,就不失为一种好的方法。另外,同学们也不要仅仅拘泥于一种方法,抱住一种方法不放。你不妨找几种适合自己的方法,见缝插针,相信这种综合训练收效更大。

思考题与实训

1. 举一个你认为口才好的人为例子,说明你的观点。

2. 良好的语言表达能力与谈话技巧是提升自身影响力的一大力量。有了这种能力,你可以在各种人物面前或场合展示自我的优点,给别人留下很好的印象,这也有助于你结识各样的朋友,保持良好的人际关系。

问题(1):你自己的情况如何?你在和别人交往时会紧张不安吗?能清楚表达自己的意见吗?你的语言通顺流畅吗?

问题(2):你准备如何加强语言表达能力?

3. 有人怕自己没有词汇,没有阅历。说不好,不敢说。科学家试验证明:一个新的词语,只要你在公众面前讲出五次以上,这个词语就会永远变成你脑海中的一个词条,以后就是属于你的词汇了!

问题(1):根据科学实验你如何增加自己是词汇?

问题(2):是不是看得多,听得多就能讲得好?

上篇 医学生实用口才基础

第一章 口语表达的基础

了解口语表达的基本要素,学会正确的发音、发声;进而达到口语表达的基本要求流畅、清晰、口语化;具备言之有物,言之有理、言之有序、言之有文、言之有趣等特征。

一、口语表达的基础知识

口语是应用于日常交际、为日常生活服务的具有独特特色的表达功能的语体,是交际者在即兴或难以仔细字斟句酌的情况下产生的语言交际行为。口语不需要文字作媒介,但用文字记录下来的口头交际性作品却仍然是口语,口语与书面语一样,不是对表达方式的分类,而是根据表达功能来划分的。

(一) 语音

语音,即语言的声音,是语言符号系统的载体。它是人类通过发音器官发出来的、具有一定意义的、目的是用来进行社会交际的声音。

语音的物理属性主要有音高、音强、音长、音色,这也是构成语音的四要素。

1. 音高 指各种不同高低的声音,即声音的高低,是音的基本特征的一种。音的高低是由发音体的振动频率决定的,两者成正比关系:频率振动次数多则音"高",反之则"低"。

(1) 声音的高低:由发音体振动的频率来决定。频率高则音高;低则音低。音高是构成语音的要素之一。汉语里音高变化有区别词义的作用,如"妈"、"麻"、"马"、"骂"四个字的声调不同,即音高的不同。

(2) 音乐声学术语:指听觉赖以分辨乐音高低的特性。

2. 音强 又称音量,即声音的强弱(响亮)程度,音的基本特性的一种。音的强弱是由发音时发音体振动幅度(简称振幅)的大小决定的,两者成正比关系,振幅越大则音越"强",反之则越"弱"。

3. 音长 音长是指声音的长短,它决定于发音体振动时间的久暂。发音体振动持续久,声音就长,反之则短。

4. 音色 音色指音的感觉特性。发音体振动频率的高低决定声音的音调,振幅的大小决定声音的响度,但不同的物体发出的声音我们还是可以通过音色分辨不同发音体。材料、结构不同,发出声音的音色也就不同。

音色是声音的特色,根据不同的音色,即使在同一音高和同一声音强度的情况下,也能区分出是不同乐器或人声发出的。同样的音量和音配上不同的音色就好比同样色度和明度配上不同的色相的感觉一样。

音色的不同取决于不同的泛音,每一种乐器、不同的人以及所有能发声的物体发出的声音,除了一个基音外,还有许多不同频率的泛音伴随,正是这些泛音决定了其不同的音色,使人能辨别出是不同的乐器甚至不同的人发出的声音。每一个人即使说话也有不同的音色,因此可以根据其声音辨别出是不同的人。

人的发音器官及其活动情况是语音的生理基础。人的发音器官分3部分:①呼吸器官,由肺、气管和支气管组成,肺是呼吸器官的中心,是产生语音动力的基础;②发声器官,包括喉头和声带,声带是最主要的发音体;③共鸣器官,主要包括口腔、咽腔、鼻腔、喉腔四部分,口腔是最重要的共鸣器。

语音和意义的联系是人们在长期的语言实践中约定的,这种音义的结合关系体现了语音重要的社会属性。语言依靠语音实现它的社会功能。语言是音义结合的符号系统,语言的声音和语言的意义是紧密联系的。因此,语言虽是一种声音,但又与一般的声音有着本质的区别。

(二) 口语表达基本要求

1. 清晰 发音准确清晰,是对口语表达的最起码的要求。要别人知道你说的是什么,当然,有时要说得幽默一点,那或是生活的玩笑,或是说相声,一般情况下一定要说得清晰,让人听得懂。

2. 流畅 不要有口头禅,有的人作报告开头喜欢用"这个、这个",有的人喜欢每句后面用"啊、啊",让人听起来很不是滋味。人说话时所常犯的语病是有杂音。有些人谈话很有风度,只是在他语言之间,有了许多无意义的杂音,例如鼻子总是一哼一哼地,或是喉咙里好像老不畅通似的,轻轻地咳着,或是在每句开头常用一个拖长的唉声,好像每一句都要犹豫好一阵才讲出,或是说完一句,总加一个"啊",好像每句都怕人没听清楚的样子,诸如此类都是要加以消除的。这些杂音使你本来很好的语言,好似玻璃蒙上了一层灰,大大地减少了它原有的光彩。

有人喜欢在谈话中,用许多不相干不必要的套话。例如,什么地方都加上一句"自然啦",或"当然啦"这类的词句。又有人喜欢加上太多的"坦白地说"、"老实说";有的人喜欢老问别人"你明白么?""你听清楚了么?"有的人又喜欢老说"你说是不是?""你觉得怎么样?"也有人习惯性地在每一句话的语尾加上句"我给你讲!"这一类的小毛病,可能你自己平时一点也不觉得,要问一问你的朋友们,请他们替你注意一下,有则改之。

3. 口语化 自从文字产生后,语言也就有了两种存在的形式,那就是口语和书面语。口语存在于人们的口头,书面语是在口语的基础上生产的。口语是用来听的,书面语则是用来看的。书面语的书写工具是文字,但是用文字写下来的语言却不一定是书面语。口语与书面语这两个概念并不仅仅是从表现形式和承载工具的角度来区别的,它们主要的区别还是语言风格特征方面。比如,政治演说、新闻广播等。虽然都是用口头表达出来,但是你却不能说它们是典型的口语,相反,它们有的甚至比一般的书面语更为严谨周密。而反过来说如果把凡是用文字写下来是语言都认定为书面语的话,也是大错特错的。

口头语与书面语是有区别的,当我们写好一个书面的东西,不是读是说出去的时候,就要口语化,如发言稿是要说给大家听而不是念给大家听,就要口语化;演讲稿要说给大家听也要口语化。正因为口语和书面语的用途和表现形式有很大的不同,所以在遣词造句方面二者有着明显的差异。口语是用来听的,它和说紧密联系。人们日常交谈受时间的制约,速度不能太慢,要边想边说,因此往往来不及仔细推敲,有时甚至不假思索脱口而出,因此,人们在口语中使用的词大都是出现频率很高的常用词,它们生动活泼,通俗易懂。另外,或者怕听着不明白,或者为了加强自己的语势,口语中还经常地重复使用词语。

再说句式,口语句式都简短明了,灵活多变,常有省略。加之口头交际追求实际效率,除了用语言这种交际工具外,还可以用更为生动的表情、动作以及当时的语境等辅助因素,所以,口语中的句子存在大量的省略、倒装等特点。

书面语是用来看的,它没有口语那么多的辅助手段,因此,就必须注意词语的锤炼和句式的选择,必须注意把话说得明白、严密、规范,它的句式一般比较舒展、严密,讲究整齐匀称。因此可以说,口语是书面语的自然形态,书面语是口语的加工形态。虽然二者有这样的区别,但并不是说书面语的表达效果就一定好过口语,因为语言涉及很多方面,例如场合、对象、自然环境、社会环境等诸多因素。如果不分时间地点、不看场合,一味地卖弄文采、引经据典,不但不会起到好的作用,实现目的,反而会于事无补,甚至留下笑柄。

口语化有三种途径:

(1)书面语中的单音节词在口语里都要变成双音节词。比如,书面语"此时",口语表述就要用"这个时候"。

(2)文言词变白话词。例如,有这么一篇演讲稿:"教育历来被视为一片未加污染的绿洲,"如果说出去就有两个地方要改动,"教育历来被人认为是一片没有受到污染的绿洲,"显然第二句效果好些,这就是说,第一要把单音词变多音词,第二要把文言变白话,如书面语"良久",口语就只能说"很久"。

(3)书面语停顿靠标点,口语靠情感的处理、靠语气的变化。把书面的停顿变成口语的停顿,书面的停顿靠标点符号,口语的停顿靠词与词(组)之间、句子与句子之间间歇的时间来表现,而且,远远多于书面语停顿的时间。

4. 表情语言   面部表情在交际与演讲中的作用十分重要。"出门观天气,进门观脸色",这就是说人的脸部口语反应内心的变化和情绪。脸上的每个细胞、每条皱纹、每根神经都表达某种意愿、某种感情、某种倾向。面部表情是最准确、最微妙的人的"晴雨表"。

人的面部表情贵在四个字:自然、真挚。面部是思想的"荧光屏",演讲的面部表情一般要带微笑。在各种场合,积极调控面部表情,使表情准确自然恰当地体现丰富情感,可以更好地促进交流。

二、良好用声习惯的培养

要想有良好的口才,首先得学会正确的发音,对于每个字,都必须发音清楚。清楚的发音可以依赖平时的练习,注意别人的谈话,朗读书报,多听广播等,这些均对正确的发音有较大的帮助。

清脆、甜美、圆润的声音也是可以由良好的用声习惯培养训练而获得的。

（一）克服不良的用声习惯

良好的用声习惯要从纠正不良用声习惯开始，积极训练自己的说话艺术，而纠正不良的用声习惯要从心理和生理两方面进行控制。首先，在心理上要确立用声自然的信念，不要盲目模仿别人的声音。其次，要建立起正确的声音判断标准。再次，掌握科学的用声方法，并通过一些有对比性、针对性的练习，在发音上找到正确与错误的差别，从而改变错误的用声习惯：①纠正鼻音；②克服声散；③克服声音尖紧；④克服声扁发哕；⑤克服声闷靠后。

（二）保持音色甜美的要领

无论是面对面交谈还是电话联络，必须注意以下两个基本条件：
（1）讲话时务必口齿清晰；
（2）说话一定要配合现场气氛。

（三）让声音富有激情

让声音既富有感情又清晰悦耳，这是口才训练的一项重要内容。

（四）呼吸增强声音的活力

许多人往往抱怨声音缺乏活力，总想找一个简单有效的能增强声音活力的方法，呼吸法无疑是这样一种行之有效的方法。

（五）抑扬顿挫可强调话语

口语必须根据内容和感情表达的需要，采用升降起伏、高低轻重不同的声气和语调使演讲抑、扬、顿、挫，富有变化。讲话的声音如果毫无抑扬之感、平淡单调，听众就会感到索然无味。当然，毫无控制忽高忽低，对比过强，也会令听众心绪不宁，疲惫不堪。因此，在口语表达中如何调节声调的轻重、抑扬显得特别重要。

一般说来，重要的内容、强烈的感情，表达鼓动、果断、号召、愤怒、反问、不平等，语气宜高、强、短、急，用高升调；表示喜悦、愉快、自信、称赞或悲壮、沉重、责怪之意，声调宜由强而弱，用降抑调；叙述性、说明性的语言，或表示庄重、冷淡、呆滞的地方，情绪一般较平静，宜用平直调；而表示惊讶、怀疑、讽刺等感情，语气宜高低曲折富有变化，用曲折调。

三、口语表达的基本要求

（一）言之有物——重内容

语言的首要功能是传递信息、交流思想。因此不管你的话有多花哨、动听，但毕竟不是当成音乐来听，听众并不是陶醉于你的音质、语调、韵律。你的表达形式可能有欠缺，你的音质可能不悦耳，但是这些和你将要说的内容比起来，则显得次要了。所以，在开口前，你一定要想一想,我是否做好了说话的准备? 我对自己要说的话是否心中有数?

我们常常会被那些精彩的演讲和谈话感动。那些演讲者、谈话者有的其貌不扬,有的声音沙哑,有的三言两语,有的长篇大论,不管他们的个人条件有多大差异,不管演讲和谈话的性质、目的、距离有多远,打动我们的最主要的因素还是演讲和谈话的思想内容,还是那语音形式所传达出的思想信息。

案例 1-1:

面对风华正茂,即将踏上人生征途的大学生,说些什么才能更好地打动、教育他们呢? 当然,国家的希望、人类的未来、目前的形势、肩上的责任等话题都是常见的。但是,读了下面这段演说,你肯定会被震撼,会记住演说者说过的那句话——"请不要抛弃学问"。这就是著名学者胡适 1929 年在中国公学 18 级毕业典礼上的毕业赠言:

诸位毕业同学:

你们现在要离开母校了,我没有什么礼物送给你们,只好送你们一句话吧。

这一句话是:"请不要抛弃学问。"以前的功课也许有一大部分是为了这张毕业文凭,不得已而做的。从今以后,你们可以依自己的心愿去自由研究了,趁现在年富力强的时候,努力做一种学问。少年是一去不复返的,等到精力衰退时,要做学问也来不及了。即为吃饭计,学问决不会辜负人的。吃饭而不求学问,三年五年之后,你们都要被先进的少年淘汰掉的。到那时再想做点学问来补救,恐怕已太晚了。

有人说:"出去做事以后,生活问题急需解决,哪有工夫去读书? 即使要做学问,既没有图书馆,也没有实验室,哪能做学问?"

我要对你们说:凡是等到有了图书馆才读书的,有了图书馆也不肯读书;凡是要等有了实验室方才做研究的,有了实验室也不肯做研究。你有了决心要解决一个问题,自然会节衣缩食去买书,自然会想出法子来设置仪器。

至于时间,更不成问题。达尔文一生多病,不能多做工,每天只能做一点钟的工作。你们看他的成绩! 每天花一点钟看十页有用的书,每年可看三千六百多页书,三十年读十一万页书。

诸位,十一万页书可以使你成为一个学者了。可是每天看三种小报也得费你一点钟的光阴。看小报呢? 还是打麻将呢? 还是努力做一个学者呢? 全靠你自己选择!

易卜生说:"你的最大责任是把你这块材料铸成器。"

学问便是铸器的工具。抛弃了学问便是毁了你自己。

再会了! 你们的母校眼睁睁地要看你们成什么器。

作为一代思想巨人、学术宗师的胡适,在这次演讲中并没有说什么冠冕堂皇的大道理,并没有故意用很多的典故、很多的哲语来装点自己的门面,句句都是大白话,句句都是大实话。但是,在这些看似简单的话语中却包含了多少人生的真谛啊! 人的一生全凭奋斗,青年时期是人一生中的黄金时代,但同时又是一个很容易被声色犬马诱惑、被浮名虚名压倒的时期。在这里,胡适从青年人最容易遇到的困惑入手,为他们分析了奋斗的价值。这些语言如果在当时那个民族危亡、山雨欲来的年代显得有点不够"革命"的话,那么在今天国盛民安,建设有中国特色社会主义新时期,80 多年前的那些忠告,也会有现实意义。

案例1-2：

1969年6月21日，"阿波罗"号宇宙飞船载人登月成功，美国的两名宇航员在全世界亿万电视观众的注视下把人类的足迹留在了那个遥远的星球，他们落足的地方是月球的"宁静海"。同时美国的总统尼克松也通过电视直播，发表了即兴演讲《人类历史上最珍贵的一刻》，全文如下：

因为你们的成就，使天空也变成人类世界的一部分。而且当你们从宁静海向我们说话时，我们感到要加倍努力，使地球上也获得和平与宁静。

在这个人类历史上最珍贵的一刻，全世界的人都融为一体，他们对你们的成就感到骄傲。他们也与我们共同祈祷，祈望你们安返地球。

这短短的百字，被认为是当今世界政治领袖们演说中的经典。的确，这段话短小精悍，但是蕴涵却极为丰富。尼克松面对的不仅是两名英勇的宇航员，更是地球上所有的人，这种开阔的视野使他的演说感人至深而大气非凡，既表达了作为"地球人"的骄傲和对全世界和平的渴望，又暗中表露了作为美国人的自豪；更动人的还是最后一句："祈望你们安返地球"，这篇演说的动人之处正在于它那独特的内容。

语言是用来表达思想的，要取得好的表达效果，必须言之有物，必须有充实的头脑和丰富的心灵作为语言坚实基础和无尽的源泉。否则，一堆华而不实的语言垃圾，半天不疼不痒的套话、废话，不如不说。

有了充实感人的内容，就等于有了出口成章、打动人心的最基本、最重要的条件。

（二）言之有理——合逻辑

有了丰富的思想内容，只是具备了出口成章的基本条件。这些思想内容还要经过合乎逻辑的整理，并且最终靠口头传达出来。而把心底的感觉、朦胧的意思整理传达的过程，其实就是一个动脑思考、进行抽象思维的过程。因此，一个人的抽象思维能力如何，将决定他说话是否准确严密，是否简洁清楚，而抽象思维能力也就是逻辑的能力。如果把待讲的内容比做一堆蔬菜和调料的话，那么怎么烹调就要看厨师的手艺，也就是说要看说话的逻辑水平了。

逻辑是一个外来词，源自希腊语，它又是一个多义词，至少有以下四个义项：客观事物的规律，思维的规律，研究思维形式及其规律的科学即逻辑学，某种理论或说法。我们这里所说的逻辑，是指思维的规律。思维是人的认识的理性阶段，是人脑对客观事物间接而概括的反映。人的认识可以分为感性认识和理性认识。感性认识是认识的初级阶段，是对客观事物的现象、部分和外部联系的反映，它的形态是感觉、知觉和表象。经过对感性材料的加工整理、产生认识的飞跃，形成概念、判断和推理，从而把握住事物的本质和规律，这就是理性认识阶段，也就是思维的阶段。人们认识和改造世界，需要多种能力而其中最重要的能力就是思维能力。可以这么说，思维能力的高低，决定着人们其他能力，尤其是口语表达能力的高低，因为口语表达有着特殊的条件制约，要求人在极短的时间内组织好语言。因此，要想出口成章，就要注意训练自己的逻辑思维能力，使自己养成良好的思维习惯。

说话就是通过语言表达自己的思想，任何语言活动实质上都是思维活动。语言的运用离不开思维，语言的恰当运用更离不开逻辑。如果思维混乱不合逻辑，语言表达就不可能清楚明白，而自觉运用逻辑，则能促进语言的严密准确，深刻有力。

案例1-3：

　　三位科学家从伦敦驱车前往爱丁堡,透过车窗,看到路旁有一只黑羊,于是科学家议论开了。天文学家说:"多有意思,苏格兰的羊是黑的!"物理学家反驳:"你的论断不对,应该说,有些苏格兰的羊是黑的。"逻辑学家仍然感到不妥当,纠正说:"我们只能相信这一点:苏格兰的羊至少有一只并且至少它的身体的一面是黑的。"

　　语言的准确性来自于思维的严密。逻辑是研究思维形式的。思维的形式有概念、判断(又叫命题)和推理三种。

　　概念是反映事物特征总和的思维形式,任何概念都有其特定的内涵和外延。内涵是指概念所反映事物的本质特征,外延指概念所反映的那一类事物。在口语表达中与概念有关的逻辑问题主要是:概念要恰当,划分要准确,要学会给某个新鲜事物下一个科学的定义。

　　判断是对客观事物的性质或它与其他事物的关系有所断定的思维形式,符合客观实际的判断就是真判断,不符合客观实际的判断,逻辑学上称为假判断。

　　推理是从一个或几个已知判断推断出另一个新判断的思维形式。在这三种思维形式中,概念是最基本的形式,我们思考问题使用的基本单位就是概念。概念既是思维的形式,又是新的思维成果,因为我们对于某类事物的认识成果往往凝结成一个新的概念,而推理又是在判断的基础上形成的。关于三种思维形式,涉及许多专业的理论知识,这里不可能都面面俱到地讲清楚,大家可以参阅有关逻辑书籍。这里强调的是必须重视逻辑训练。

　　口语表达有多种形式,如演讲、社交等等,任何一种口语表达都离不开逻辑的支撑。我们在准备一篇讲稿的时候,一定要注意它在逻辑方面的问题,比如,概念的定义是否恰当,是否有循环定义的现象,划分是否合理等;判断是不是真判断,它的质与量是不是确切;我们要向大家宣传的思想观点是不是能让人心悦诚服,是不是合乎思维的一般规律。如果我们能用简洁、准确的词语来概括我们的思想,形成明确的科学概念,能用明确、通顺的语句表达出自己的意见,做出准确真实的判断,能用流畅的语言表示严密的推理,让人无可争议地赞同你的说法的话,那么可以说,我们的话语有了坚强有力的脊梁骨和支撑点。

　　辩论更是逻辑能力的较量。你可以运用归纳、演绎、类比等推理方式,从不同的角度阐明自己的观点。一旦你发现对手的某个理论在逻辑方面有失误的话,那就必须要抓住,指出他的这种错误,这比在内容上跟对手纠缠效果要好得多。

　　在辩论和交谈中,逻辑能力尤其是推理能力更是有着广阔的用武之地。对自己赞同和提倡的观点,我们可以使用演绎归纳类比等方式,把它们清晰有力地表述出来。而对手某些本身存在逻辑错误的言论,我们尽可以抓住不放,运用归谬、二难、类比等方法,奋起反击,让自己立于不败之地。

案例1-4：

　　加拿大前外交官斯特郎宁,生于喀麦隆,出生后喝的是非洲奶妈的乳汁。在后来的一次竞选中,他的对手抓住他生于非洲这一点,对他进行攻击,说:"你曾经是喝非洲奶妈的奶长大的,你身上就有非洲血统,不适合做加拿大的外交官。"斯特郎宁冷笑了一声,说道:"你从小喝加拿大奶牛的牛奶,那你身上就有加拿大奶牛的血统了。"这位机智的外交官在这里使用的是类比法,那个攻击他的人的话显然在逻辑上是站不住脚的。他的理论其实就是这么一个推理:"吃什么的奶长大,就有什么血统。"这显然是一个谬论,但如果一听到这话就怒不可遏,做出些过激的言行,那就正好中了敌人的下怀。如果直接驳斥,又显得力度不够,不足以形成有力的回击。斯特郎宁"以彼之道,还施彼身",假定他的话为真,然后再进行恰当的类比,得出令对手更为尴尬的结论。

(三)言之有文——讲修辞

不管是书面写作还是口语表达,我们都在使用语言。在使用语言进行交际和表达时,就应该考虑表达是否准确?是否把要表达的意思交代清楚了?说出来的话是否符合语法规则和逻辑规律?如果语法有错误,就不通;逻辑方面有问题,就不对;语法和逻辑都没问题了,我们往往还要进一步追求更好的效果,而追求更好的表达效果就是修辞的任务了。因此可以说,语法管的是"通不通",逻辑管的是"对不对",而修辞管的则是"好不好"。根据特定的语境、特定的目的,众多可供选择的表达方式中总有一个是最合适的、效果最好的,选用那个最好的从而取得最佳表达效果,这就是修辞的任务。因此我们可以说,修辞就是根据特定的目的和语境恰当地选择词语和句子,以求取得最佳表达效果的一种活动。

修辞是一种追求更好表达效果的活动,口语表达中应该注意的修辞问题,主要有语境、词语的选择、句式的选用、辞格的运用等。

1. 语境 语境有两种,一种叫上下文语境,一种叫做社会语境。上下文语境也就是平时所说的前言后语的问题。一句话并不是孤立存在的,而是要放在具体的上下文中的,起码前言后语之间不能是矛盾的。社会语境就更复杂了,它包括说话的对象、时间、场合。口语表达能力强的人往往也是能够在特定的时间、地点,说出最得体的话语。这种感觉能力和控制能力是一种非常可贵的本领。

案例 1-5:

清晨,我和小王来到景色如画的未名湖畔。啊,美丽的未名湖,微波不兴,明净如镜,它大约刚刚从睡梦中醒来,显得分外安详和宁静。我们举目四望,发现四周早已三三两两地坐满了好学的青年人。他们有的在念外语,有的在背诗词;有的声音高亢,像雄鸡在报晓,有的嗓音洪亮,如铜锣在轰鸣,千百个声音汇成了一首向科学进军的交响曲。

这段话,用了一些修辞技巧,乍一看好像还挺有文学色彩,但是仔细琢磨就会发现,整段文字的前言不搭后语。是为了描写而描写,忽略了上下文语境的问题。

案例 1-6:

在这里一幅描绘你们革命的壁画前,我想谈谈目前正发生的一场完全不同的革命。它悄悄地席卷全球,没有流血和冲突。它的作用是不可估量的,将从根本上改变我们的世界,砸碎陈旧的想法,重塑我们的生活。

人们很容易低估这场革命,因为它并没有伴随着旌旗飘舞的场面和嘹亮的喇叭声。它被称作工艺革命或信息革命,而人们可以把小小的硅片——跟指纹印一般大小——当作它的象征。这样的一块硅片比摆满一间屋子的老式计算机的计算能力更强。

我记起果戈里《死魂灵》中将近结尾的一段文字。果戈里把他的祖国比作奔驰的三套车,并且问它的目的地在何方。然而他写到:"除了传来美妙的铃声,没有任何回答"。

我们不知道这旅程将如何终结,但我们希望改革的许诺将得以实现。在这莫斯科之春,1988年5月,我们或许能获得这一希望——犹如托尔斯泰坟上嫩绿的树苗,自由将最终在你们人民和文化的肥沃土壤上欣欣向荣,蓬勃生长。我们或许能希望,一个新的开放格局的美妙铃声将响彻云霄,引向一个和解、友好与和平的新世界。

里根这几段话的主要意思就是描绘全球民主革命的扩展以及通讯时代自由思想的力量。话语虽然不多,但处处体现了他利用环境营造气氛的才能。他从身后的列宁像谈起,巧妙地借十月革命引出信息革命,让听者很自然,这个过渡真称得上是天衣无缝。用两个短语描绘出社会主义革命的鲜明特点——"旌旗飘舞的场面和嘹亮的喇叭声"显示出了作为一个意识形态截然对立的大国领袖对于对手的尊重与友好的态度,自然能一上来就抓住观众的注意力。接着他又引用了果戈里著名的三套车的比喻,那富有诗意的结尾句子会令每个关心祖国前途命运的年轻人陷入深深的思索。临到结束又是一个精彩的比喻——把自由的希望比作托尔斯泰坟上嫩绿的树苗,非常得体,好像信手拈来,实际上煞费苦心。俄罗斯的文学艺术可谓誉满全球,大文豪托尔斯泰和果戈里有着崇高的国际声誉,是苏联人民的骄傲。里根引用他们的话,联系到他们的具体事情,让听众感到亲切与自豪,无形中增加了几分亲和力和说服力。

其实修辞是很平常、很自然的事情,我们大可不必把它复杂化、神秘化。当你有一件事情想说,你刚要开口,却忽然觉得与其这样说,还不如那样说;或者某个词语尽管也能表达你的基本意思,但是还可以再找个更适合的来替换它;或者你为了增强说服力,尽量引用名人名言;为了增加感染力,使用比喻、夸张、排比、对偶等手法,这些时候,你都是在进行修辞活动。语言表达首先追求的是准确,在准确的基础上再进一步简练,这些都做到了,才能追求生动。

2. 词语的选择　讲修辞除了看语境外,还要注意词语的选用,要根据不同的表达目的和表达效果,恰当地选用最合适的词语。

(1) 汉语是世界上最为丰富发达的语言之一,汉语的词汇异常丰富。同样一个意思,我们可以找出多个可以使用的词汇。汉语的同义词多,是开展修辞的大好条件,同时对我们如何进行修辞又是一大考验。同一个形容词不可在同时用来形容各种对象。

例如:有一幼儿园老师讲故事,说到公主,她说:"这公主是很美丽的。"说到太阳,她也说:"这太阳是很美丽的",此外说到水池、小羊、绿草、远山等,无不用"美丽的"三个字来形容。她为什么不用可爱的、柔嫩的、光亮的、迷人的等字句来调剂一下呢,这不是可以增加听者的兴趣吗? 在"好"这个概念之下,有精彩、优美、善良、出色、美丽、愉快、呱呱叫以及许多其他的词语,不要那么简单地说:"她是一个好人","这个茶杯很好","这篇文章写得太好了"。

(2) 谚语本来是很富于表现力的,不过不要二三句话里就有一个谚语,用了太多的现成说法,会使人听了觉得油滑,而且也使人太眼花缭乱了。好比一个美丽的女人,满头满身都带着珠宝,不但掩没了她原来的美丽,反而使人觉得累赘之极。偶尔地,在适当的地方用一两句谚语,就显得很生动很有力量。太深奥的名词不可多用,除非你是和一个学者讨论一个学术问题,否则,满口新名词,即使用得恰当,也是不大好的。除非非用不可,否则,随便滥用学术名词,听不懂的人将不知你在说什么,误以为你有意在他面前炫耀你的才学。

（3）夸张的词有一种引人注意的效果,不过,如果用得太滥,或是用得不恰当,反而使人不相信。你不可能每次说的都是非常重要的消息,也不可能每次都讲最动人的故事,或是最可笑的笑话。你所看的书,不可能每一本都是最精彩的,你所认识的好朋友,不可能个个都是最可爱的。不要到处地、随时地都用"最"、"极"、"非常"、"无限"等字,否则,如果在你这无数的"最"中,有一个真正的"最",你怎样表示呢,难道你要这样说:"这件事对我是最最重要的"么？如果你真是这样说,别人听了也会无动于衷,因为他们认为你是一向喜欢夸大的人。

（4）颠倒词序:颠倒词序,可以改变语意,使交谈朝着有利于自己的方面发展。1949年9月,云南解放前夕,蒋介石令沈醉枪杀进步学生并逮捕了九十余名爱国民主人士,正准备起义的云南省主席卢汉急忙打电报给蒋介石陈说利害,为这批民主人士说情。蒋的回电是:"情有可原,罪无可遣。"（遣在这里是逃避的意思）卢汉十分着急,把电文给李根源先生看。李先生看后,把词序改成:"罪无可遣,情有可原。"在昆明的军统头目阅读电文后,以为蒋介石"恩威并举",于是这批爱国民主人士得救了。后来蒋介石得知此事,气得火冒三丈。他怀疑秘书记错了自己口授的电文,又不能排除自己搞"颠倒"了"语序",只得骂几声"娘希匹"罢了。

古今中外许多名句格言,都是运用颠倒词序法,以增强语意的表达效果。郭沫若说:"活人读死书,可以把书读活,死书读活人,可以把书读死。"林肯说:"你能在所有的时候欺骗某些人,也能在某些时候欺骗所有的人,但你不能在所有的时候欺骗所有的人。"这些格言,就是变换某些字词,使语言产生了更为深刻的含义。

> **案例1-7:**
>
> 于右任的书法享有盛誉,一向被称为"于体",但他平日不轻易赠与别人。一次,一个人求字,于老先生不想给他,无奈他一直要求,只好写下了"不可随处小便"几个字,满以为这样的话登不了大雅之堂。谁知过了几天,那位求字者拿着裱好的条幅,来向于老道谢。于老把条幅展开一看,正是自己亲笔所写的,只不过变成了"小处不可随便",真是一句精辟的格言。这位求字者就是采用颠倒词序的方法,使于老这一句本不能登大雅之堂的话,变成了一句具有深刻哲理性的语言。颠倒词序,可以改变语意,使交谈朝着有利于自己的方面发展。

实践表明,在一定的情况下,采用颠倒词序的方法,能更好地表达人们需要表达的内容。但如果是在谈话时,重复几次谈一个话题,发表一个观点,虽然有强调说明的作用,但多半因为没有新意而会使听众生烦。

在鲁迅先生的小说《祝福》里就有这样一个生动的例子:

祥林嫂第二次来到鲁镇,带着更大的悲伤。她向人诉说:"我真傻,真的,我单知道雪天野狼在深山里没有食吃,会到村里来;我不知道春天也会有……"她儿子被狼咬死,大家曾表示同情,但祥林嫂不断重复这几句话,就使大家表示出冷淡的态度。

其实,一个人哪能不断有新的话题？譬如一些朋友相聚,当没有新的情况可说,还要重提旧事时,可以用新的叙述语言,从新的表达角度来谈,同样会有好的效果。

如果在生活中,我们都能生动、风趣地表达,那么就不会因为同一句话多次重复而显得单调、呆板。

(5)谐音讽刺:运用谐音法,可对不便明说的丑恶现象和人物进行讽刺鞭挞。辛亥革命后,清帝逊位,国民改呼"皇帝万岁"为"民国万岁",人们以为从此天下太平,而事实却是军阀混战、贪官盛行、民不聊生。撰联大师刘师亮编出"民国万税,天下太贫"的对联,其讽刺的效果可谓入木三分。确实,民国不能"万岁",却有"万税",天下不大太平,只有"太贫"。谈话时巧用谐音法的妙处真可谓是功力无穷,而颠倒词序法则可以增强语意,使交谈语言更加深刻,从而取得戏剧性的说话效果。

3. 句式的调整 人们用来表情达意的最基本的单位还是句子。词语是用来造句的,词汇丰富,使得造句时有了选择的余地;选用词语恰当,使得表达准确到位。除了词语的锤炼,消极修辞还包括句式的选择和安排。正如一个意思可以选用不同的同义词来表述。大量的同义句式,也为我们的口头表达提供了选择和安排的余地,使我们能够最准确鲜明地表达出自己的思想。所以,根据表达目的和语境的需要调整安排句子,以求得最佳的表达效果是修辞的一个重要任务。

4. 修辞格的选用 前面说过,那些在思维常规领域的词语选择和句式调整属于消极修辞的范畴,而为了追求生动、形象、深刻等更好的表达效果而进行的语言变异使用,则属于积极修辞。比如,我们常用的比喻、借代、夸张、双关、反语、设问、反问、排比、对偶、引用等手法,都可以归到修辞格的范畴。在做到表达准确简洁的基础上,再恰当地运用修辞格,可以让你的演说生动鲜明,有很强的感染力。

(四)言之有趣——会幽默

1. 幽默的含义 幽默是一个外来词,它的意思是诙谐风趣而又意味深长。在口语表达中,幽默有着非常重要的作用。我们喜欢听幽默的语言,就像喜欢听动人的音乐、欣赏美妙的诗篇一样让你入迷。我们和谈吐幽默的人在一起,往往就像置身于蔚蓝的大海边或壮美的大山中一样让我们陶醉。幽默风趣的人,正是我们芸芸众生里一道最亮丽的风景。

案例1-8:

1972年,尼克松访华,登长城的时候,因为腿疾只上了三步石级,就站着不动了。于是有记者问他:"总统先生,您为什么不登上最高峰?"尼克松轻松地说:"昨天我与毛泽东的会见已经是最高峰了。"尼克松的高明在于他善于巧妙地避开私事谈国务,虽然答非所问,却是趣在言中。

案例1-9:

马克·吐温的长篇小说《镀金时代》曾引起很大反响,他在这本书里抨击了美国政府的腐败和那些政客、资本家的卑鄙无耻。

一天,在酒会上,记者追问马克·吐温对政府官员的看法。马克·吐温一气之下说:"美国国会有些议员是狗娘养的"。

这句话在报纸上披露后,议员们大为愤怒,纷纷要求作家出来公开道歉或予以澄清,否则,就将诉诸法律。

后来，马克·吐温在另一个场合又对记者发表谈话："前一次我在酒席上发言，说'美国国会中有些议员是狗娘养的'，事后我考虑再三，觉得此话不适当，而且也不符合事实。我郑重声明，我上一次讲话应该更正为'美国国会中的有些议员不是狗娘养的'。"这个声明十分精彩。作家没有把已说过的话简单地重复一遍，而是作一种相反的表达，其实跟前次所说的是同一个意思，甚至抨击的面更广，这样对方也抓不住把柄了。

幽默是有区别的，有些是文雅的，有些则暗藏杀机；有些是高尚的，而有些则是庸俗的，庸俗的幽默如同讥笑，往往一句普通的讥讽话便会使人当场丢脸，反目不悦。所以，说幽默话应当选择高尚的、文明的才对。一味地说俏皮话，无节制的幽默，其结果反而变得不幽默。譬如，你把一个笑话反复讲了三遍、五遍，起初人家还以为你很风趣，到后来听厌了之后便不会觉得有趣。

2. 怎样培养和提高自己的幽默感

（1）要有健康高尚的情操，豁达的心态：幽默是属于生活中的强者，属于乐观向上的人。要想用自己智慧的火花去照亮别人，首先自己的心灵应该充满阳光。"君子坦荡荡，小人长戚戚"，一个满脑子小算盘、心胸狭窄的人是不可能有幽默感的，因为他们心里装着的只是自己的得失，没有对他人的热情。幽默是需要热情的。

恩格斯曾经这样说道："幽默是表明人们对自己的事业具有信心并且表示自己占有优势的标志。"古今中外的伟人哲人大多是有幽默感的人，在他们的讲话中，幽默的语言就如同金子一样闪闪发光。心胸开阔的人能够用幽默这个武器化解遇到的尴尬场面，能够用可贵的宽容来消除别人带给自己的伤害。一位哲人曾这样写道："心灵若是堆满垃圾，心胸容易狭隘；心灵若是一尘不染，心胸则无限宽广。"

幽默者之所以语言风趣幽默，是因为他的内心永远都是一种豁达开朗的境界。我们知道，心情沉重的人，肯定笑不起来；心中总是充满狐疑的人，话里肯定不会荡漾着暖融融的春意；整天都牵肠挂肚的人，他的话里肯定也有着化不开的忧郁；只有心怀坦荡、超越了得与失的大度之人，才能笑口常开，妙语常在，话中总是带着对他人意味深长的关爱，带着对自己不失尊严的戏谑。

案例 1-10：

英国前首相丘吉尔，是一个十分豁达的领袖，同时也是著名的演说家。在他执政的最后一年，他曾出席了一次政府举办的活动。当时，他听到身边有两个在小声地议论他："嗨！你看那不是丘吉尔吗？""是啊，我听说他已经老朽了，眼看就要下台了。""是啊，他是应该把位子传给精力充沛的年轻人了。"

那两个人认为丘吉尔听不到他们的对话，可事实是丘吉尔听到了。丘吉尔等那两个人说完后，冲他们转过头来说："是啊，我听说他的耳朵最近也不大灵了"。那两人的表情可想而知。

案例 **1-11**：

　　有一位将军,有一次与士兵一起开庆功会,在与一个士兵碰杯的时候,那士兵由于紧张,举杯时用力过猛,竟把一杯酒都泼到将军的头上,士兵当时就吓坏了,可老将军却用手擦了擦头笑着说:"小伙子,你以为用酒能治好我的秃顶啊? 我可没听说过这个药方呀?"说得大家哈哈大笑……

　　给自己一份旷达朗润如万里晴空的心境吧,那么这份心境一定会像阳光般飘洒在你的语境中,这样的话,既使你"无意幽默,但却幽默自现"!

　　(2)要有良好的文化素养:有了健康明朗的思想,并不一定具有幽默的能力。我们还要具备丰富的科学文化知识,因为幽默的谈吐需要丰富的学识支撑,很难想象一个孤陋寡闻的人能够成为幽默高手。

　　(3)要目光敏锐、善于联想:生活中到处都有有趣的事情发生,伟大的艺术家罗丹曾经说过:生活中并不缺少美,缺少的是发现美的眼睛,这句话同样适用于幽默。幽默尤其需要创造性的思维能力,需要独到的见解,立体发散的思维品质。看下面这则《请听听考研的声音》运用的就是常见的"戏拟"的幽默方法,表现了作者丰富的阅读经验和智慧的想象:

　　一年一度北风劲,周六学子要考研。压力当前,有人戏说一番,聊解应考的紧张和焦虑。

　　拿破仑:将军们,我的出身的确比你们差,但是如果你们因此而蔑视我,我将立刻宣布考研,以消除这一差别。

　　肯尼迪:我们不能只想着考研能为我们做什么,要多想想我们能为考研做什么。

　　张爱玲:于考研的无涯的荒野里,没有早一步,也没有晚一步,刚刚在这里相遇,那就说一声:"你考研吧!"

　　龙应台:中国,你为什么要考研!

　　魏巍:朋友,你在买书的时候,可曾想到谁是最可靠的资料?

　　杨朔:我梦见自己变成一名研究生,在阳光下快乐地奔跑!

　　阿Q:考研? 有趣! 来了一阵白盔白甲的鬼佬,叫道"考研考研",于是一同考研。

　　施拉普纳:如果你不知道往哪考,就往中国科学院头上考。

　　哈姆雷特:考还是不考? 这是一个问题。

　　高晓松:明天你是否会想起,昨天你记的笔记。明天你是否还惦记,曾经考研的你。

　　刘德华:考研一万年。

　　痞子蔡:如果我有一千万,我就不考研。我有一千万吗? 没有。所以我仍然要考研。

　　上面这些句子都是改造前面人物的"名言",这些人有的是现实的真人,有的是文学作品里的虚构。有政治家,有歌星,有作家,他们这些话在社会上广为流传,已经超出了原来的文本含义,而增加了某种特定的色彩,成为了类似词汇当中的"熟语"。作者利用它们幽默地表达出了当代大学生面对考研竞争所产生的种种心态。如果不是熟知这些"名言",怎么可能说出这些妙语呢? 幽默的口才必然伴随着丰富的联想和敏捷的思维。

　　(4)要善于自嘲:一般说来,人人都不愿意成为大家取笑的对象。知道了这一点,你就能明白为什么有的人很容易逗别人乐了。大家都有一种潜意识的优越感,在幽默者适度的自嘲中,人们感到的是自己心里那隐约的优越感。因此,不用担心自嘲会让人知道你的短处,引来鄙夷的目光。他们会为你的勇敢和风趣而折腰。因为你不怕暴露自己,所以他们就会在心中对你解除防范,把你当成自己的朋友。善于自嘲的人实际上是一种非常自信、非常明智的人。

近年来,相声这种艺术形式好像成了人们心中的"鸡肋",因此,很多搞相声的专业人士纷纷改行,另谋出路。可是著名相声表演艺术家马季却痴心不改,他的生命已经与相声紧密地联系在一起了。在一次接受采访时,他调侃道:

"我就像守寡一样地守着相声。"

这个比喻真是新颖又奇特,这短短的一句话包含了马季心中的苦辣酸甜。

再比如著名的学者钱钟书先生,他学贯中西,睿智过人,在他的小说《围城》出版后,有名记者非常想采访他。钱先生对他说:

"您吃了一个鸡蛋,觉得味道很好,这就行了。干嘛还非得要见那个下蛋的母鸡呢?"

把自己的作品比作鸡蛋,把自己比成下蛋的母鸡,真是典型的钱钟书式的幽默。

李雪健因主演《焦裕禄》而获得 1991 年的电影百花奖和金鸡奖,颁奖典礼上,当他接过奖杯后致答谢辞时,说了一段精彩的话:

"苦和累都让一个好人——焦裕禄受了,名和利都让一个傻小子——李雪健得了……"

此话一出,立刻博得了大家热烈的掌声。李雪健幽默地把自己称作"傻小子",使大家对他顿时增加了一种亲切感。这句话反映出了他对焦裕禄同志的无限尊崇与怀念,对个人得到大家的厚爱的惭愧与不安。这样一句话放在那个场合,可以说是最得体不过了。

(5) 要懂得适可而止:幽默必须要适可而止,千万不能兴之所至便到处信口开河。没有节制的幽默是非常危险的,它可能会伤害别人,也可能会损害你在别人心中的形象。

(五) 言之有情——能感人

我们评价一个口才好的人说话总是爱用"声情并茂"这个成语,这说明除了准确地传达理性的思想之外,人们还非常关注情感的表达。也就是说注重智商的同时,还要注重情商,即以理服人,又以情感人。不论是进行演讲,还是社交公关,忽视了感情的因素肯定是不行的。当然我们这里强调的情并不是泛滥的煽情和矫情。

1. 对世界充满爱心 只有对世界上美好的事物充满了爱心的人,做一个仁爱的感情丰富的人,才有可能感动别人。一个演讲者如果没有对生命的发自内心的尊重与关爱。没有对社会感到自己有一份责任和义务,没有对各种生存状态的关怀与了解,没有品尝过很多的苦辣酸甜。那么,他不可能说出打动人心的话语。

2. 注意表达技巧 话语表达要根据内容和感情表达的需要,采用升降起伏、高低轻重不同的声气和语调使演讲抑、扬、顿、挫,富有变化,才有利于感情的表达。节奏张弛有度,快慢适宜,缓急相间,停缓得当,激昂紧促处疾言快语,庄重深沉处侃侃而谈,哀婉思念处娓娓道来。或停或续、或连或歇,停歇有致,节奏分明,这样才能充分发挥好口语节奏的表达作用,使话语跌宕起伏,有韵味,有感情。

思考题与实训

1. 比较下列两段话哪种表达更好?

(1) 邻居是什么? 是相互帮助的朋友,是你在困难的时候可以向他求援的伙伴,是你生活中不可缺少的友情,是你生命中相互给予的人们。

　　(2) 邻居是什么? 是你正在炒菜,发现酱油瓶是空的,于是你就敲门要酱油的那家人;是你出差了,可以让他帮你看看门锁是否被人撬开的那家人;是你房子冒烟了能第一个去打 119 的那些人。

　　2. 词语选择训练:失衡　藩篱　监控　归咎　在劫难逃　五彩斑斓　啸聚山林　束手无策　物竞天择　无动于衷

　　请选择五个词语写一段话。

第二章 口语表达的技巧

熟悉幽默、赞美、批评、说服、拒绝当今大学生常用的五种口语表达技巧。学会并运用掌握这些技巧,不断提高自身的口语表达能力。

教学目的与要求

一、语音使用技巧

为什么有时听报告或者听老师上课时非常振奋,有时会昏昏欲睡,就是因为说话的人没有掌握说话的特点,没有掌握好语言的技巧。因此有必要来学习口语的表达技巧,这样使我们在以后的工作、生活中表达得更好、更理想、更有感染力、号召力和鼓舞力。

(一) 重音运用技巧

案例 2-1:

有罪还是无罪?当我们听被告辩护时,我们想知道听到的是事实还是谎言。说话人的音调变化有助于我们决定相信还是不相信我们所听到的话。

想一下"我没说我杀人"这个句子,重复几次,把重音放在不同的字上。"我没说我杀人"让人觉得你有杀人的可能性。"我没说我杀人"暗示你知道是谁干的。"我没说我杀人"听起来想你干了什么,但不一定是杀人。

生活中经常运用重音,重音在生活中必不可少。如"这篇文章的大意是什么","大意"是大概的意思,如果把"意"轻念,就是"粗心"的意思。所以,重音具有区别词义的作用,读重读轻表达的意思不一样,重音可分为三种:

1. 语法重音 根据句子语法结构的关系,把其中的某些成分说得响亮些,这叫语法重音。语法重音是句子内在固有结构规律的语音表现,它可以使句子结构清楚、意思明确,是语句重音的基础形式。

2. 逻辑重音 在话语交际时为表达特定的语义或情感而有意识地把句子某个词说得响亮些,这叫逻辑重音。逻辑重音往往是语义的焦点部分,它能提示出话语的前提,所以逻辑重音位置不同,就是由于前提的改变。

3. 感情重音 由于情感的需要,对语句中某些词或词组加以情感色彩的强调,这叫感情重音,是根据强烈的感情或细微的心理来安排,起强调作用,重音不一定重,有时放轻也起了强调的作用。重音有两种,一种是重重音,一种是轻重音。重音怎样体现?一是加大音量,二是拖长音节,三是一字一顿,四是夸大调值(调值有一个五度表:一声55,二声35,三声214,四声51)。

（二）停延掌握技巧

停延指口头表达时声音的停顿和延接。停顿是由音节之间语音中断形成的,中断的时间有长有短;延接是音节之间的延续或连接,可以由音节尾音拖长或者音素间音长缩短而成。停延不仅是生理上换气的机会,而且是揭示语言内在的层次结构、准确体现语句意思的方式,更是交际上表达情感的需要。停延把话语分成了一个个的片断,一般叫"节拍"或"意群"。节拍或意群由音节组成,它们同语言结构和语义都有联系,但不一定完全一致。汉语的基本节拍形式是单音节、双音节、三音节的,其中又以双音节的为主。说话速度对话语的停延有影响,语速的快慢不同,停顿的多寡和延接的形式都不同。因此,要正确表达或理解的话,必须要注意停顿和延接的位置、时间及方式。

停延的表现力:第一,可以变含糊为清晰,如"最贵的一张(停)值一千元",表示最贵的只有一张,其他的不足一千元;第二,变平淡为突出;第三,变平直为起伏,如"大堤上的人/谁/都明白"就有起伏;第四,变松散为整齐。有些排比句通过停顿变得很美,节奏很好,如写交通安全的一篇演讲稿:"每天的太阳是您的,晚霞是您的,健康是您的,安全也是您的",要声断,气不断,情不断。要重复强调的是停延不是中断,只是声音的消失,它绝对是气流与感情连起来的,有停就有延,而且某种激烈、紧张的情况下需要延接。

停延一般分为三种:气息停延、语法停延、强调停延。

1. 气息停延　句子当中为生理需要调节气息的间歇叫气息停延,又叫生理停延。在碰到要说一个较长句子的时候,一口气说不下去,往往需要有短暂的停顿,以做气息调整,这是生理上的停延。一口气说出来的片断,语音上叫"气群"。但是气息停延不能产生语气上的中断感,不可破坏语言结构的完整性,以致影响语句的理解。

2. 语法停延　反映语言结构层次关系的停延叫语法停延。话语中的词、短语或者句子、句段之间存在着一定的结构关系,语法停延是这些关系的语音表现。在不特别强调某种思想感情的时候,会使用语法停延。一般地说,句子之间的停顿要比句中结构的停顿长一些,句段之间的停顿又要比句子之间的长,停顿的时间长短会因语言单位层次的变化而发生变化。在书面语里,标点符号或段落往往反映话语的语法结构关系,朗读时可以利用标点符号或段落来确定某些停延,这种停延也属于语法停延。标点符号以及段落跟停延的时间有一定的对应关系,一般表现为:句号、问号、叹号后面的停延比分号、冒号长,分号、冒号后面的停延比逗号长,逗号后面的停延比顿号长,而段落之间的停延则长于句子之间的停延。这可以归纳为:

。/？/！＞；/：＞,＞、（符号"＞"表示"大于"）

如果是省略号或是破折号等,停顿的时间可以视语意而定。

3. 强调停延　为了强调某一事物、突出某个语意或表达某种感情,对语法停延的长短或位置做改动,这种停延叫逻辑停延,也叫强调停延。在朗读中,逻辑停延表现为在书面语没有标点的地方作停顿,或者不按标点停顿时间长短的一般规律处理;有时候也可以在有标点符号的地方作连接。

（三）节奏变化技巧

说话要有节奏,该快的时候快,该慢的时候慢,该起的时候起,这样有起伏,有快慢,有轻重,才能形成口语的乐感和悦耳动听,否则话语不感人、不动人。口语中带有规律性的变化叫节奏,有了这个变化,语言才生动,否则是呆板的,有位意大利的音乐家,他上台不是唱歌,他把数字有节奏的、有变化的从 1 数到 100,结果倾倒了所有的观众,甚至有的感动得流下了眼泪,可见节奏在生活中多么重要。节奏与语速有关系,但不是一回事,语速只表示说话的快慢,节奏包括起伏、强弱。

慢节奏:叙述一件事情,描写一处景物,表现一次行动的迟缓时节奏宜慢,表现平稳、沉郁、失望、悲哀情绪时节奏宜慢。快节奏:表现情绪紧张、热烈、欢快、兴奋、慌乱、惊惧、愤怒、反抗、驳斥、申辩时宜快节奏。

说话有节奏,快慢合适,这是使你的话充满情感的方法,请常常留心那些使人听了会忘倦的人的说话方法,常常留心那些舞台上的名角念词的方法,这是最好的参考。你必须细细揣摩,在叙述一件事的过程中,或发表一点较长的意见时,这是很有用的。因此,你要学学怎样调节它。抑扬顿挫,这是获得听众的唯一秘诀。在乐曲里,不是有极快、快、略快、慢、略慢、最慢等快慢符号吗?不是也有极强、强、渐弱、弱、极弱等强弱符号吗?若想你的话如同音乐一般动听,不可忘记在应快时要快,应高时要高,应慢时要慢,应低沉时低沉,流水般毫无抑扬顿挫节奏的说话,是最易使听者疲倦的。

(四)语气的控制技巧

语气包含五个涵义:一是"式",指语法形式;二是"调",指语音的调;三是"理",指逻辑的推理;四是"采",指修辞的文采;五是"色",发声的气色。这五个方面综合起来就是一个"情"字,要恰到好处表达感情必须要在这五个方面下工夫。

1. 语气的感情色彩 是指语句内在具体感情积极运动的显露,它表现在声音气息的变化上。一般说,表达"爱"气徐声柔,表"憎恨"气足生硬,表"急"气短声促,表"喜"气满声高,表"怒"气粗声重,表"悲"气沉声缓,表"惧"气提声滞,表"疑"气细声黏。

2. 语调的基本类型 一般分四类:平直调、上扬调、曲折调、下降调。用不同的语调所表达的意思就完全不一样。

(1)平直调:多用于陈述、说明的语句。表述庄重、严肃、回忆、思索的情形,表现平静、闲适、忍耐、犹豫等感情或心理。

(2)上扬调:多用于疑问句、反问句,或某些感叹句、陈述句。适用于提问、称呼、鼓动、号召、训令等场合,表达激昂、亢奋、惊异、愤怒等情绪。

(3)曲折调:多用于语意双关、言外之意、幽默含蓄、意外惊奇、有意夸张等地方,表示惊讶、怀疑、嘲讽、轻蔑等心绪。

(4)下降调:多用于感叹。有些陈述句,常表示祈求、命令、祝愿、感叹等方面内容,表现坚决、自信、肯定、夸奖、悲痛、沉重等。在实际应用中四个语调不是孤立的,语调变化不以句子为单位体现,而表现在语流中千差万别的变化。

当你和对方的谈话已经开始,那么在言语交换的进行中,希望你能分出一部分精神来,留心你的声音。第一你要留意自己,说话是不是太快了些,虽然有些说得快而清楚,有时却是快而不清楚,使人听了等于没听,口吃的毛病往往是由此而来的,因说话太快而致字音不清,固不足道,即使快而清楚,也不足为法的。你虽有说话很快的本领,但听者不一定有听快的本领。说话目的在于使人全部明了,别人听不清楚,听不懂,就是白费口舌。

训练你自己,说话时声音要清楚,快慢要合度。你说话的声音是不是太高,在火车里,在飞机里,或者是在机器轰鸣的工厂里,提高声音说话是不得已的,但是平时就不必要也不能太大声说话。试想在宁静的黄昏树下谈心,或在温暖的炉边围炉叙旧,高声谈话是如何煞风景,在客厅里,过高的声音会使主人嫌恶的。若然在图书馆、教室等公共地方,更会令你的同伴感到难堪,大声说话更是要禁止。

二、幽默的语言技巧

　　幽默可以看作是语言的润滑剂。它不但可以丰富语言的内容,而且可以提高语言的表现力,幽默对于当代大学生来说,是不可或缺的基本语言素养。幽默并不是某一个人智慧之树上独有的果实,她实质上是一门任何人都能掌握的语言艺术。林语堂在论及幽默时说道:"幽默是由一个人旷达的心性中自然而然地流露出来的,其语言中丝毫没有酸腐偏激的意味。而油腔滑调和矫揉造作,虽能令人一笑,但那只是肤浅的滑稽笑话而已。只有那些朴实自然、合乎人情、合乎人性、机智通达的语言,虽无意幽默,但却幽默自现。"幽默的人,说出话来虽让人感到如憨似傻,但却因心地透明、心境豁达开朗,实质上在那自嘲自谑或天真稚纯的话语中,我们却感受到了幽默者厚实的天性和无穷的智慧。

> **案例 2-2:**
> 　　抗战胜利后的一天,上海一幢公寓里发出阵阵欢笑,原来,画家张大千要返回四川,他的学生为他饯行,梅兰芳等名流也到场作陪。宴会开始时,张大千向梅兰芳敬酒,说:"梅先生,你是君子,我是小人,我先敬你一杯!"众宾客都愣住了,梅兰芳也不解其意,笑着询问:"此话作何解释?"张大千笑着朗声答道:"你是君子——动口,我是小人——动手!"满堂来宾,笑声不止,宴会气氛一下子活跃起来。张大千简单的祝酒词能取得如此好的效果,原因就在于他能巧妙地引用"君子动口不动手"这一俗语。

> **案例 2-3:**
> 　　有一次,薄熙来在"佳能杯"日语演讲赛上致词:"大家下午好,很对不起,来晚了。其实我来早了也没用,因为反正我不懂日语。(笑声)我好佩服吕万山会长和张步宁主任,他们从一开始就坐在这里聚精会神地听你们演讲,好像他们也很懂日语。(大笑)祝日语演讲比赛越办越好!看一大屋坐满了人,我有两个相反的想法,一是这么多人学日语,说明日语挺好学,我也应该学;另一个想法是这么多人学,那我还学什么,到处都有我的翻译。(大笑)"这种大智若愚的三言两语的调侃,一下子拉近了和听众的距离。

> **案例 2-4:**
> 　　有一次,林肯在擦皮靴,某外交官不无揶揄地问:"总统先生,您总是擦自己的靴子吗?"林肯不动声色地回答:"是啊,那你是经常擦谁的靴子呢?"林肯的高明在于他巧妙地绕开对方所提出的一个判断性问题,进而找出破绽,给对方回敬了一个特指性的反诘。

（一）否定式幽默法

否定式幽默法，是甲乙两种相互对立的事物，从肯定甲事物出发，随之以加入乙事物内容而达到否定甲事物为归宿的风格法。

交谈中的"否定"，要以退求进，所谓"退一步海阔天空"，尤其是对朋友、亲人。请看：

一次胡适的夫人埋怨社会上的"大男人主义"，胡适听了摇摇头说："也不全是，当男人也有'三从四德'。"

胡夫人："哦，哪三从？"

胡适："太太出门要跟从，太太命令要服从，太太说错了要盲从。"

胡夫人："四德呢？"

胡适："太太化妆要等得，太太生日要记得，太太打骂要忍得，太太花钱要舍得。"

（二）岔道式幽默法

岔道式幽默法，是通过反逻辑的方式造成笑料的方法。

案例 2-5：

领导："你对我的报告有什么看法？"

群众："很精彩。"

领导："精彩在哪里？"

群众："最后一句。"

领导："为什么？"

群众："当你一说'我的报告完了'，大家都转忧为喜，热烈鼓掌了。"

案例 2-6：

20 世纪 80 年代中期，作家王蒙出任文化部部长，在一次中外记者招待会上，一位外国记者问他："王先生，您能否谈谈 30 年前的王蒙和 30 年后的王蒙有什么相同点与不同点？"王蒙听了笑笑说："30 年前和 30 年后的王蒙，都叫王蒙，这是相同点。30 年前的王蒙 20 多岁，30 年后的王蒙 50 多岁，这是不同点。"话刚讲完，全场哄堂大笑，外国记者哭笑不得地摇头。

上述两例都是故意违反同一律的方法，造成幽默的氛围，从而取得良好的交际效果。第一例是偷换概念的形式。群众所言的"精彩"，用的是一种反语意义，而那位领导用"精彩"一词的本义形成的心理定势，期待为什么的回答，然而答案却岔进了一个他并非预期的"轨道"——群众不欢迎他的报告。第二例是运用岔开话题的形式。记者所问是一个严肃的政治历史问题，作为刚上任的部长，在这个场合，即不能公开批判 30 年前将他"错划"的政治路线，又不宜打官腔，王蒙的幽默在于用了一个"儿童智力回答"问题，岔开了对政治路线批判的敏感话题。出乎意料的一岔，岔得耐人寻味。

（三）双关式幽默法

双关式幽默法是利用一个词的语音同时关联两种不同的意义并进行曲解的方法。

案例 2-7：

　　在大酬宾商店的柜台前,购买者争先恐后,秩序混乱,一位女士愤然对售货员说:"幸好没打算向你们找礼貌(礼帽),我看你们这儿根本找不到。"售货员沉默了一会儿说:"请让我看看您需要的礼帽的样品!"那女士愣了一会儿,笑了。

三、赞美的语言技巧

　　赞美,即鼓励强化。强化是一种信息,它可以传递。比如在训练运动员的过程中,教练员高喊"好"、"对",就是要促成被训练者做出某一动作或姿势,不管怎么说,比总是说"不好"、"不对"要有效得多,在一场足球赛或其他项目的体育比赛进行时,观众与运动员之间,运动员与运动员之间,都有一种强化信息的传递。如观众以有节奏的鼓掌和整齐的吆喝声来为运动员加油,倘若踢进一球,运动员之间就有种狂热的激动,情绪更高涨,反过来又激励运动员去拼搏。正如前人所说"人是渴望赞美的动物","人性中最深刻的禀赋,是被人赏识的渴望"。如果说,批评与鼓励都是催人上进、激人发奋的手段的话,在许多情况下,适当的鼓励往往能收到更好的效果。心理学家研究表明,人类的各种行为都是因心理上的欲望而产生的。心理学家杰斯莱尔指出:"赞扬就像温暖人们心灵的阳光,我们的成长离不开它。但是绝大多数人都太轻易地对别人吹去寒风似的批评意见,而不情愿给同伴一点阳光般温暖的赞扬。"

　　赞美别人,仿佛用一支火把照亮别人的生活,也照亮自己的心田,有助于发扬被赞美者的美德,推动彼此友谊的健康发展,还可以消除人际间的龃龉和怨恨。赞美是一件好事,但绝不是一件易事。赞美别人时如不审时度势,不掌握一定的赞美技巧,即使你是真诚的,也会变好事为坏事。所以,赞美前要掌握以下技巧。

（一）赞人要快

　　学生某项工作做得好,老师应及时夸奖,如果拖延数周,时过境迁,迟到的表扬已失去了原有的味道,再也不会令人兴奋与激动,夸奖就失去了意义。

案例 2-8：

　　一位享有盛誉的老师曾经喜欢用训斥来督促那些未能完成作业的学生,久而久之,学生听腻了他的责骂,这样督促毫无结果。后来有个学生建议他的老师最好去表扬那些完成了作业的学生,这位老师欣然采纳了他们的建议,不到三星期,师生双方都很轻松愉快。

　　一句话可以把你送入坟墓,一句话也可以使你起死回生。为一句话而杀人,为一句话而救人的事例在我们的生活中并不罕见,健康需要美好的情绪,而美好的情绪离不开美好的语言,请多给点赞美吧!

（二）因人而异

　　人的素质有高低之分,年龄有长幼之别,因人而异,突出个性,有特点的赞美比一般化的赞美能收到更好的效果。老年人总希望别人不忘记他"想当年"的业绩与雄风,同其交谈时,可多称赞他引以为豪的过去。对于年轻人,我们不妨语气稍微夸张地赞扬他的创造才能和开拓精神,并举出几点实例证明他的确能够前程似锦。对于经商的人,可称赞他头脑灵活,生财有道;对于有地位的干部,可称赞他为国为民,廉洁清正。对于知识分子,可称赞他知识渊博、宁静淡泊……当然这一切要依据事实,切不可虚夸。

（三）情真意切

虽然人都喜欢听赞美的话,但并非任何赞美都能使对方高兴。能引起对方好感的只能是那些基于事实、发自内心的赞美。相反,你若无根无据、虚情假意地赞美别人,他不仅会感到莫名其妙,更会觉得你油嘴滑舌、诡诈虚伪。例如,当你见到一位其貌不扬的小姐,却偏要对她说:"你真是美极了",对方立刻就会认定你所说的是虚伪之至的违心之言。但如果你着眼于她的服饰、谈吐、举止,发现她这些方面的出众之处并真诚地赞美,她一定会高兴地接受。真诚的赞美不但会使被赞美者产生心理上的愉悦,还可以使你经常发现别人的优点,从而使自己对人生持有乐观、欣赏的态度。

（四）详实具体

在日常生活中,人们有非常显著成绩的时候并不多见。因此,交往中应从具体的事件入手,善于发现别人哪怕是最微小的长处,并不失时机地予以赞美。赞美用语愈详实具体,说明你对对方愈了解,对他的长处和成绩愈看重,让对方感到你的真挚、亲切和可信,你们之间的人际距离就会越来越近。如果你只是含糊其辞地赞美对方,说一些"你工作非常出色"或者"你是一位卓越的领导"等空泛飘浮的话语,可能引起对方的猜疑,甚至产生不必要的误解和信任危机。

（五）合乎时宜

赞美的效果在于见机行事、适可而止,真正做到"美酒饮到微醉后,好花看到半开时"。当别人计划做一件有意义的事时,开头的赞扬能激励他下决心做出成绩,中间的赞扬有益于对方再接再厉,结尾的赞扬则可以肯定成绩,指出进一步的努力方向,从而达到"赞扬一个,激励一批"的效果。

（六）雪中送炭

俗话说:"患难见真情。"最需要赞美的不是那些早已功成名就的人,而是那些因被埋没而产生自卑感或身处逆境的人。他们平时很难听到一声赞美的话语,一旦被人当众真诚地赞美,便有可能振作精神、大展宏图。因此,最有实效的赞美不是"锦上添花",而是"雪中送炭"。

此外,赞美并不一定总用一些固定的词语,见人便说"好……"。有时,投以赞许的目光,做一个夸奖的手势,送一个友好的微笑也能收到意想不到的效果。

四、批评的语言技巧

在日常工作中我们常常会遇到需要批评人的时候,因此,批评是每个人都应学习的一种语言技巧。

(一) 批评开始于赞扬

成功的批评有一个突出的特点,那就是在批评前总会略微地给予赞扬,即我们平常所说的,创造一个和谐的气氛,吻完了再踢。批评也要悦耳动听,在一般人看来,老师对学生的批评肯定是苦的,而且因为"苦",被批评的学生还会屡屡产生抵触情绪,使批评的效果大打折扣,这就是批评的"负面效应"。

美国著名的企业家玫琳凯在《谈人的管理》的书中写到:"批评是必要的,但赞美尤为重要。这就是我严格遵守的原则。不管你要的批评是什么,都必须找到对方的长处来赞美,批评前和批评后都要这么做。这就是所谓的'三明治策略'——夹在两大赞美中的小批评。"

(二) 批评别人要讲究策略

成功的人不仅能够每天反思自己,同时也能够巧妙地指出别人的缺点,成功地批评他人的关键,在于批评的态度。成功批评他人的几个要点:必须在单独相处时;批评前必须略微赞扬;批评时不要针对人,是行为本身受到批评;批评时提供答案,请求合作,而不是命令;不要翻老账;必须以友好的方式结束批评。

(三) 批评要委婉含蓄

开门见山、直截了当的批评方式固然直白,但是委婉含蓄的批评方式却更有成效。它可以让人在不知不觉中受到启迪,可以在人的心中留下深刻温馨的感觉。在特殊情况下,不愿明言指责,运用谐音法可达到委婉批评的效果。

> **案例2-9:**
> 有一次,一位小伙子向老人问路:"喂!去索家庄该走哪条路?还有多远?"老人抬头看了他一眼,对小伙子的傲气和无礼很不满意,随口应道:"走大路一万丈,走小路七八千丈。"小伙子听了摸不着头脑:"怎么这儿论丈不论里?"老人笑着对他说:"小伙子,原来你也会讲'里'(礼)?"小伙子知道自己失礼了,连忙给老人赔礼道歉。

五、说服的语言技巧

在现实生活中,我们常常需要说服别人,大到思想观念,小到生活琐事。然而,成功地说服别人并不是一件轻而易举的事,因为被说服人的思维惯性和既成偏见是相当顽固的。你怎样才能使这种人改变原有的思想观念按照你的思想方法做事呢?

面对这种情况,我们在进行说服时不必急于求成,可以采用"层递渐进"的技巧,来逐步说服对方。

所谓"层递渐进"指在说服时遇到十分固执的对象,可以先由对方不经意的问题切入,再层层递进,步步深入,从而逐渐引向实质性问题,使对方随着说服者层层剥论的思维轨迹渐渐接受说服者所讲的真理。具体说主要有以下方法:

（一）由大及小的层层剥离

在说服别人时,可以采用由大及小的方法去分析整理,这是一种由点及面、层层剥离的技巧,可以使被说服者对说服者所持的观点、内容有一个较为深刻细致的了解,并能减轻对方接受新观点的心理压力,进而心悦诚服地改正错误。

> **案例 2-10：**
>
> 某饭店服务员刘小姐看到顾客遗失在店内的手机,想据为己有,被领班发现了,让她上交,可刘小姐说:"手机是我拾的,又不是偷的,更不是抢的,不上交也不犯法。"领班:"小刘,你知道什么叫'不劳而获'吗?""不知道!"刘小姐嘟着嘴回答。张大姐说:"你看,'不劳而获'是不经过劳动而占有劳动果实!""你什么时候学会咬文嚼字了?"刘小姐有点不耐烦了。领班耐心地问:"你说,抢别人的东西是不是'不劳而获'?""是的。""你说,偷别人的东西是不是'不劳而获'?""当然是的。""那么,拾到别人的东西据为己有是不是'不劳而获'呢?""这,这……"刘小姐语塞。领班顺势教育道:"拾到别人的东西据为己有和偷、抢得来的东西,在'不劳而获'这一点上是相通的,除了国家法律,我们还应有一定的社会公德,再说店里也有工作守则,拾到顾客遗失的物品要交还,你可不能犯糊涂啊!"经过领班的教育,刘小姐终于认识到自己的错误,把手机交了出来。

在这里,领班避开刘小姐振振有词的歪理,而是有意和她弄清楚一个看似与论题无关的"不劳而获"的意义,再诱导她由大及小,从面到点,步步推进,层层剥离,最后才切入实质性问题:拾到东西据为己有,同偷、抢一样是"不劳而获",是同样可耻的行为。一席话使刘小姐受到了教育,打消了错误念头。

（二）由小及大的招招紧跟

在说服别人时,也可以采用由小及大的方法,分步骤分阶段去分析事理,这是一种得寸进尺,招招紧跟的说服方法。此法的好处是容许被说服者在接受说服的过程中,有一个认识过程,取得一些全新的认识。

> **案例 2-11：**
>
> 美国费城电气公司的推销员威伯到一个州的乡村去推销电,他叫开了一所富户的家门,户主是一位老太太。她一开门见到是电气公司的,就猛然把门关上。威伯再次叫门,门勉强开了一条缝。威伯说:"很抱歉,打扰你了。我知道您对电不感兴趣,所以这一次登门并不是来向您推销的,而是来向您买些鸡蛋。"老太太消除了一些戒意,把门开大了一点,探出头,用怀疑的目光望着威伯。威伯继续说:"我看见您喂的明尼克鸡种很漂亮,想买一打新鲜的鸡蛋带回城。"接着充满诚意地说:"我的来航鸡下的蛋是白色的,做的蛋糕不好看,所以,我的太太就要我来买些棕色的蛋。"这时候,老太太从门里走出来,态度比以前温和了许多,并且和他聊起了鸡蛋的事,威伯指着院子里的牛棚说:"老太太,我敢打赌,您养的鸡肯定比您的丈夫养的牛赚钱多。"老太太被说得心花怒放。长期以来,她丈夫不承认这个事实。于是她把威伯视为知己,并高兴地把他带

到鸡舍参观。威伯一边参观,一边赞扬老太太的养鸡经验,并说:"您的鸡舍,如果能用电灯照射,鸡的产蛋量肯定还会增大。"老太太似乎不那么反感了,反问威伯用电是否合算,威伯给了她圆满的回答。两个星期后,威伯在公司收到老太太交来的用电申请书。

威伯之所以能说服固执的老太太,诀窍在于他不急于求成,而是采用的由小到大,招招紧跟的说服方法,一步一步具体而又细致地为对方剖析形势,为其出谋划策,这就一步一步地把双方的心理距离拉近了,促使老太太的态度一点一点地发生改变,就这样由小到大地一步一步逼近预定目标,最终取得了说服的成功。

(三) 由此及彼的渐递推理

如果正面说服别人有一定的难度,不妨暂远离话题,向对方谈论另一件看起来与之毫不相干的事,再诱导对方归纳出其中蕴含道理,然后由此理渐递切入彼理,进行以此类推,回到原来所论之一,对方只得依常理而服气。

> **案例 2-12:**
> 　　朱女士是某大学外国留学生的汉语教师,她上课时,日本留学生河野常常迟到,而且总是穿着拖鞋进教室,只要他一到,劈劈啪啪的响声就闹得教室十多分钟安静不下来,朱老师每次向他指出,他总是油腔滑调地回答:"老师,我只有一双拖鞋,要是不让穿,我只好不来上课。"他的话引得留学生们哄堂大笑。有一次,上课时讲风土人情,朱老师请各国留学生介绍自己国家的文化,有意让河野介绍日本国家的"榻榻米",河野来劲了,跑上讲台连说带比画告诉大家使用"榻榻米"的规矩,朱老师冷不防插问道:"如果有人一定要穿着鞋子踩上'榻榻米',日本人会怎么看呢?"河野不假思索地回答:"那日本人一定会认为这个人脑子有病。"朱老师笑了,然后问道:"那么,在中国大学的课堂里,你一定要穿拖鞋来上课,中国人怎么看你呢?"河野愣了半天,恍然大悟道:"老师的圈套大大的,我钻进去了。"第二天他穿了一双崭新的运动鞋走进教室,还故意朝朱老师抬了抬脚。

(四) 由远及近的步步深入

要说服某些偏执的人,可以采用以迂为直的策略,先聊一些与实质性问题较远的其他话题,再由远及近一步步深入实质性问题,这种方法的好处是能逐渐拉近双方的心理距离,层层铺垫、步步深入地引导对方,看起来所费的周折大,但却是取得说服成功的捷径。

> **案例 2-13:**
> 　　中学生小张,其父母均在国外工作,自己随同外婆生活,学习上对自己要求不高,上课时爱找邻近的同学讲话,老师多次教育也不改正,于是班主任周老师找他谈话:"小张,昨天物理老师说你这次物理成绩相当不错,同上一次比起来,进步很大。今天老师打电话告诉你外婆了,外婆听了很高兴,老师也很高兴,这说明只要通过自己的努力,学习可以进

步,成绩能够提高。你爸爸妈妈一直在国外工作,长期以来,你都能够很好地照顾自己,有时还能帮外婆做点事情,说明你有相当强的自理能力,这在我们班中也是很不错的。最近老师的工作较忙,对你的关心也比以前少了,这是老师工作疏忽,今天老师找你来,是想了解一下最近这些日子,你的情况怎么样,是不是达到了上次你对自己提出的要求,你能告诉老师吗?"小张不好意思地说:"不太好。"周老师则进一步诱导:"的确,我们学习中免不了要犯这样那样的过失,要改掉它也不是一下子的事情,今天既然到老师这儿来了,能不能和老师一起讨论一下,咱们一起找出这种现象的原因,然后努力克服它,你说好吗?"接下来,老师和学生之间开始了相当友好的沟通。一方面老师指出上课违纪的危害性,另一方面学生也谈出了自己对问题认识不足以及自我要求不严的毛病。最后,老师进一步提出更高要求,并寄予厚望,学生愉快地接受了老师的劝告。

在这里,周老师对缺乏自制力的学生小张就采用了由优点说到缺点,由副题引入主题,由关心询问到互相探究,层层递进,步步深入,最后才接触实质性问题的方法。由于周老师对症下药,方法得当,循循善诱,终于取得了说服的成功。

总之,说服的过程是说服者对被说服者攻心的过程,也是被说服者心理渐变的过程。运用"层递渐进"的说服技巧,从理论上讲,符合心理学的基本规律,从实践中看,只要运用得恰当巧妙,就能取得理想的说服效果。

(五) 要以理服人

作为领导,要懂得首先用道理去征服下属。虽说有时指责会有效,但是不论你用什么方式指责别人,都很难使他改变主意,即使是当时改了,也是不情愿的。即使是你搬出所有柏拉图或者康德的逻辑,他也不会接受你的观点,因为你伤了他的感情。

在本杰明·富兰克林的自传中,富兰克林叙述了他从尖刻地嘲弄他人到以理服人的过程,并因此成为美国历史上最能干、最和善的外交家。当富兰克林还是个毛躁的年轻人时,有一天,一位教友会的老朋友把他叫到一旁,尖刻地训斥了他一顿:"你真是无可救药,你已经打击了每一位和你意见不同的人。你的意见变得太珍贵了,以至于没有人承受得起。你的朋友发觉,如果你不在场,他们会自在得多。你知道得太多了,没有人能再教你什么,因为那样会费力不讨好,又弄得很不愉快。因此你不可能再吸收新知识了,但你的旧知识又很有限。"富兰克林接受了那次严厉的批评。他决定立即改掉傲慢、粗野的个性。于是,富兰克林给自己立下了这样一条规矩:决不正面反对别人的意见,也不准自己太武断。他甚至不允许自己在文字或言辞上太肯定。他不说"当然"、"无疑"等,而改用"我想",当别人陈述一件他不以为然的事情时,他决不立刻驳斥他,或立即指出他的错误。他会在回答的时候,表示在某些条件或情况下,别人的意见并没错,但在目前看来好像稍有不当等等。他很快就领会到改变态度的收获,凡是他参与的谈话,气氛都融洽得多了。他以谦虚、理性的态度来表达自己的意见,不但容易被接受,还减少了一些冲突。

经验之谈:从争论中获胜的唯一秘诀是避免争论,以理服人;要懂得让步,而且要控制好让步的程度,不让对方感到难堪;有理不在声高。

六、拒绝的语言技巧

在日常工作中,常常会遇到对方向你提出为难的或无法应允的请求,但有碍于情面或受利害关系的束缚,而使自己说不出"不"字的情况。接纳他人难,拒绝他人更难,对于不能接受的要求,一定拒绝,不要迁就和犹豫。口气可委婉,态度决不含糊,切忌模棱两可,使对方产生误解,仍抱有幻想。这就需要一些巧妙而委婉的拒绝方式,使别人高高兴兴地接受你的"不"。拒绝语言艺术所必须掌握的基本心理准备是,在拒绝别人时,语言的表达尽量不使对方产生紧张感,也设法不让自己陷入紧张状态中。注重拒绝的语言艺术,把握好拒绝的原则与要求。

(一) 直截了当的拒绝

有些人在拒绝对方时,因为感到不好意思,而不敢据实说明。经常以"需要考虑考虑"为托词而不愿意当面拒绝请求,内心希望通过拖延时间使对方知难而退。殊不知语意暧昧,模棱两可,反而容易引起对方误会。应该明确告知对方你的考虑,表示自己的诚信。运用这种方法时,一定要注意语气要温和诚恳含有歉意。

首先,感谢对方在需要帮助时可以想到你,并且略表歉意。注意,过分的歉意会造成不诚实的印象,因为如果你真的感到非常抱歉的话,就应该接受对方的请求。

其次,不要以一种高高在上的态度拒绝对方的要求,不要对他人的请求流露出不快的神色,更不要蔑视或忽略对方,这些失误都是没有修养的具体表现,会让对方觉得你的拒绝是对他抱有的反对态度的反应,从而对你的拒绝产生逆反心理。从听对方陈述要求和理由,到拒绝对方并陈述理由,都要始终保持一种和蔼的态度和面貌,表示出对对方的好感和真诚之心。

例如:一位科长要给其下属介绍对象,下属直截了当地拒绝了他:"谢谢你总想着我。实在抱歉,这件事让您失望了。我现在还不具备结婚的条件,等我事业稳固以后,有了一定的经济基础再谈婚事,我想随着年龄的增长,择偶的标准也会随之改变,你说是不是?"这位下属拒绝的语言是多么入情入理,既直接拒绝,语言又很得体。

(二) 委婉的拒绝

1. 否定法 当对方提出的要求不急于回答时,可采用迂回战术,提出一些条件或提出一个问题诱使对方自我否定,从而放弃原来的要求。

比如一位先生想追求一位小姐,便买了一件内衣送给这位小姐。小姐婉言相拒:"它很漂亮,是送给你女朋友的吧。这种式样的我男朋友也给我买过一件,相信你的女朋友一定会喜欢的。"这么说,既暗示了自己已经"名花有主",又提醒对方注意分寸。

再比如:有一次,一位记者问基辛格:"你们有多少潜艇导弹在配置分导式多弹头?"基辛格回答:"我不知道正在配置分导式多弹头的'潜艇'导弹有多少。至于潜艇,我的难处是数目我是知道的,但不知道这是不是保密的。"记者说:"不是保密的。""不是保密的吗?那你说是多少?"记者愣了一下,笑了。

2. 伏笔法 对于对方的要求,先不拒绝,而是充分阐明不利因素,埋下伏笔,让对方有足够的思想准备,再在适当的时候,用恰当的方法加以拒绝。

例如:有人托你介绍工作,你可以这样拒绝他:"你的学历没有达到规定的要求,何况名额少,难度大,但我会尽力争取的。"其中"学历没有达到规定要求"、"名额少"已充分展示了对方的不利条件,为拒绝对方埋下伏笔。

3. 拖延法 对于一些不便于立即回绝的请求,可以用拖延的方法加以拒绝。时间的拖延,可以使对方的请求变得没那么迫切。如:"这件事,我还得同××商量后才能回答你。"

4. 转移话题法 对方提出要求难以回绝时,可以采用转移话题,答非所问等方式,暂时把对方说话的焦点转移开而达到拒绝的目的。

例如:24届奥运会时,中国代表团一到首尔,记者纠缠着李梦华团长问:"中国能拿几块金牌?"李梦华回答:"10月2日之后,你们肯定知道。"记者又追问:"新华社曾预测拿11枚金牌,你认为客观吗?"李梦华答道:"中国有充分的言论自由,记者怎么想,就可以怎么写。"这种避实就虚,似答非答的方法,即达到了在要害问题上拒绝答复的目的,又显得落落大方,无懈可击。

5. 利害相陈 在交往中遇到如果属于开后门之类违反原则的事,需要讲明道理,明确拒绝。

一次,一个朋友找到一位教师:"哎,李强是我亲属的孩子,学习不怎么样,期末考试就让他及格吧。""及格没问题啊,可是咱们学校规定老师给学生提分要受处分,职称免评三年,万一出事怎么办?还是教训他一下,让他以后加强学习为好,你说呢?"由于陈述利害,朋友欣然接受了他的建议。

6. 沉默不语 在某些场合不必当场做出接受或拒绝的答复,最好佯装不知,或以沉默表示拒绝。

7. 推托其辞 在不便明言相拒时,推托其辞是一种带有策略性的办法。比如,同事托你办事,如果你是领导成员之一,可以说:"我们单位都是集体领导,你这件事得大家讨论才能决定。不过这件事恐怕很难通过,最好还是别抱太大希望。要是你坚持的话,等到我们讨论完再说,我个人说了不算数。"这就是推托其辞,将矛盾引向另外一个方向,意思是我不是不给你办,而是我办不了。委托者听了这样的话,一般都会打退堂鼓,借机下台阶说:"好吧,既然这样,我也不为难你了。"

(三) 改变不良习惯的三种方法

1. 学会看着对方的眼睛说话 眼睛是心灵的窗户,从中既可看到阳光,亦可看到灰尘和杂质。看着对方的眼睛说话,既能与对方互动,很好地接收到对方的语言信息,还能看出真假来。通过眼睛,我们还能感受到对方的内心态度,对方也可以通过你的眼睛了解到语言之外的言外之意。

2. 学会愤怒 似乎人人都再清楚不过,愤怒是一种坏情绪。然而我们并不真正了解愤怒,其实,愤怒对每个人来说都是一种健康而必要的情绪,它有助于我们保持个性的完整。我们应当学会在适当的时候表达愤怒,但是你愤怒的目的是重新找到关系中的平衡,不可滔滔不绝,不容对方说话,也不要在他/她面前让步。

> **案例 2-14：**
> 　　一位姑娘在乘公共汽车回家时,一位男青年乘拥挤之机,紧紧地靠在她的身边,过了一会儿又用手搭在姑娘身上。过了几站,他索性用手臂把姑娘揽在身旁。外人看去像是一对情侣,只是姑娘有些不自然。下车之后,男青年紧随不舍,一直跟到姑娘的家门。姑娘见到家人才哭诉了经过,可那男青年却强词夺理,说姑娘在车上勾引了他。不然为何一声不响呢?
> 　　如何改变这种行为习惯呢?

3. 克服爱解释的习惯,直接地拒绝反驳　在人际交往中,懦弱内向的人,对于别人的误解和责难爱用"我没有这样想,事情是这样的,你误解了"等话来为自己解释。而外向、强悍的人则常用攻势。

思考题与实训

1. 请将下面句子重音标注出来。

(1) 风停了,雨住了。太阳出来了。

(2) 我是你河边上破旧的老水车。

(3) 大声点说!

(4) 你这个主意好的很。

2. 案例:学校举办庆典晚会,全场有两位主持人,男主持人声音低沉,节奏舒缓,女主持人声音悦耳,节奏高昂。使整个晚会充满欢快。

问题(1):你认为主持人的声音与节奏是否恰当?

问题(2):如果不恰当,你认为使用哪种音量与节奏更好?

3. 案例:班上搞活动,有同学不愿参加。班长批评该同学没有集体观念。

问题(1):你认为班长批评得对吗?

问题(2):如果不对,你认为应该怎么说服该同学参与班级活动?

中篇　医学生常用口才

第二章　演讲

一、演讲概述

对于演讲是什么的问题,古往今来,许多的演讲家和演讲学的研究者们都对这个问题做过深入的探讨,给演讲下的定义也是众说纷纭。

有人认为:演讲就是"演讲者,运用姿态声音,以感动听众之有组织之陈述也"。

有人认为:"演讲是语言和动作配合表达的一种宣传品"。

有人认为:"演讲,不过是说话的放大而已"。

所谓演讲,是指说话者在特定的时空环境中,借助有声语言(为主)和态势语言(为辅)的艺术手段,针对社会的现实和未来,公开向听众传递信息、发表意见、抒发情感,从而达到感召听众并促使其行动的一种现实的信息交流活动。它是一种直接的带有艺术性的社会实践活动。

(一) 演讲的本质

正确认识演讲,必须确立正确的演讲观。唯有正确的演讲观,才能透过演讲的现象,认清演讲区别于其他口语形式的本质属性,才能恰当而准确地掌握其内部规律和特点,以发挥其最大的社会效益。究竟什么是演讲,也就是演讲的本质到底是什么? 这确实是目前急需回答的问题。因为定义揭示着事物的本质,只有正确地回答了什么是演讲,才有可能掌握其内部规律和特点、才能发挥演讲的社会作用。

演讲是人类的一种社会实践活动。作为整个的演讲活动,必须具备以下四个条件:演讲者(主体)、听众(客体)、沟通主客体的信息、主客体同处的时境(时间环境)。这四者缺一不可,也就是说,离开任何一个条件,都构不成演讲活动。但是仅仅具备这四个条件,这不足以揭示出演讲的本质属性。因为,任何一种带有艺术性的活动,都有自己独特的物质传达手段,形成了自己特殊的规律,揭示着自身活动的本质特点。演讲活动自然也不例外,演讲者要想发表自己的意见,陈述自己的观点和主张,从而达到影响、说服、感染他人的目的,就必须通过与其内容相一致的传达手段。具体说来,演讲是靠有声语言、态势语言和主体形象等手段构成的一个综合、统一而完整的传达系统。三者缺一不可,否则就不能构成完整的、真正意义上的演讲活动。

1. 有声语言(讲)　演讲活动离不开有声语言(讲),否则,只见演讲者其人而不闻其声,就难以达到交流思想感情的目的。有声语言是演讲活动最主要的物质表达手段,是信息传递的主要载体。它由语言和声音两种要素构成。它以流动的声音运载着思想和情感,直接诉诸听众的听觉器官,产生效应。我们对有声语言的要求,则是吐字清楚、准确,声音清亮、圆润、甜美,语气、语调、声音、节奏富于变化,要注意形式美和声音美。它具有时间艺术的某些特点,是听众听觉的接受对象和欣赏对象。

2. 态势语言(演)　演讲活动也不能离开态势语言(演),如若演讲者在讲台上一味地讲而无姿态表情的变化、手势动作的配合,就会使演讲缺少具体性、生动性和实体感。态势语言又称形体语言或无声语言,它是指能在一定程度上表达思想感情的眼神、面部表情、手势动作、体态、举止和礼仪等。如同话剧演员、戏剧演员的形体动作那样,这种态势语言也属流动着的形体动作,这种动作如果运用得自然、真实、鲜活,也能一定程度上弥补有声语言的不足,增强有声语言的表现力和感染力。它是演讲中重要的信息交流手段。态势语言虽然能加强有声语言的感染力和表现力,弥补有声语言的不足,但如果它离开了有声语言,就不能直接地、独立地表达思想情感了。这里值得我们注意的是,不论有声语言还是态势语言,它们既不同于其他现实中的有声语言和态势语言,因为它们都带有一定的艺术性;也不同于舞台艺术中的有声语言和态势语言,因为它们不是纯艺术。

3. 主体形象　演讲活动不能没有演讲主体形象的介入,否则,只闻演讲者其声而不见演讲者其人,就算不上真正意义上的演讲。主体形象是演讲者以其自身出现在听众面前进行演讲的。这样,它就必然以整体形象,包括体形、容貌、衣冠、发型、举止神态等直接诉诸听众的视觉器官。而整个主体形象的美与丑、好与差,在一般情况下,不仅直接影响着演讲者思想感情的传达,而且也直接影响着听众的心理情绪和灵感享受。这就要求演讲者在自然美的基础上,要有一定的修饰美。而这种修饰美,是以演讲者为依托的现实的修饰美,这决不同于舞台艺术的性格化和艺术化的修饰美。这就要求在符合演讲思想情感的前提下,注意修饰的朴素、自然、轻便、得体,注意举止、神态、风度的潇洒、大方、优雅,只有这样,才有利于思想感情的传达,有利于取得演讲的良好效果。

演讲就是靠这些物质手段,组成了一个综合的、统一的完整的传达系统,达到演讲的目的。在这综合的传达系统中,缺少任何一个因素也构不成演讲活动。如果只有"讲"而没有"演"(包括主体形象),只作用于听众的听觉器官而没有作用于听众的视觉器官,就会缺少感人、动人的主体形象及表演活动——即缺少实体感。那就如同坐在收音机旁听广播一样。如果只有"演"而没有"讲",只作用于听众的视觉器官,而没有作用于听众的听觉器官,就犹如在聋哑学校看着聋哑的手势一样,总是令人难以理解。所以,"讲"与"演"这两个演讲的要素是缺一不可的,只有和谐地、有机地统一在一起,才能构成完整的演讲传达手段,并圆满地完成演讲的任务。然而,"演"与"讲"在演讲实践活动中,在传递信息的时候,并不是平分秋色,各占一半。二者虽然需要和谐统一,但不是一加一等于二的统一,而是以"讲"为主,以"演"为辅,互相交织、互相渗透、互相促进的统一。在这里"讲"是起主导作用,占决定因素的。而"演"则必须建立在"讲"的基础上,否则它就失去了存在的意义。如果平分秋色或颠倒了这一关系,也就不称为演讲了。所以,只有以"讲"为主,以"演"为辅,既是听觉的,又是视觉的,兼有时间性和空间性艺术特点的综合的现实活动,才是演讲的本质属性,是区别于其他现实口语表达形式和艺术口语表达形式的关键所在。

(二)演讲的历史

1. 世界演讲的历史 演讲活动是一种社会现象,源远流长,始终伴随人类文明的发展而发展。希腊、埃及、巴比伦、印度等文明古国,是人类文化的发源地,也是演讲者的摇篮,其中古希腊取得了最辉煌的成就。

公元前 11 世纪到前 9 世纪的古希腊荷马时期,演讲艺术已经有所发展,演讲活动在当时颇为流行。荷马史诗第一次提出演讲艺术的概论,并且记载了许多武士的演讲情况和行吟诗人的演讲说唱词,内容生动、感情激扬,反映了当时演讲艺术所达到的程度。公元前 6 世纪到公元前 4 世纪,古希腊时期的演讲得到了极大的发展,创造了第一个高峰,形成了西方演讲史上,特别是古希腊演讲史上的第一个"黄金时代"。在公元前 5 世纪中叶希波战争以后的伯利克里时期,希腊专制统治制度崩溃,出现了雅典民主政治制度。社会获得了进步,思想文化和科学迅速发展,出现了空前的繁荣景象。延续了好几百年的辩论武器和演讲艺术,这时成为一种发展政治主张、阐释思想观点的最有力的形式。这个时期,演讲受到了社会上各阶级人们的重视。其实,演讲与政治、社会生活关系最密切,很少有哪一位政治家不善于演讲。到公元前 4 世纪,演讲得到了进一步发扬光大。

此后,由于雅典民主政治制度的灭亡和马其顿专制统治的确立,演讲大约经过了两个世纪的衰落时期,到公元前 2 世纪的古罗马奴隶制共和国时期,演讲又迎来了第二个"黄金时代",创造了古希腊罗马演讲史上的第二个高峰。后来,随着罗马帝国的崩溃,西方古代演讲艺术也日趋衰落。

西方中世纪在演说学方面研究没有什么重要进展,只是在宗教演讲活动中对宗教演讲做了一些理论总结,同时演说学教育也得到了重视和发展。

欧洲近代史上的演讲事业,是随着资产阶级革命的推进而相应发展和兴盛起来的。美国、法国、德国等一些西方国家的新兴资产阶级,在革命的年代里,都成功地使用了演讲这个政治斗争和思想斗争的有力武器,使之在国会上、法庭上、论坛上以及其他一些场合显示了巨大的社会功能。

2. 我国的演讲历史 在我国,演讲萌芽于原始社会,基本形成于夏商时期,我国古代第一部论说和记叙文总集《尚书》中收录了虞、夏、商、周的一些誓词、政府的文告、贵族的告诫之词以及一些记叙性的文字。其中有不少篇幅就具有演讲性质,如《汤誓》、《甘誓》、《盘庚》等篇。其中《盘庚》三篇则是我国文字记载史上最早、最典型的演说词,可以说盘庚是我国有文字记载的第一个演说家。

春秋战国时期,涌现出众多的哲学家、政治家、法学家、军事家、外交家、科学家和文艺家,他们著书立说,论道讲学,辩疑驳难,纵横游说,形成了中国历史上灿烂辉煌的"百家争鸣"时代。这种百家争鸣的局面为演讲活动提供了广阔的社会背景,使演讲大大兴盛起来,不仅政治演讲充分地发展起来,而且产生了向听众宣传思想认识和学术见解为内容的学术演讲。孔子、孟子、荀子、庄子、墨子、晏婴、李悝、商鞅等,都是雄辩的演说家。

从秦王朝建立到鸦片战争时期,其间两千多年,总的来说,我国的演讲事业受到重重的压抑,呈现出停滞衰微的态势。鸦片战争以后,中国一步一步沦为半殖民地半封建社会,中华民族陷入了深重的灾难之中。为了拯救国家、改造社会、振兴中华、中华民族的优秀儿女积极寻求真理,鼓吹改良,动员革命,先后出现了康有为、梁启超、谭嗣同、严复、秋瑾、陈天华、章太炎、孙中山等宣传鼓动家和政治演说家。古代的演讲艺术到他们这里焕发了青春,发挥了作用,并在实践中得到复兴。

五四时期是我国近现代演讲史上的黄金时代,以反帝反封建为内容的演讲空前高涨。如张太雷在天津,恽代英在武汉,王尽美、邓恩铭在山东,毛泽东、向警予在湖南,都大张旗鼓地投入宣传演讲活动和反帝反封建的斗争。其后,从大革命运动到土地革命运动,从"12·9"运动到解放战争中反内战反饥饿运动,中国无产阶级成功地充分地利用演讲为革命斗争服务,锻炼出许多优秀的演说家,如毛泽东、周恩来、瞿秋白、彭湃、恽代英、陈毅、闻一多等等。

(三) 演讲的特点

演讲不是一种个人的语言行为,不是海阔天空地神聊,也不是茶余饭后的闲侃,而是一种具有较强现实性的社会实践活动。作为一门应用语言艺术,其目的是增进人与人之间的相互交流。演讲作为一种特殊的口语表达方式,具有四个显著的特点。

1. 鲜明的目的性　演讲实质上是一种宣传活动。每一个演讲者都有表达意见而且说服听众的愿望,都想让自己的思想广为人知,并深入人心。有宣传的动机才促使演讲者摆事实,以理服人;才促使演讲者推心置腹,以情感人;才促使演讲者研究文采词格,讲究声情并茂,从而吸引人,感染人。没有宣传的强烈愿望,就很难有演讲的需要,即便讲了,也不可能精彩。

演讲不仅是"宣言书"还是"动员会"。它远不是"广而告之"那么简单,他更想让听众"闻风而动",因而演讲具有鲜明的鼓动性。闻一多先生的演讲被誉为"使糊涂的人清醒过来,怯懦的人勇敢起来,疲惫的人振作起来,而反动派则战栗地倒下去。"

2. 动人的说服力　演讲者面对听众发表意见,或者是对社会事件作出评价,或者是对社会现象展开剖析,或者是指出社会问题以引人深思,或者是描绘社会理想以催人奋进,都着眼于说理,讲究以理服人。离开了说理,演讲就不是演讲了。

演讲不是一般的说话,不是简单的表态,它不仅要以理服人,还要以情感人,对于演讲所涉及的人物、事件、问题,演讲者首先要有鲜明的态度,而且还要把这种态度有感情地表现出来,让听众从语言、声调、表情乃至眼神、手势当中感受自己的喜怒哀乐、爱恨悲欢,从而受到感染。

3. 吸引人的艺术性　演讲不同于讲话、交谈。一位优秀的演说家就是一位艺术家。演讲遵循一定的美学原则,讲究艺术效果。演讲以具体感人的形象,深刻真实的事理说服人,感染人;它歌颂真、善、美,鞭挞假、恶、丑,精心摄取社会生活画面,抒发内心深处丰富复杂的情感。演讲还讲究文采美,无论是朴素明快,还是委婉清新,无论是铿锵有力,还是幽默风趣,演讲都以其艺术化的口语为听众营造一个美的气氛,使听众在美的享受中得到启迪。此外在演讲过程中,演讲者还通过自身的气质风度、服装打扮、表情、眼神、体态等强化演讲的效果,传达出艺术与美的信息。总之,成功的演讲能产生多种美感,具有强烈的艺术色彩。

4. 高度的综合性　演讲在内容和表现手段上还具有综合性的特点。首先,演讲的内容可以无所不包。任何一个听众感兴趣的话题,都可以充分展开,都需要调动演讲者的多种知识储备。每一次演讲,都是演讲者各种思想感情的直接表白,都是演讲者的人生观、世界观和价值观的综合体现。演讲要达到上述表达效果,也必须调动多种表达手段,综合运用演讲者的多种感官与技能。他必须把演讲的内容与形式,目的与手段较好地结合与统一起来,达到综合运用的效果。演讲的综合性特点,是由演讲内容的多样性、演讲听众的多样性以及演讲目的和手段的多样性决定的。

(四) 演讲的类型

演讲学研究中至今尚无公认的分类标准,也没有建立唯我独尊的分类标准和必要。分类角度不同,其结果也不同。

(1) 按演讲场所分类:其意义在于根据不同场所的特殊环境和特殊公众,选择不同的演讲风格和演讲技巧。如街头演讲要重形象、重感情;课堂演讲要深入浅出、循循善诱;法庭演讲要证据确凿、逻辑严密。

(2) 按演讲风格分类:其意义在于根据演讲者个人的气质、修养和演讲内容的需要,选择最得体的风格类型。如一个天性腼腆的女孩不适于上台背诵慷慨激昂的演讲词,誓师大会上的演讲不能变成喜剧式的玩笑。

(3) 按演讲的结构形式分类:其意义在于根据不同结构形成的独特要求,采取不同的方式提炼主题、选择材料、构筑结构框架。如即兴演讲要在较短时间内组织完成,一般就适宜于采用简单明晰的结构。

(4) 按演讲的内容分类:其意义在于根据不同类型的不同特征,在构思演讲时努力做到内容和形式的协调与统一。

1. 礼仪演讲 礼仪演讲是在各种社交仪式上发表的表达一定感情的讲话,包括送迎、贺喜、祝捷、宴请、凭吊等各类礼仪性讲话。礼仪类演讲的基本特征是:讲究礼仪、言词谦恭得体,感情真挚充沛。

如1946年11月30日,周恩来同志为庆祝朱德总司令60大寿而发表的祝词:

亲爱的总司令朱德同志:

你的60大寿,是全党的喜事,是中国人民的光荣!

我能回到延安亲自向你祝寿,使我万分高兴。我愿代表那反动统治区千千万万见不到你的同志、朋友和人民向你祝寿,这对我更是无比荣幸。

亲爱的总司令,你几十年的奋斗,已使举世人民公认你是中华民族的救星,劳动群众的先驱,人民军队的创造者和领导者。

……

人民祝你长寿!

全党祝你永康!

周恩来以发自内心的敬佩,向朱总司令表达了他和全国人民最诚挚的祝福。

2. 道德演讲 道德演讲是以人生观、精神文明等为基本内容,对群众进行思想品德教育的讲话,道德类演讲的基本特征是:声情并茂,以理服人,具有强烈的教育、启示作用。

如一位为祖国桥梁建设奋斗了一辈子的高级工程师的讲话:

现在的年轻人要玩要乐是可以理解的,如果还像我们那样吃苦,社会还有什么发展呢?但他们不能忘记,他们享受的现代文明,是无数代人为他们创造的,他们更不能忘记自己应该承担的义务,即为他们的子孙后代创造更灿烂的文明。

这种以理服人的讲话,极富教育作用。

3. 学术演讲　学术演讲是就科学领域中的问题向公众表述研究成果或过程、传授科学知识和学术见解的讲话。学术类演讲还包括了教师的课堂讲授。它的基本特点是:知识性、科学性较强,语言通俗而准确,富于逻辑说服力。

1946年朱光潜先生在《谈作文》的演讲中有这样一段:

写作如下棋,一种基本的训练是最要紧的,我们必须做到有话必说,无话不说,说须心口如一的地步。也有的人写出来的东西,与他个人的思想感情并不完全一致。这假设不是他个人的表现能力不够,就一定是在存心说谎,若写作能力不够,尚可补救,只要不断地练习必有成功之一日;但若有心说谎,却是非常危险的! 朱光潜先生用通俗朴实的话,道出了意味深长的理。

4. 政治演讲　政治演讲是为了处理国家内外重大事务和关系而向公众发表的、代表一定阶级或一定社会团体利益的讲话,政治类演讲的基本特征是:政治倾向鲜明,富于雄辩性和鼓动性。

1940年,肩负着反对法西斯德国侵略的重任,丘吉尔出任英国首相,他在5月13日下院特别会议上发表了首次施政演讲:

……我要向人民说,我没有什么可以奉献的,有的只是热血、辛劳、眼泪和汗水。摆在我们面前的,是一场极为痛苦、严峻的考验,在我们面前,有许多漫长的斗争和苦难的岁月。你们问:我们的政策是什么? 我要说:我们的政策就是用我们的全部能力,用上帝所给予我们的全部力量,在海上、陆地和空中进行战争,同一个在人类黑暗悲惨的罪恶史上所从未有过的穷凶极恶的暴政进行战争。这就是我们的政策。你们问:我们的目标是什么? 我可以用一个词来回答:胜利——不惜一切代价,去赢得胜利;无论多么可怕,也要赢得胜利;无论道路多么遥远和艰难,也要赢得胜利。……此时此刻,我觉得我有权利要求大家的支持,我要说:来吧,让我们同心协力,一道前进。

丘吉尔的演讲,充满战斗激情和胜利自信。时至今日,仍然能强烈地感受到这篇演讲中催人奋进的震撼力量。

5. 经济演讲　经济演讲是为了长期或短期的经济目的,向社会公众发表的旨在宣传企业、产品、服务等内容的讲话,包括公共关系演讲。经济类演讲的基本特征是:坦诚相待,实事求是,以符合公众的消费心理和消费行为为最终目的。

原香港招商局董事长、深圳特区的创业者之一袁庚先生,曾率一经贸代表团访问某国。在与某财团谈判合资建造新型浮法玻璃厂时,对方持其技术设备先进的优势,漫天要价,谈判陷入僵局。在当地市商会举行的欢迎会上,袁庚的答谢演讲若有所指地插入了以下内容:

中国是一个文明古国,我们的祖国早在1000多年前,就将四大发明——指南针、造纸、印刷、火药的生产技术,无条件地贡献给了人类,而他们的后代子孙,从未埋怨他们不要专利权是愚蠢的;相反,却盛赞祖先为推进世界科学的进步作出了杰出的贡献。现在中国在与各国的经济合作中,并不要求各国无条件地让出专利权,只要价格合理,我们一个钱也不少给……

袁庚行先生不卑不亢精彩演讲深深地打动了某财团的董事长,事后,外商主动恢复谈判并降低要价。

6. 管理演讲　管理演讲是为了完成一定的管理目标,向听从发表的总结、动员、汇报、交流等讲话。管理类演讲的基本特征是:功利目的突出,条理清晰,有一定的格式。

山东一位叫毕研田的青年,承包了一个小小食品店。下面是毕研田就职演讲中的一段:

常言说无规矩不成方圆,咱们也立个章程。第一,要遵纪守法,讲职业道德。该交的交,该留的留,不能含糊。不能做缺德买卖,将心比心,我们哪位要是买了掺了假、爬了虫的东西,也会骂人家祖宗八代的! 第二,对顾客要热情,情暖三冬雪,诚招天下客。脸上少挂霜,不善于笑的,就多听几段相声,多听几句笑话,案头上摆个弥勒佛。还要讲点仪表美,济公心灵够美了,请他老人家站柜台恐怕不行。第三点,说出来有点不好听,大家在家不妨吃得饱一点,最好不要到店里来补充营养。咱们这个店去年有一个月损耗点心 200 多公斤,人人都说闹耗子,这也太有损我们的形象了。

毕研田的就职演说,充分考虑了演讲对象和演讲环境。大道理中插入小幽默,使听众在轻松的笑声中,接受了演讲者的要求和希望。

7. 法律演讲　法律演讲包括法庭上的公诉、辩论和为了宣传、贯彻法律理论、法制、法规而发表的各种讲话。法律类演讲基本的特征是:确凿的事实、固定的程序、严密的逻辑,雄辩的力量。

如某律师在一起民事案件中的诉讼代理词:

审判长、审判员:

我受本案原告邓某的委托,并由市法律顾问处指派,依法担任本案原告的诉讼代理人……

(1) 我认为,本案被告谢某对原告邓某实施了人身权利的侵害的行为,侵犯了原告的生命健康权……

(2) 我认为,被告散布不符事实的流言蜚语,贬低了原告人格,侵犯了公民的人身权利,侵害了原告的名誉权……

这篇法庭演讲,注重事实和结论,没有添加任何文学色彩的词语。

丰富多彩的社会生活,创造了丰富多彩的演讲内容。以上简略的分类并不能囊括所有的演讲类型,同时,各类型之间也并不截然对立。演讲的类型多种多样,它的分类没有固定不变的规定,但每次分类都必须从同一角度、采用同一标准。

探讨演讲的分类,了解各种演讲的性质与特点、它们之间的区别与联系,是演讲学研究的一个重要课题,对人们参加演讲实践具有一定的指导意义。在众多分类方法中,人们通常习惯以表达形式来划分演讲的类型,即所谓的命题演讲、即兴演讲和辩论演讲。在此主要介绍命题演讲和即兴演讲。

二、命题演讲

所谓命题演讲就是指由别人拟定具体演讲题目的演讲,演讲者经过一定的准备后所作的演讲。分全命题演讲和半命题演讲。

一般来说,全命题演讲的题目是由演讲活动的组织者来拟定的。全命题演讲的优点是主题鲜明,针对性强。不足之处是对演讲者的限制较大,如果演讲者对这一领域不熟悉,缺乏真情实感,就难以讲深讲透。

半命题演讲是目前多数演讲所采用的形式,就是指演讲组织对拟题范围进行限定,由演讲者根据演讲范围自己拟定题目进行演讲。这样避免了全命题演讲的局限性,使演讲者自由发挥的余地变得更宽阔,即能够做到有感而发,又不会脱离演讲的主题。

(一) 命题演讲的特点

1. 命题演讲的结构具有完整性　演讲有称呼,表明演讲的目标(听众)是什么,接着引出问题,然后结合自身体会对问题进行分析,最后演讲者为解决问题而发出倡议。

2. 命题演讲的主题鲜明　主题鲜明是命题演讲最基本的特点,演讲者在选题、结构和语言上往往都是紧紧围绕主题展开的。

3. 命题演讲的内容具有稳定性　由于命题演讲大多是演讲者事先准备好演讲稿,并反复背诵、试讲后登台的,所以它和即兴演讲相比较少受临场时境的限制。

(二) 命题演讲的主题和材料

包括选择论题、明确主题、确定题目。这是演讲内容准确的重要环节,它往往决定演讲的成败。

1. 选择论题　选择论题,就是选择演讲所要阐述的主要问题,即"讲什么"。要把论题选好,必须遵循两条基本原则:一是需要性原则,一是适合性原则。

所谓需要性原则,就是要选择现实需要亟待回答的论题。马克思和恩格斯认为,一篇生动的演讲,究竟能在多大程度上帮助听众弄清社会现实中的复杂现象,并在多大程度上有助于迫在眉睫的社会问题的解决,这是演讲艺术的本质特征。作为一个有责任感的演讲者,总是能从提高人们对客观世界的认识能力和改造能力出发,选择那些"政治上重要的、为大众所注意的、涉及最迫切问题的主题"来阐述,从而解决人们普遍关心、急于得到回答的问题。这样的论题才有价值,才能为听众所欢迎。那种不痛不痒的、毫无现实意义的空对空的说教,是永远得不到听众欢迎的。所以,每准备一次演讲,都要从客观实际出发,要认真考虑自己所选择的论题是否符合现实需要,是否属于听众亟待得到解答而又有意义的问题。如果论题本身毫无价值,客观上又不需要,那就不要选它。有的论题虽有一定价值,但客观现实并不迫切需要,也不要选它。

所谓适合性原则,就是要选择那些适合演讲听众、演讲时间、演讲场合和演讲者实际的论题。论题为客观现实需要,但如果不考虑听众的文化水平、思想修养、职业特点、阅历、心理和愿望,不考虑规定演讲的时间,不考虑演讲的场合和环境,不考虑演讲者的年龄、身份、气质、能力等,其论题再好,也无法搞好演讲。选择论题只有同时符合需要性和适合性这两个原则,才能把论题选好、选准。

2. 明确主题　主题是演讲者在演讲中所要表达的中心思想或基本观点,它体现着演讲者对所阐述问题的总体性看法,是整个演讲的"灵魂"和"统帅"。叶圣陶说过:"一场演说,必须是一件独立的东西。……用口说也好,用笔写文章也好,总得对准中心用功夫,总得说成功、写成功一件独立的东西。不然,大家就会弄不清楚你在说什么,写什么,因而你的目的就难以达到。"有一个鲜明的主题,即一个判断句,在演讲中反复突出提取主题,一定要从客观上考虑群众普遍关心的问题,针对问题作出自己的解答。适应听众的心理需要,使之产生亲切感、参与感和冲击力。为了使演讲真正起到宣传群众、教育群众、鼓舞群众的作用,要求演讲的主题必须做到:

正确:即演讲的主题必须符合马克思主义的基本原理、符合党的路线、方针、政策,符合四项基本原则,符合客观实际和人民的利益,顺应民心。要使演讲的主题正确,演讲者必须具有科学正确的世界观,即马克思主义的世界观,只有用辩证唯物主义和历史唯物主义的立场、观点和方法,去观察问题、分析问题,才能透过现象,抓住事物的本质,才能把握住演讲正确的主题。

鲜明:即演讲的主题必须旗帜鲜明,肯定什么,否定什么,赞颂什么,贬斥什么,要清清楚楚,明明白白,决不可似是而非,模棱两可。正如毛泽东所说:"我们必须坚持真理,而真理必须旗帜鲜明。我们共产党人从来认为隐瞒自己的观点是可耻的。"主题的鲜明性基本有两种倾向:一种是积极的、进步的、革命的,一种是消极的、落后的、反动的。一个优秀的演讲者,就要鲜明地肯定和扶植那些积极的、进步的、革命的事物,促其发展成长,否定和鞭挞那些消极的、落后的、反动的事物,加速它们的灭亡。

集中:即演讲的主题必须凝练、单一、集中。一般说来,一篇演讲只能有一个主题,一个中心,不能多主题,多中心。如果贪多求全,这也想讲,那也想说,使主题分散,形成多中心,缺少一根贯穿整个演讲的主线,势必造成演讲的头绪纷繁,结构松散,话说得不少,听众却不知道到底要讲什么,达不到演讲的目的。所以,演讲的主题一定要集中,这也和打仗一样,"伤其十指,不如断其一指"、"集中兵力,打歼灭战"。调动演讲的一切手段,紧紧地围绕一个主题,把问题讲清楚讲深透,使演讲重点突出,会给听众留下深刻的印象,得到更好的教益。

深刻:即演讲的主题必须具有普遍而深刻的教育意义。无论是讲人、叙事、论理,都不能停留在表面现象上,而应该挖掘出事物的本质,把握事物的个性。这是演讲者对事物认识由表及里、由浅入深的思想"飞跃"过程。我们抓住了事物的本质,主题就具有强烈的共性,就会深刻;抓住了事物的"特征",主题就会具有鲜明的"个性",就会新颖。有的演讲者不是从事物的内部规律完整地去认识,也没有抓住事物的本质特征,只是在演讲中喊几句空洞的口号,就以为主题深刻了。这其实是一种幼稚可笑的想法,就像一个稻草人戴顶帽子一样滑稽可笑。只有不停留于表面现象,挖掘出具有深刻意义的主题来,演讲才具有教育作用。

3. 确定题目　演讲不能没有题目。确定演讲的题目,是演讲者给全篇演讲树起一面旗帜,它不仅与演讲的形式有关,更重要的是与演讲的内容、风格、情调有直接关系。内容决定了题目,而题目则鲜明地显露出内容的特点。一个新颖、生动、恰当而富有吸引力的题目,不仅能在演讲前给人急欲一听的强烈愿望,而且在演讲结束之后,同其内容一样,给人留下永久的记忆,甚至成为一个警句而广为流传。所以,一个训练有素的演讲者,都很重视演讲题目的确定。当代著名演讲家李燕杰根据自己演讲的体验,给题目的选择定了四条原则:①文题相符,②大小适度,③遣词得体,④合乎身份。他认为好的题目是很难确定的,只有经过深思熟虑、反复推敲,才能为自己的演讲找到一个美好、生动、有力而又适度的题目。李燕杰的演讲,有的题目思辨性强,启迪听众的思考,如《德才学识与真善美》;有的题目热情洋溢,容易引起听众的共鸣,如《青年是我师,我是青年友》;有的题目豪情满怀,激励斗志,给听众以积极向上的力量,如《迎接时代的挑战》;有的题目新颖别致,引人入胜,如《爱情美学》等等,值得学习借鉴。

要选择一个好的题目,应注意以下问题。

第一,题目要有积极性。

即要选择那些光明、美好、有建设性的题目,使听众一听就有无限希望。如《自学可以成才》这样的题目,就可鼓舞听众充满信心地走自学之路。英国一位演讲家曾讲过,一个好的题目是属于"怎样?""是什么?""为什么?"三方面。如:《学校怎样开设演讲课》,这属于"怎样"的,是解决疑难的题目;《为培养新人而努力》,是属于"是什么"的,是指出目的和办法的题目。初学者选题时按这个要求去检查,题目就容易有吸引力和积极意义。

第二,题目要有适应性。

其一,要适应听众的实际。即选题考虑听众思想修养、文化水平、职业特点、阅历等,这样才能有的放矢。其二,要适应自己的身份。即要选择与自己所从事的工作性质、专业、知识面接近的题目,因为自己熟悉的东西容易讲深讲透,容易收到好效果。其三,要适应演讲的时间。要按规定的时间选择题目,如果规定的时间长,题目就可大些,时间短,题目就可小些。

第三,题目要新奇。

只有"新"和"奇",才能像磁石一样吸引听众。司空见惯、屡见不鲜的事物、人物,人们是不易关注的。比如《我的祖国》《青春在岗位上闪光》等,人们听得厌倦了,很难吸引人。不妨看看鲁迅的演讲题目:《老而不死论》《伟大的化石》《老调子已经唱完》《象牙塔与蜗牛庐》,这样新奇的题目怎会不吸引人呢?

第四,题目要有情感色彩。

演讲者的演讲总是充满强烈的情感色彩,并把这种强烈的爱憎情感注入到题目里去,从而打动听众有一种情感的导向作用和激发作用。如鲁迅的《流氓与文学》、马克·吐温的《我也是义和团》等,其爱憎情感都是很鲜明的。

第五,题目要有生动性。

演讲题目生动活泼,就能给人一种亲切感、愉悦感。像前面举的《老而不死论》、《象牙塔与蜗牛庐》等,都非常生动活泼。当然,生动活泼与否主要由主题和内容来定。严肃的主题和内容就不宜用活泼的题目,用了反而会冲淡和破坏演讲的战斗性和严肃性。

选择一个好题目并非一件容易的事,需要长期锤炼,反复琢磨,久而久之就会找到规律。

初学演讲者在选择题目时往往容易犯以下毛病:

一是冗长的题目不仅不醒目,也不易记。如《祖国儿女在为中华腾飞而拼搏》,这个题目就太长了。

二是深奥怪僻,艰涩费解。这样的题目往往让人摸不着头脑,自然就失去了听的兴趣。如《我对文明之管窥》《葡萄与大学生》《五彩石》等,很晦涩、别扭。

三是宽泛、不着边际。如《我自信》《理想篇》《责任》等,这样的题目听众根本捕捉不到演讲的范围和内容,也不会愿意听讲。

演讲的题目有一种特殊情况,就是有一些演讲词的题目是以发表时间、地点或会议名称而定的。这类演讲都是有特殊意义的,且演讲者都是某段历史时期著名政治家、社会活动家和知名人士。这种题目属于特殊情况,不能和我们的一般演讲题目同日而语。

4. 组织材料　确立了演讲的主题,下一步就是根据主题选取能够充分有力地支持主题的材料。材料的取舍直接影响演讲主题的发挥。好的选材能够使主题明确深刻,否则会使主题变得软弱无力,不可信服。选取材料应遵循以下原则:

(1)材料必须真实新鲜:材料的真实性是选材最重要的标准,材料的真实性会使听众对演讲者观点(主题)的信度产生重要影响。

所谓材料的新鲜,就是材料的选取上,尽量选取事件发生距现在近的,人们所未知的材料,避免选取众所周知的事例。

（2）材料的选取要紧紧围绕主题。

（3）要选择有针对性的材料。

（三）演讲的方式

演讲采取的方法和形式,大体有如下四种:照读式演讲、背诵式演讲、提纲式演讲、即兴式演讲。

1. 照读式演讲　演讲者拿着事先写好的演讲稿,走上讲台,逐字逐句地向听众宣读一遍。其内容经过慎重考虑,语言经过反复推敲,结构经过精心安排,话讲得郑重。它比较适合于在重要而严肃的场合运用。如各级党代会、人代会、政协会议等大会报告、纪念重大节日的领导人讲话、外交部的声明等。它的缺点是照本宣科,影响演讲者与听众之间思想感情交流。据说,在英国下院,照本宣读演讲被认为是愚蠢的表现。在我国,一般场合采用这种演讲方式也不受听众欢迎。

2. 背诵式演讲　演讲者事先写好演讲稿,反复照背,背熟后上讲台,脱稿向听众演讲。这种演讲方式比较适合于演讲比赛和初学演讲者,可以在一定程度上检验和培养演讲者的演讲能力。其缺点是不便于演讲者临场发挥,使听众觉得矫揉造作,一旦忘词,就难以继续,往往要当场出丑。据说,英国首相丘吉尔曾有一次因背不出讲稿而栽倒在讲台上。所以,运用这种演讲方式,必须做好充分准备,语言尽量口语化,表达自然,切忌表演的痕迹。

3. 提纲式演讲　演讲者只把演讲的主要内容和层次结构按照提纲形式写出来,借助它进行演讲,而不必一字一句写成演讲稿的方式,其特点是能避免照读式演讲和背诵式演讲与听众思想感情缺乏交流的不足——演讲者根据几条原则性的提纲进行演讲,比较灵活,便于临场发挥,真实感强,又具有照读式演讲和背诵式演讲的长处——事先对演讲的内容有充分准备,可以有一定的时间准备材料,考虑演讲要点和论证方法,但不要求写出全文,而是提纲挈领的把整个演讲的主要观点、论据、结构层次等用简练的句子排列出来,作为演讲时的提示,靠它开启思路。这是初学演讲者进一步提高演讲水平行之有效的一种演讲方式。

4. 即兴式演讲　即兴演讲,就是指演讲者在事先无准备的情况下就眼前场面、情景、事物、人物临时起兴发表的演讲。

三、即　兴　演　讲

演讲者预先没有充分准备而临场生情动意所发表的演讲,它是一种难度最大、要求最高、效果最佳的演讲方式,可以根据实际情况,针对听众的心理和需要,灵活机动,迅速调动语言的一切积极因素,是其他各种演讲方式都无法比拟的。进行即兴演讲需要演讲者具有德、才、学、识、胆诸方面很高的修养,具有很强的记忆力、丰富的想象力和联想力、敏捷的思维能力、大量的语言和材料储备……如果不具备这些条件,即使使用这种演讲方式,也不会取得理想的演讲效果。相反,往往还会出现信口开河,漫无边际,逻辑混乱,漏洞百出的现象,这样反倒影响了演讲的效果。虽然如此,每个演讲者必须努力掌握这种演讲方式。

（一）即兴演讲的特点

即兴讲话,也叫即兴演讲、即席发言,一般是指在特定的语言环境下,在未做充分准备的情况下,为满足表达意愿或现场需要而临时组织语言的讲话。演讲者水平的高低,主要体现在即兴讲话的水平上。由于其临场性、即兴性和灵活性特点非常鲜明突出,因此有些论者甚至称它为口语表达的"最高形式"。

1. 与聊天相比即兴演讲有三个特点

（1）就话题而言,聊天具有随意性,而即兴演讲具有针对性。即兴演讲的话题不仅要符合特定场合的议题,还要注意一定语境话题的相关性,不能信口开河。

（2）就内容而言,聊天具有广泛性,而即兴演讲则具有集中性。

（3）就交流而言,聊天具有双向性,而即兴演讲则具有主导性。

2. 与一般演讲相比,即兴演讲具有以下特点

（1）演讲的语言一般比较精到,而即兴演讲则相对粗疏,因此即兴演讲更具有口语化色彩。

（2）演讲的内容一般是事先准备好了的,有时难免不太适应特定的现场语言环境,而即兴演讲的内容多半是就地取材或缘事而发,往往由特定语境诱发。因此,即兴演讲更具临场性特点。

（3）即兴演讲更具机变性。

（4）即兴演讲不仅要想得快,还要说得清。

（二）即兴演讲的开场

文章开头最难写,同样道理,作为演讲的开场白也最不易把握,要想三言两语抓住听众的心,并非易事。如果在演讲的开始听众对你的话就不感兴趣,注意力一旦被分散了,那后面再精彩的言论也将黯然失色。因此只有匠心独特的开场白,以其新颖、奇趣、敏慧之美,才能给听众留下深刻印象,才能立即控制场上气氛,在瞬间集中听众注意力,从而为接下来的演讲内容顺利地搭梯架桥。

1. 奇论妙语　听众对平庸普通的论调都不屑一顾,置若罔闻;倘若能用别人意想不到的见解引出话题,造成"此言一出,举座皆惊"的艺术效果,会立即震撼听众,使他们急不可耐地听下去,这样就能达到吸引听众的目的。

> **案例 3-1:**
> 　一次毕业欢送会上班主任给毕业生致辞。他一开口就让大家疑窦丛生——"我原来想祝福大家一帆风顺,但仔细一想,这样说不恰当。"这句话把大家弄得丈二和尚摸不着头脑,大家屏声静气地听下去——"说人生一帆风顺就如同祝某人万寿无疆一样,是一个美丽而又空洞的谎言。人生漫漫,必然会遇到许多艰难困苦,比如……"最后得出结论:"一帆风不顺的人生才是真实的人生,在逆风险浪中拼搏的人生才是最辉煌的人生。祝大家奋力拼搏,在坎坷的征程中,用坚实有力的步伐走向美好的未来!"十多年过去了,班主任的话给很多人留下了难以磨灭的印象。"一帆风顺"是常见的吉祥祝语,而老师偏偏反弹琵琶,从另一角度悟出了人生哲理。第一句话无异于平地惊雷,又宛若异峰突起,怎能不震撼人心?

需要注意的是,运用这种方式应掌握分寸,弄不好会变为哗众取宠,故作耸人之语。应结合听众心理、理解层次出奇制胜。再有,不能为了追求怪异而大发谬论、怪论,也不能生硬牵扯,胡乱升华,否则,极易引起听众的反感和厌倦。须知,无论多么新鲜的认识始终是建立在正确的主旨之上的。

2. 自嘲开路 自嘲就是"自我开炮",用在开场白里,目的是用诙谐的语言巧妙地自我介绍,这样会使听众倍感亲切,无形中缩短了与听众间的距离。胡适在一次演讲时这样开头:"我今天不是来向诸君作报告的,我是来'胡说'的,因为我姓胡。"话音刚落,听众大笑。这个开场白既巧妙地介绍了自己,又体现了演讲者谦逊的修养,而且活跃了场上气氛,沟通了演讲者与听众的心理,一石三鸟,堪称一绝。

1990 年中央电视台邀请台湾影视艺术家凌峰先生参加春节联欢晚会。当时,许多观众对他还很陌生,可是他说完那妙不可言的开场白后,一下子被观众认同并受到了热烈欢迎。他说:"在下凌峰,我和文章不同,虽然我们都获得过'金钟奖'和最佳男歌星称号,但我以长得难看而出名……一般来说,女观众对我的印象不太好,她们认为我是人比黄花瘦,脸比煤炭黑。"这一番话嬉而不谑,妙趣横生,观众捧腹大笑。这段开场白给人们留下了非常坦诚、风趣幽默的良好印象。不久,在"金话筒之夜"文艺晚会上,只见他满脸含笑,对观众说:"很高兴又见到了你们,很不幸又见到了我。"观众报以热烈的掌声。至此,凌峰的名字就传遍了祖国大地。

3. 即景生题 一上台就开始正正经经地演讲,会给人生硬突兀的感觉,让听众难以接受。不妨以眼前人、事、景为话题,引申开去,把听众不知不觉地引入演讲中。可以谈会场布置,谈当时天气,谈此时心情,谈某个与会者形象……例如,你可以说:"我刚才发现在座的一位同志非常面熟,好像我的一位朋友。走近一看,又不是。但我想这没关系,我们在此已经相识,今后不就可以称为朋友了吗?我今天要讲的,就是作为大家的一个朋友的一点儿个人想法。"在教师节庆祝大会上,如果天气阴沉沉的,你可以这样开头:"今天天气不太好,阴沉昏暗,但我们却在这里看到了一片光明。"接着转入正题,讴歌教师的伟大灵魂和奉献精神,他们燃烧了自己,照亮了别人和人类的未来。

1863 年,美国葛底斯堡国家烈士公墓竣工。落成典礼那天,国务卿埃弗雷特站在主席台上,只见人群、麦田、牧场、果园、连绵的丘陵和高远的山峰历历在目,他心潮起伏,感慨万千,立即改变了原先想好的开头,从此情此景谈起:站在明净的长天之下,从这片经过人们终年耕耘而今已安静憩息的辽阔田野放眼望去,那雄伟的阿勒格尼山隐隐约约地耸立在我们的前方,兄弟们的坟墓就在我们脚下,我真不敢用我这微不足道的声音打破上帝和大自然所安排的这意味无穷的平静。但是我必须完成你们交给我的责任,我祈求你们,祈求你们的宽容和同情……

这段开场白语言优美,节奏舒缓,感情深沉,人、景、物、情是那么完美而又自然地融合在一起。据记载,当埃弗雷特刚刚讲完这段话时,不少听众已泪水盈眶。

即景生题不是故意绕圈子,不能离题万里、漫无边际地东拉西扯,否则会冲淡主题,也使听众感到倦怠和不耐烦。演讲者必须心中有数,还应注意感染的内容必须与主题相互辉映,浑然一体。

4. 讲述故事 用形象性的语言讲述一个故事作为开场白会引起听众莫大的兴趣。选择故事要遵循这样几个原则:要短小,不然成了故事会;要有意味,促人深思;要与演讲内容有关。

1962年,82岁高龄的麦克阿瑟回到母校——西点军校。一草一木,令他眷恋不已,浮想联翩,仿佛又回到了青春时光。在授勋仪式上,他即席发表演讲,他这样开的头:

今天早上,我走出旅馆的时候,看门人问道:"将军,您上哪儿去?"一听说我到西点时,他说:"那可是个好地方,您从前去过吗?"这个故事情节极为简单,叙述也朴实无华,但饱含的感情却是深沉的、丰富的。既说明了西点军校在人们心中非同寻常的地位,从而唤起听众强烈的自豪感,也表达了麦克阿瑟深深的眷恋之情。接着,麦克阿瑟不露痕迹地过渡到"责任——荣誉——国家"这个主题上来,水到渠成,自然妥帖。

5. 制造悬念 人们都有好奇的天性,一旦有了疑虑,非得探明究竟不可。为了激发起听众的强烈兴趣,可以使用悬念手法。在开场白中制造悬念,往往会收到奇效。

案例 3-2:

党的早期革命家彭湃当年在海陆丰从事农民工作,一次到乡场上准备向农民发表演讲。怎样才能吸引来去匆匆的农民呢?他想出了一个好主意。他站在一棵大榕树下,突然高声大喊:"老虎来啦!老虎来啦!"人们信以为真,纷纷逃散。过了一会,才发现虚惊一场,于是都围上来责怪他。彭湃说:"对不起,让大家受惊了。可我并没有神经病,那些官僚地主、土豪劣绅难道不是吃人的老虎吗?"接着,他向大家宣讲革命道理。这次演讲后,该地的农运工作很快就开展起来。

制造悬念不是故弄玄虚,既不能频频使用,也不能悬而不解。在适当的时候应解开悬念,使听众的好奇心得到满足,而且也使前后内容互相照应,结构浑然一体。比如,有位教师举办讲座,这时会场秩序比较混乱,学生对讲座不感兴趣,老师转身在黑板上写了一首诗:"月黑雁飞高,单于夜遁逃。欲将轻骑逐,大雪满弓刀。"写完后他说:"这是一首有名的唐诗,广为流传,又选进了中学课本。大家都说写得好,我却认为它有点问题。问题在哪里呢?等会儿我们再谈。今天,我要讲的题目是《读书与质疑》……"这时全场鸦雀无声,学生的胃口被吊了起来。演讲即将结束,老师说:"这首诗问题在哪里呢?不合常理。既是月黑之夜,怎么看得见雁飞?既是严寒季节,北方哪有大雁?……"这样首尾呼应,能加深听众印象,强化演讲内容,令人回味无穷。

(三) 即兴演讲的结尾

"余音绕梁,三日不绝"是演讲结尾追求的最佳效果。在多种多样的演讲结束语中,幽默式可算其中极有情趣的一种。一个演讲者能在结束时赢得笑声,不仅是自己演讲技巧十分成熟的表现,更能给本人和听众双方都留下愉快美好的回忆,也是演讲圆满结束的标志。那么,怎样才能达到这种效果呢?

1. 用幽默的语言来结束演讲

(1) 造势:我国著名作家老舍先生是好幽默的。他在某市的一次演讲中,开头即说"我今天给大家谈六个问题",接着,他第一、第二、第三、第四、第五,井井有条地谈下去。谈完第五个问题,他发现离散会的时间不多了,于是他提高嗓门,一本正经地说:"第六,散会。"听众起初一愣,不久就欢快地鼓起掌来。老舍在这里运用的就是一种"平地起波澜"的造势艺术,打破了正常的演讲内容,从而出乎听众的意料,收到了幽默的效果。

(2) 省略:1985年底,全国写作协会在深圳罗湖区举行年会。开幕式上,省、市各级有关领导论资排辈,逐一发言祝贺。轮到罗湖区党委书记发言时,开幕式已进行了很长时间。

于是他这样说:"首先,我代表罗湖区委和区政府,对各位专家学者表示热烈的欢迎。"掌声过后,稍事停顿,他又响亮地说:"最后,我预祝大会圆满成功。我的话完了。"他以迅雷不及掩耳之势结束了演讲。听众开始也是一愣,随后,即爆发出欢快的掌声。因为,从"首先"一下子跳到"最后",中间省去了其次、第三、第四……这样的讲话,如天外来石,出人预料,达到了石破天惊的幽默效果,确实是风格独具,心裁别出。

(3)概括:某大学中文系一次毕业生茶话会,首先是系党总支书记讲话,三分钟的即兴讲话主要是向毕业生表示祝贺。然后是彭教授讲话,主题是希望同学们继续努力学习,还引用了列宁的名言。第三个讲话的潘教授朗诵了高尔基的《海燕》片断,以此勉励毕业生们学习海燕的精神。第四个讲话的系副主任希望同学们永远记住母校和老师们。紧接着,毕业生们欢迎王教授讲话。在毫无准备而又难以推辞的情况下,王教授站起来,先简单地回顾了数年来与同学们交往的几个难忘片断,最后一字一顿地说:"前面几位给大家提出了殷切的希望,可我还是喜欢说他们说过的话。(笑声)第一,我要祝同学们胜利毕业!(笑声)第二,我希望同学们'学习、学习、再学习'。(笑声)第三,我希望同学们像海燕一样勇敢地搏击生活的风浪。(笑声、掌声)第四,我希望同学们不要忘记母校,不要忘记辛勤培育你们的老师们!"在这里,王教授通过对前面四个人的演讲主题的简练概括,结束了一次机智、风趣且具有个性特点的演讲。

2. 借助道具产生幽默效果结束演讲

(1)对比:鲁迅先生在结束《在上海中华艺术大学的演讲》时说:"以上是我近年来对于美术界观察所得几点意见。今天我带来一幅中国五千年文化的结晶,请大家欣赏欣赏。"说着,他一手伸进长袍,把一卷纸慢慢从衣襟上方伸出,打开一看,原来是一幅病态丑陋的月份牌,顿时全场大笑。鲁迅先生借助恰到好处的道具表演,与结束语形成鲜明的对比,极具幽默。不仅使演讲在欢快的气氛中结束,而且使听众在笑声中进一步品味先生演讲的深意。

(2)双关:在延安的一次演讲会上,当演讲快结束时,毛泽东掏出一盒香烟,用手指在里面慢慢地掏,但掏了半天也不见掏出一支烟来,显然是抽光了。有关人员十分着急,因为毛泽东烟瘾很大,于是有人立即动身去取烟。毛泽东一边讲,一边继续掏着烟盒,好一会儿,他笑嘻嘻地掏出仅有的一支烟,夹在手指上举起来,对着大家说:"最后一条!"这个"最后一条",毛泽东的话是最后一个问题,又是最后一支烟。一语双关,妙趣横生,全场大笑,听众们的一点疲劳和倦意也在笑声中一扫而光了。

3. 借助幽默的动作结束演讲 这样的例子虽很少见,但不乏珠玑。美国诗人、文艺评论家詹姆斯·罗威尔1883年担任驻英大使时,在伦敦举行的一次晚宴上发表了一篇名为《餐后演讲》的即席演说。最后他说:"我在很小的时候听人讲过一个故事,讲的是美国一个卫理公会的牧师。他在一个野营的布道会上布道,讲了约书亚的故事。他是这样开头的:'信徒们,太阳的运行方式有三种,第一种是向前或者说是径直的运动;第二种是后退或者说是向后的运动;第三种即在我们的经文中提到的——静止不动。'(笑声)先生们,不知你们是否明白这个故事的寓意,希望你们明白了。今晚的餐后演讲者首先是走径直的方向(起身离座,做示范)——即太阳向前的运动。然后他又返回,开始重复自己——即太阳向后的运动。最后,凭着良好的方向感,将自己带到终点。这就是我们刚才说过的太阳静止的运动。"(在欢笑声中,罗威尔重新入座)这种紧扣话题的传神动作表演,惟妙惟肖,天衣无缝,怎能不赢得现场听(观)众的热烈掌声和欢笑声!

演讲的幽默式结尾方法是不胜枚举的。关键是演讲者要具有幽默感,并能在演讲中恰如其分地把握住演讲的气氛和听众的心态,才能使演讲结束语收到"余音绕梁,三日不绝"的轰动效应。

四、演讲的技巧

(一)演讲者的自信心训练

自信是演讲者必备的心理素质。

人们把当众说话产生的恐惧心理称之为"怯场"。美国著名作家、演讲学家戴尔·卡耐基在总结他毕生从事于演讲教学生涯的体会时说:"我一生几乎都在致力于协助人们去除恐惧、培养勇气和信心。"

怯场是一种正常的心理反应,几乎每一位演讲者都必须逾越这一道障碍。社会学家的调查表明,即使是文化层次较高、被称之为"天之骄子"的大学生,也有80%至90%的人在学习演讲时,存在不同程度的怯场反应。有关研究还表明,轻度的怯场对演讲有一定的帮助。因为轻度的怯场使你对外来的刺激保持了某种警觉性,临场反应能力会因此而更加敏捷,说话会更加流畅。

怯场心理会带来相应的生理变化,其表现为:轻度的心跳加快、呼吸急促、颜面赤热,中度的手脚发软、肌肉抖颤、小便频繁,重度的当场晕倒。对怯场心理的产生原因众说纷纭。美国演讲学家查尔斯 R 格鲁内尔提出了"自我形象受威胁"论。

"自我形象受威胁"论认为:每个人都具有理性的、社会的、性别的、职业的自我形象。当人们进行演讲时,就把自我形象暴露于公众面前。由于担心自我形象会因为演讲而被毁坏,就产生了窘迫不安的怯场心理。例如:1969 年,两位从事演讲学研究的教授在纽约开会,当他们向大会报告论文时,因为怯场而晕倒。"自我形象受威胁"论解释这种现象产生的原因是:两位教授的职业自我形象在诸多同行面前受到了严重的威胁。

充分的准备和大量的演讲实践是消除怯场心理的唯一途径。但在演讲过程中,还可以运用以下具体方法减轻怯场心理。

1. 自信暗示法 演讲者要对自己的演讲题材和演讲效果充满自信,要在精神上鼓励自己去争取成功。演讲者可以用如下语言反复暗示、刺激自己:"我的演讲题材对听众具有极大价值,听众一定会喜欢";"我非常熟悉这类演讲题材,我一定会成功";"我准备得非常充分了",等等,演讲者不应在上台演讲前多想可能导致演讲失败的因素,如"我忘了演讲词怎么办?""听众嘲笑我怎么办?"等等。这种负面的自我暗示往往会产生失败的结局。

2. 提纲记忆法 演讲初学者常常把能够背诵演讲稿作为准备充分的标志。背诵记忆,对于演讲初学者可能是一种必要的准备方式。但是,背诵依赖的是机械记忆,逐字逐句的记忆不仅会耗费演讲者大量时间,而且容易对演讲者形成心理麻痹。实际演讲过程中,一旦因怯场、听众骚动、设备故障等情况打断了演讲者的思路,机械记忆的链条往往就被截断,演讲者脑海中会形成一片空白,导致演讲停顿。此外,单纯的背诵记忆,还极易形成机械单调的"背书"节奏,丧失演讲应该具备的激励性和人情味。

著名政治家、演讲家丘吉尔,年轻时也常常依靠背诵演讲稿后发表演讲。在一次国会会议的演讲中,丘吉尔突然忘记了下面的一句话,他不断重复最后一句话仍然无济于事,最后只得面红耳赤地回到座位。从此,丘吉尔放弃了背诵演讲稿的准备方式。

在大多数的演讲中,应当采用提纲要点记忆法。提纲要点记忆的一般程序是:首先,就有关演讲的主题、论点、事例和数据等做好演讲笔记,最后整理成翻阅方便的卡片。然后,对笔记或卡片上的材料进行深思、比较和补充,整理出一份粗略的演讲提纲,提纲注明各段的小标题。最后,在各段小标题下面按序补充那些重要的概念、定义、数据、人名、地名和关键性词句。在整理演讲材料和编排纲目的过程中,演讲者反复思考和熟悉了解自己的演讲内容,演讲时仅仅将演讲提纲作为揭示记忆的依据。

3. 预讲练习法　预讲练习有两种方式:

第一种,为了纠正语音、锻炼遣词造句能力、训练形体语言,演讲者可以自撰一个演讲题,或模仿名家的演讲,在僻静处独自演练。著名演讲家、美国第十六任总统林肯,年轻时代就经常模仿律师、传教士演讲,独自一个人对着森林和玉米地反复练习。

第二种,为了参加正式的演讲比赛或在规格较高的会议上发表演讲,有必要进行试讲。这种试讲最好邀请一些亲朋好友充当听众,一则可以增加现场气氛,二则可以听取到亲朋好友的意见和建议。

大量的预讲练习可以帮助演讲者建立充分的自信,避免因准备不充分或不适应演讲环境而引起惊慌失措。

4. 呼吸调节法　适度的深呼吸有助于缓解紧张、焦躁、烦闷的情绪。演讲者在临场发生怯场反应时,可以运用深呼吸法进行心理和生理调节;演讲者全身呈放松状态,目光转移到远方景物,做缓慢的腹式深呼吸,同时,随呼吸节奏心中默数"1,2,3,……"

5. 目光回避法　演讲初学者往往害怕与听众进行眼神的交流,于是出现了低头、抬头、侧身等影响演讲效果的不正确的态势。但是,演讲要求演讲者正视听众,这不仅出于一种礼貌,更重要的是演讲者与听众全方位交流的需要。初学演讲者不妨按以下方法处理自己的目光:将视线移至演讲会场后排稍前的地带,以回避前排听众的目光;同时采用虚视方式,目光在会场内缓缓流动。此方法既避免了演讲者直接与听众目光对视所产生的窘迫和局促,又能使演讲者在听众心目中留下落落大方的形象。

（二）了解听众

对演讲效果的评判标准只能是听众对演讲的接受程度。因此,演讲者必须了解在演讲接受过程中起重要作用的听众心理特征和听众构成成分。

1. 听众心理特征分析　当许多人聚在一起形成一个群体时,人们的心理状态较之独处时有一些明显的变化。因此有必要了解对演讲信息接受产生的重大影响的几种群众心理特征:

（1）集体行为中的感染力量:"感染"指的是感情或行为从一群人中的一个参加者蔓延到另一个参加者。一个头脑冷静而具有较强理智的人,一旦进入某一规模的群体之中,常常会放弃平常抑制自身行为的社会准则,而与集体中的其他成员相互刺激并得到强烈情绪和行为的反应。即集体中的个体成员对任何种类的情绪暗示都易于接受,从而使他像周围的人那样行动。政治信仰者的狂热,足球迷的骚乱,"追星族"的疯狂,都表现了集体行为中感染的力量及其后果。演讲中,也往往出现数人笑,众人皆笑;数人鼓掌,众人皆鼓掌;数人打哈欠,众人皆有睡意的现象。善于演讲者善于控制、调节听众的情绪,能把握演讲成败的关键时刻。他们能适时煽动起听众的热情,把演讲推向高潮,也能及时发现听众的不耐烦情绪,以主动出击的方式控制消极情绪的蔓延。

（2）自我中心的功利目的：某些演讲失败，并不完全是演讲者缺乏足够的准备，而是听众对与己无关的演讲缺乏兴趣。这在某些形式主义的讲话场合中更为常见。听众往往考虑那些与他们切身利益密切相关的事情。例如，晋升职务、调整工资、分配工作的话题总是比计划生育、人口普查、道德教育等话题更引人关注。因此，演讲者应充分注意听众的兴趣和利益，不论何种类型的演讲，都应从听众角度精心选择和设计经济利益的分配，疑难问题的解答，精神上的娱乐和放松等内容，对听众而言都是一种功利的收获，都能满足听众自我中心的需求。

（3）持续时间有限的注意力：实验报告显示，人类注意力的持续时间非常有限。以一个单位对象为标准，人类注意力持续时间大约只有 3 秒到 24 秒。人的大脑时刻准备接受新的刺激。演讲实践也表明，听众很难聚精会神倾听关于一个问题的长时间演讲。因此，演讲者应有意识地制造演讲内容的起伏跌宕，适时变换语调和节奏，以维系听众的注意力。

2. 听众成分分析　一场具体的演讲，还必须事先了解听众的具体构成成分，以便有针对性地做好演讲材料、演讲技巧、演讲风格的准备。

从参加演讲会的目的来看，听众大致可分为以下几种类型：

（1）慕名而来：一般群众对各类名人都怀有一种敬仰、钦慕之心。因此，当著名政治家、科学家、演讲家、体育明星、影视明星等发表演讲时，往往有大批听众慕名前往。此类听众的主要目的大多是为了一睹名人风采，他们一般不太计较演讲水平的高低。同时，潜在的崇拜往往使名人们的演讲在听众中激起异乎寻常的热烈反响。

（2）求知而来：为了获取新的知识和能力，听众会自觉选择那些能满足自己求知欲的演讲。学术讲座、技术辅导、国外见闻等演讲能够吸引大批听众的原因正是因为这些演讲满足了听众的求知欲望。此类演讲只要内容充实，条理清晰，听众一般不会过于挑剔演讲技巧。

（3）存疑而来：听众对自己渴望了解的演讲话题总是抱着有极大的兴趣。例如：调工资，学生对实习地点的分派、就业、招聘等演讲，如果关系到听众的切身利益，听众会十分主动地参与演讲交流过程。此类听众只要求演讲者把演讲内容交代清楚，他们对演讲者的身份、地位和演讲水平不会有苛刻的要求。

（4）捧场而来：在某些演讲特别是命题演讲比赛中，往往有一些演讲者的同学、同事和亲属前来助威和捧场。这类听众的人数虽少，但在渲染演讲会场气氛、调动其他听众情绪方面却能起到极其重要的作用。演讲比赛和体育比赛一样，东道主往往因"地利、人和"而占据优势地位，其主要原因是拥有自己的捧场者。

（5）娱乐而来：青年人喜欢演讲比赛，是因为演讲场上充满了激烈的竞争和热烈的气氛，具有一定的娱乐性。仅仅"看热闹"这一条理由就已经能够吸引许多热心的听众。不过，在为娱乐来的听众的潜意识中，隐藏着他们对高水平演讲者的崇拜和学习演讲的欲望，这是一批公正的听众。

（6）不得不来：工作报告、经验交流、各种庆典的会场上，有相当一部分听众是由于纪律约束或出于礼貌而不得不来的。这类听众对演讲内容不甚关心，演讲过程中心不在焉，反响冷漠。要征服这类听众，演讲者必须具有较高超的演讲技巧。

以上仅仅分析了听众参加演讲会的目的。在演讲实践中，演讲者还可以从其他角度了解听众的成分构成并采取不同的演讲方案。如人数的多寡、性别的比例、职业差别、文化水平的高低等，都会影响到演讲方案的制订。1993 年，某市举行庆祝"六一儿童节"大会，参加会议的有幼儿园小朋友、小学生、家长、教师和干部,庆祝大会按照一般会议程序进行,领导致辞、宣读表彰决定、颁奖、优秀教师和家长代表发言……整个会议只维持了不到半个小时的安静,小朋友们开始有的哭闹,有的满场跑动,会场一片混乱。市委领导大喊"安静"也无济于事。此时,轮到一个市长助理讲话。这位市长助理当即放弃了他准备好的讲话稿,带着小朋友们朗读起他即席创作的一首儿歌。几遍儿歌一带读,整个会场就在热烈而充满童趣的气氛中恢复了良好的秩序,这位市长助理无意中遵循了一条听众法则:当儿童与成人混杂在一个会场时,演讲者首先应对儿童说话。

了解听众是一项十分严肃而又能够获得听众好感的准备工作。即使是优秀的演讲家,如果对听众缺乏必要的了解,也有可能导致演讲的失败。选择一个听众乐于接受的演讲主题,或者为已确定的演讲主题选择演讲材料,是演讲者应该具备的基本技能之一。我们把选择主题和材料的准备工作统称为选择话题,并从不同角度介绍一些基本的方法和要求。

(三) 选择话题

选择一个听众乐于接受的演讲主题,或者为已确定的演讲主题选择演讲材料,是演讲者应该具备的基本技能之一。我们把选择主题和材料的准备工作统称为选择话题,并从不同角度介绍一些基本的方法和要求。

1. 选择听众喜欢的话题　一般听众对以下几类话题都怀有浓厚的兴趣:

(1) 满足求知欲望的话题:人们对于陌生的知识领域和无限的宇宙、遥远的过去、神秘的未来总是感到迷惘和困惑,总希望掌握各类知识,充实自己和发展自己。这是人类生存的本能需要。

(2) 刺激好奇心的话题:人人都有好奇心。世界趣闻、名人轶事、突发事故、科学幻想、个人经历等,都能激发听众的好奇心。

(3) 事关听众利益的话题:群众最关心涉及切身利益的事情。关系到听众吃、穿、住、行利益的演讲当然会受到欢迎,但高明的演讲者应该具备把间接涉及听众利益的话题转化为与听众直接有关的话题的能力。

(4) 有关信仰和理想的话题:听众,特别是青年听众,无论古今中外,都不会厌恶对人生的探索,对理想的追求,对事业的开拓等话题。某些有关信仰和理想的演讲不受欢迎,主要是缺乏针对性、现实性和生动性。

(5) 娱乐性话题:幽默、笑话、故事穿插在演讲中或构成一段完整的演讲,在博得听众一笑的同时也征服听众。娱乐性演讲一般时间较短,且多用于礼仪场合和交际目的。

(6) 满足群众优越感的话题:世界上很少有人讨厌"奉承"。演讲者要尽量多掌握听众基本的情况,以便在演讲过程中穿插一些能满足听众优越感的话。

2. 选择演讲者最熟悉、最热爱的话题　演讲者如果衷心地相信某件事,并热切地宣传它,便容易获得听众对这个话题的拥护和热爱。"感人心者,莫先乎情"。演讲者自己充满了对演讲主题的"情",才能引起听众强烈的"感"。80年代中期,与曲啸、李燕杰等一起致力于青年思想政治教育工作的彭清一同志来到湖南某大学演讲。彭清一曾是我国著名的青年舞蹈演员,他在演讲中讲了这样一个故事:

60年代初,彭清一和他的女舞伴接受了一项出访东欧某国的演出任务,他们日夜排练,运动量之大令人难以想象。但由于国家正在三年困难时期,彭清一和他的舞伴所能享受的特殊营养品,也仅仅是每天早餐的一个鸡蛋和一杯牛奶。一次排练中,彭清一不慎摔伤住院。住院期间,早餐的鸡蛋由一个增加到两个。彭清一深深感谢组织上的关怀,伤未痊愈即强行出院,又投入紧张的排练。一天早餐时,女舞伴三岁的儿子来到到餐厅,看见了餐桌上的鸡蛋。在困难时期,鸡蛋在一般家庭中简直是山珍海味。不懂事的儿子缠着妈妈要吃鸡蛋。这位女演员在劝阻无效的情况下,一巴掌把儿子打得哭哭啼啼地走了。彭清一目睹这一切,心里很不好受。他说:"我曾经非常尊重我的女舞伴,但今天的情景使我从心底瞧不起我的舞伴。因为,连一个鸡蛋也舍不得让给儿子的女人太缺乏母爱了!"过了几天,女舞伴在排练中突然晕倒了,急坏了彭清一和团里的同事们,因为,离出国只有几天了,医生匆匆赶到,诊断结论是:过度劳累和严重营养不良,饿晕了!团里的同事们含着眼泪告诉彭清一:他住院期间,每天增加的一个鸡蛋,都是这位女演员偷偷节省下来的。她一心想的是让舞伴尽快恢复健康,完成演出任务。

彭清一几乎是在哽咽中结束了他的故事。他以一种至死不悔的神情对当代大学生们说:

在亲情和事业、亲情和同志之间,我们这一代人选择的首先是对事业的爱,对同志的爱。难道不是世界最崇高、最伟大的爱吗?

当彭清一回顾这段往事时,他的全部身心似乎都沉浸在那种崇高的精神境界中,每一句话语和每个细节,都倾注了他铭心刻骨的感受。全场 4000 多名大学生鸦雀无声,一些女生在低低地抽泣。大学生在动情之中接受了彭清一的演讲结论。

因此,演讲者应该选择那些自己熟悉并坚定不移地信仰的话题。如果演讲者要就某一不太的熟悉的话题演讲时,就应该充分收集资料去熟悉演讲话题,并全身心投入这一话题的准备工作。

3. 从演讲现场发掘话题　演讲,特别是即兴演讲,在准备时间很短或几乎没有时间准备的情况下,如何迅速选择和确定话题呢?从演讲现场发掘话题是一个切实可行的办法。

(1)从演讲场合找话题:公众总是因一定的目的、在一定的时间和地点聚会。演讲者可以根据聚会的原因、时间和地点确定自己的话题。即使在事先准备好的演讲中,演讲者也可以借助现场场景"临时发挥",把演讲主题表现得更淋漓、更生动。

案例 3-3:

闻一多先生曾在一次纪念"五四"运动的学生夜间集合上发表演讲,他触景生情地打了一个比喻:我们的会开得很成功!朋友们,你们看:(他指着刚从云缝中钻出来的月亮)月亮升起来了,黑暗过去了,光明在望了,但是,乌云还等在旁边,随时还会把月亮盖住……

闻先生的这种现场比喻深刻而形象地表达了革命者对前途的坚定信念和对形势的清醒认识。

案例 3-4:

1848 年,法国著名文学家维克多雨果参加了巴黎市栽种"自由之树"的仪式并应邀发表了演讲:

这棵树作为自由的象征是多么恰如其分和美好呀! 正像树木扎根于大地之中,自由之树是扎在人民心中的;像树木一样的自由常青不枯,让人们世世代代享受它的荫蔽……

雨果的演讲紧紧扣住"自由、和平"的主题,将"自由之树"的形象比喻和他笃深的政治信念,富有激情的语言有机地结合在一起,在渴望自由、和平的公众中激起了强烈的感情波澜。

（2）从听众身上找话题:听众的心理状况,听众的构成成分,如籍贯、职业、年龄、性别、文化水准,乃至特殊的听众身份等,都可以成为即兴演讲的话题。

> **案例 3-5:**
> 60 年代,陈毅外长出访亚洲某佛教国家公众欢迎集会,一位宗教界长老向陈毅外长赠献了一尊佛像。陈毅外长虔诚而高兴地捧过佛像,即兴致谢道:
> "靠老佛爷保佑,从此我再也不怕帝国主义了。"(语音刚落,全场大笑)

陈毅同志诙谐、幽默的答谢辞既表达了他对该国人民宗教习俗的尊重,又表达了共产党人坚定的政治信仰。

> **案例 3-6:**
> 1972 年 2 月,尼克松总统第一次访华。他在中国政府举行的欢迎晚宴上致答词时说:"多少年,从来急;天地转,光阴迫。一万年太久,只争朝夕! 现在就是只争朝夕的时候了……"不久前还被视为中国人民头号敌人的美国政府领导人,竟然引用中国人民中享有崇高威望的领袖毛泽东的诗词,不仅借此表达了他对毛泽东的崇敬,而且巧妙地拉近了他与中国民众的感情距离。

（3）从前面演讲中找话题:善于演讲者往往善于倾听,在听的过程中受到启发,以此激发自己的演讲灵感。对前面的演讲话题,后面的演讲者或者可以拾遗补漏,或者可以转换角度,甚至可以因某个词、某句话的启发,构思一篇精彩的演讲。

某市公共关系培训班学员们以演讲方式竞选班长。前面发表竞选演讲的十几位学员,都是以冷静的风格说明"我当班长要做好哪几项工作"或者"我具备了哪些当班长的条件。"台下学员对千篇一律的演讲开始厌烦,会场秩序呈现混乱状态。这时,一位男学员大踏步地走上了讲台说:"我——竞选班长! 如果我当班长,我将是各位忠实的代表! (掌声)你们的愿望就是我的愿望! (掌声)你们的要求! 就是我的要求! (掌声)请记住——选我,就是选你们自己! (热烈鼓掌)"这位学员及时调整演讲角度和风格,运用了极富号召力的语句和语调再辅之以大幅度的体态语言,造成了强烈的现场情绪渲染效果。

（四）演讲控场

1. 第一印象 演讲活动来自演讲者与听众的相互作用。一方面,演讲者处于主导地位,听众随着反应;另一方面,听众的反应程度又是演讲者调节自己表达方式的依据。演说的期待与听众的满足,是演说者与听众心理相融的基本因素,而沟通两者的心理桥梁,正是信任与依赖。因此,演讲者享有声望和信誉,能使听众产生良好的心理定势,是听众自发兴趣和高涨热情的巨大诱因。它直接影响到听众的理解效果,直接影响着听众情绪和演讲现场的气氛。

然而,威信的形成并非一朝一夕之功,它取决于许多因素:社会舆论的重视、演讲者的社会地位和外部形象,同时也与听众的文化修养、欣赏水平有关。威信是演讲者德、才、学、识的综合体现。演讲者不一定都是权威,况且,人们也不可能当了权威再去演讲。那么,演讲者应如何达到这种功效呢?

从某种意义上讲,演讲者的"第一印象"常常具有权威效应。演讲者一上台,首先给观众的第一印象是视觉形象,而视觉形象的刺激,常常能够强化人们注意的意向性。生活经验表明,"第一印象"往往能决定听众注意力集中的程度。因此,演讲者走上讲台时,要特别注意自己的仪表、举止;应以稳健、大方、镇定自若的姿态出场"亮相","镇静"听众,给听众留下美好的印象,使听众油然产生"一见钟情"的感情,造成先入为主的心理定势,从而使听众对演讲者的演讲能力做出较高的判断,并随之给以高层次的注意。所以,把握住"第一印象",能赢得听众高层次的注意,赢得听众的信任,而这正是积极控场的表现,是演讲成功的秘诀之一。

如何把握住"第一印象"呢? 一般来说,这与演讲者的性格、态度、能力、学识等有关。就性格而言,稳重、活泼、谦和、自信和幽默,能够赢得听众的热情;从态度来讲,热情、真挚、公正、认真易于博得听众的好感;而聪慧、机敏、见多识广、通今达古、博闻强记,更能使听众倾倒。因此,当演讲者走近麦克风的瞬间,头微微侧向听众,脸露甜美的微笑,显露出心中充满的诚恳和激情,以坚实的步伐传递出自信、成熟和热情。走到讲桌和麦克风前时,应从容转身,恭敬地向听众鞠躬致意,显示出文雅庄重,切不可贸然急速转身,急忙点头、哈腰,给人以轻率可笑之感。在讲台上,不宜前后摇摆,也不应左右晃荡,不要随便用手撑住讲桌,也不要懒散地靠在桌边;要挺直腰板,以温和的目光扫视全场,略等几秒,待场内寂静无声,便抓住最佳时机,提高声音,从容开讲。

"开场白"也具有"第一印象"的特点,对整篇演讲的基调和成效具有关键性的意义。它是演讲者与听众之间架起的第一座桥梁。精彩的开场白能如磁石般吸引住听众,赢得听众的高度注意和信任。精彩的开场白也是积极控场的手段之一。

2. "角色整合"与高潮设置　进入角色也是一种积极的控场艺术。有经验的演讲者都有一种体会,头一二分钟要吸引听众较为容易,而要维持五分钟,那比较困难,如果一旦失去听众注意,要重新恢复,那就更困难了。因此,必须尽可能地把听众"拉住"。这就要求演讲者在展开主题时,"尽快入戏",尽快"进入角色"。

所谓"入戏"、"进入角色",就是指演讲者把自己的思想感情融于演讲内容中,如同演员担任某种角色一样,自然地、如实地把自己对角色的理解、感受、爱憎等表达出来,既以雄辩的逻辑力量,又以真挚的感情力量,使听众折服倾倒。

要迅速准确地进入角色,演讲者在上台之前,最好先酝酿一下感情,进行角色调整。平时人们举止比较随便,一般相处相互间都处于无拘无束状态。演讲者登台演讲则与平时不同,他一登台就成了演讲活动的主体,所处的地位发生了变化,角色发生了变化。然而平日生活角色的惯性效应,经常会导致新任角色失当。这种情况,不仅演讲初学者容易产生,就是经常演讲的人,也不时出现。演讲者必须及时预防、纠正角色失当现象,尽快实现角色转换,达到"角色平衡"。

从角色失当到角色平衡是一个极为复杂的"角色整合"过程。要实现角色转换,首先要有强烈的角色意识,对自己有正确的科学的自我评价;其次,要克服自己旧有心理定势的负作用,要意识到只有对演讲内容娴熟地掌握,才能把自己的思想感情融于其中。可见,这是一点也不可马虎的。

娴熟地掌握演讲内容,是积极控场的重要方面。演讲要求内容丰富、生动、全面、准确,在表达过程中要显得波澜起伏,跌宕多姿,逐渐形成全场激动的场面,使听众心驰神往,惊叹不已。要达到这种境地,显然不是照本宣科式的念演讲稿所能奏效的。照稿念,演讲者往往顾此失彼。顾了讲稿,顾不了听众,更谈不上用丰富的表情和形象的动作与演讲内容协调配合,演讲当然无法生动形象。这样,听众会无形中降低对演讲者的信任感,减少对演讲的注意力和重视度,形成冷场现象,甚至骚动。演讲者要尽量熟悉讲稿,而又不拘泥于讲稿,真正"入戏";要能在演讲中自然地组织几次高潮,像磁石般牢牢地吸引住听众。

总之,演讲者声情并茂地把演讲由一个高潮推向另一高潮,场上气氛也就会完全由演讲者主动控制。

3. 完善形象与巧妙结束　主动控场,还应特别注意演讲临近尾声时演讲者的自我形象对听众的影响。这也是很重要的。有些演讲者往往因为前面一直顺利,临近尾声时,自认为胜利在握,洋洋自得,显出高傲轻慢的样子;有的则自认为演讲不尽如人意,产生浮躁情绪,表现出匆匆忙忙、草率收兵的样子;有的放纵感情,任凭意气,话已讲完却又添枝加叶,画蛇添足,拖拖拉拉;有的则认为听众注意力不集中,借机旁敲侧击,发泄不满;有的则虎头蛇尾,露出疲倦神情,话没说完,就收拾讲稿……这些失误,往往造成听众情绪松弛,会场秩序混乱,使演讲失去光彩。

临近尾声,演讲者要保持饱满的情绪,尽量地完善自我形象,从容镇静,善始善终,结尾处设法异峰突起,显示出一定的高度,形成强烈的慑服力,使听众感到余味无穷,得到思想启迪和美的享受。

总之,演讲者临近尾声时,要保持高昂的情绪,不可虎头蛇尾,不必画蛇添足,不要陈言俗套,也不可高傲轻慢,更不可盛气凌人。演讲者要庄重、镇静,既显示出分量,又显示出有修养。

(五) 演讲的态势语言

态势语言也是人类社会交际的信息载体,是演讲语言的组成部分。演讲者不仅要有较强的口语表达能力,而且要善用动作、表情来辅助说话,也就是要善于用体态语言来表情达意。教育家陶行知曾说:"演讲如能使聋子看得懂,则演讲之技精矣。"这正说明体态语言在传神达意方面具有极其重要的作用。

演讲者登上讲台,首先给听众的是视觉形象。仪表、姿态、神情、动作,全都呈现在听众面前,演讲者灵活自如、优美协调的体态动作,能很好地辅助口语,弥补有声语言表达的不足,使有声语言表达的内容更准确、更生动、更完整。因此,在表达情感、情绪和态度方面,体态语言甚至比口头语言更明确、更具体、更富有感染力。将体态语言和有声语言有机地融为一体,便能够充分地表达内容,感染听众。同时,由于体态语言以具体的形象诉诸听众的视觉,优美传神的体态动作不仅具有显著的表意功能,而且它也能形成现实的艺术美,给人以美的艺术享受,是演讲者文化素质和美学观念的直接反映。

如果忽视体态语言的表达,用传经布道的木然表情或哑语般的滑稽动作,就会使听众降低听讲兴趣,影响信息的传播,甚至切断和堵塞信息通道。演讲者应尽力掌握体态语言的表达艺术,使深刻的语言、得体的表情和灵活适当的手势融为一体。

1. 体态表达技巧的基本要求　作为人类交际信息载体的体态语言,既要求准确、鲜明、生动,又要求端庄、高雅、大方,符合生活美学的标准。具体而言,它要求:

(1) 准确、适时:所谓准确,是指体态语言的表达与口语表达协调默契,符合演讲者的思想情感,能正确地表达出演讲的内容。准确、适时正是体态语言的价值所在。每一个动作都具有一定的词汇含义和表意功能。我们一定要准确地把握,恰当地运用。在现实生活中,某一动作所表示的某种词汇含义和感情色彩,都是人们约定俗成的结果。例如:在我国,摇头表示否定,表示反对;点头表示肯定,表示赞同;挥手表示再见;招手表示呼唤;竖起拇指表示赞赏;翘起小指表示藐视……正因为有这种相对稳定的词汇含义,体态语言才能常常替代口语。但是,它毕竟不像口头词语那样意义明确,而是具有象征和虚拟性的特点。况且,在表示具体概念事物的时候,体态语言和其表达的含义也并非一一对应,所以体态语言必然要为口语表达所制约。只有当体态语言动作与口头表达紧密配合,协调默契时,才能真正显示出其准确的表意功能。

正因为体态语言的词汇含义和感情色彩是人们约定俗成的,所以它的使用有一定的时空范围。同样一个体态动作在不同的民族、不同的国度、不同的时代,有着不同的含义。例如,同样是点头摇头,我国是"摇头不是点头是",摇头表否定,点头表肯定;而有的民族就恰恰相反,"点头不是摇头是",点头表示否定,而摇头表示肯定。又如,当我们伸开食指和中指时,一般是表示数目二。自从英国首相丘吉尔首创用这个手势表示"Victory"(胜利)之后,几乎全世界都用这个手势表示"胜利"及"和平"。所以,准确地运用体态语言,必须既要根据内容表达的需要,又应注意时代特征和一定的社会习惯。

由于体态语言有象征性和虚拟性的特点,所以演讲者运用它时,常常是发挥着"模糊语言"的效用。所谓准确运用体态语言,从某种意义上讲,它所追求的正是与口头语言相和谐的意境,而不可能过多过细,过于繁琐地具体模拟。其实同样的动作,可以用来表示"由衷感谢"和"心领神会",又何尝不可以用这个动作表示"心有余悸"和"心情激动"呢?

体态语言应该与口语表达配合协调默契,也就是说应该适时,如果体态语言的表达与口语表达相互错位,出示太早或太迟,那将会是滑稽可笑的。例如,我们呼口号时,常常同时用举拳的动作相配合。但如果我们把口语表达与体态语言的表达割裂开来,或者先呼喊后举拳,或者先举拳后呼喊,中间形成一个较大的时间空隙,那显然会"漫画化"成为笑柄。同样,在演讲时,每一个体态动作都必须密切与口语表达相配合,而要达到这种境界,主要靠感情投入。只有当演讲者把全身的热情和精神都投入到思想的表现中去时,才能打破拘束和生硬,动作与口语便自然协调默契,浑然一体。

(2)优美、适度:运用体态语言、动作要做到端正、高雅,符合生活美学的要求。人们听演讲,除了获得信息、受到启迪外,也需要获得美的享受。演讲者的体态动作,不可能像戏剧舞台动作那样一招一式地要求,那样会过分夸张,喧宾夺主,与演讲的风格很不协调;也不应该缩手缩脚,动作生硬呆板。演讲的体态动作要做到姿态优美,恰如其分,符合人们的审美习惯。

优美自然的体态语言,符合演讲的内容特点和人们的审美习惯,是道理、感情和体态这三者的和谐统一。优美自然的体态语言也必然符合演讲者的性别、年龄、经历、职业及性格等特征。因性别的不同而形成体态语言风格上有差异是显而易见的。例如,男性演讲,两手后叉腰,双腿分开,昂首挺立,凝视对方,显得威武雄壮,刚毅有力;如果女同志也摆出这个架势,人们不说她是"母夜叉"才怪!女性演讲,步态轻盈,手势轻柔,动作轻巧,两目含情,显得温柔妩媚;如果男性这样,就显得阴阳怪气。同样,年龄不同,也在体态语言方面得到反映。青年人血气方刚,朝气蓬勃,情感外露;老年人老成持重,沉着镇静,感情含蓄,不同性格、不同职业的人,言行举止差别很大,表现在体态语言方面,有的灵活轻快,有的庄重稳健,有的缓慢斯文,有的刚毅有力。总之,由于各自的思想修养和个性特征不同,各自的体态语言自然有差异。演讲者在演讲时,一定要使自己的一举一动、一招一式都与自己演讲内容相符,与自己的性别、年龄、职业以及个性特征相吻合。当然还要顾及到特定的演讲环境,听众的接受能力和审美情趣。例如,表示自己时,宜用手掌指自己前胸,而不可用拇指或食指指自己的鼻尖,前者显得谦虚端庄,而后者则有点盛气凌人,不太符合我国听众的审美心理。

凡事"过犹不及",优美的举止总是自然适度的。超过一定限度,就会发生质变,优美也就变成丑陋了。体态语言一定要恰如其分。所谓适度,即身体姿态、动作幅度、眼神流动、面部表情等,一般都要控制在一定的范围之内,以辅佐口语达到充分表情达意为度,不宜过分夸大,甚至"放肆"。否则就会当众失态,有伤大雅,有失身份。例如:手势动作,不可过大或过小,过大,显得"张牙舞爪",过小,又显得"缩手缩脚"。

(3) 精练、适度:体态语言毕竟是口语的辅助手段。使用时切忌过多过滥,喧宾夺主,而应尽量做到少而精。动作、手势、眼神都必须经过严格选择,有内在的依据,能准确、优美地充分表达演讲内容。对于那些词语意义不强的习惯性动作和毫无意义的下意识动作应尽量剔除。正如演讲者必须剔除口语中的"那个、这个"之类的口语一样。

手势频繁,动作重复单调,令人眼花缭乱,无形中分散了听众注意力,引起听众反感。例如,演讲者在台上盲目地反复走动,手拿报纸卷个不停,或者不停地舞拳挥手,不断地抓耳挠腮,抠鼻揉眼等,都是演讲的"败相"。这些机械乏味的动作,不仅不能发挥体态语言的作用,反而会破坏演讲的整体效果。适宜的体态语言,把理性、情感和言词有机地结合在一起,做到生动形象,简洁明快,疏密有致,宛如演奏乐曲时的鼓点那样,准确而醒目,给人美感,引人回味。

2. 仪表、风度 仪表是指人的身材、容貌、姿态等外在因素,以及由这些因素综合体现出来的气质和风度。而风度就是人们对美的仪表的一种衡量尺度,是人们在长期的社会生活与交往中逐渐形成的具有个人特色的举止和姿态。这些举止和姿态正是人的思想、品德、性格、气质等内在素质的外在反映。事实上,仪表与风度就是一种无声的体态语言,它在一定程度上反映了人的内心世界。演讲者一上台,听众首先就是通过视觉观察演讲者的形象。尽管演讲者还未开口,听众已经根据演讲者的仪表和风度,产生了一连串的心理活动,形成"第一印象",直接影响着听讲效果。

良好的仪表风度,能产生很强的吸引力,牢牢地吸引听众的注意力。演讲者不仅应该是真理的宣传者,是知识的传播者,而且应该是美的体现者。在演讲现场,演讲者事实上是听众的审美对象,听众不仅通过演讲者生动活泼、含义深刻的演讲获得美感享受,而且也是通过对演讲者的仪表、风度的欣赏,受到美的熏陶。

演讲者的仪表和风度,也能在一定程度上体现出民族特点和时代精神。这是因为一则仪表和风度在一定程度上反映人的内心世界,而人的内心活动与精神面貌、时代特色紧密相关;二则人的服饰、发型以及举止总是带有一定的民族特色和时代印记。演讲者应该自觉地意识到这点,尽量使自己的仪表和举止符合民族特点,反映时代精神。

演讲者注意仪表的修饰、讲究风度,以美的姿态出现在听众面前,这种行为本身就显示出对听众的尊重。这种无声的信息传递,很自然地缩短了演讲者与听众的心理距离,可以赢得听众的关注和尊重,形成融洽和谐的气氛。如果演讲者蓬头垢面、衣着随便、皮鞋肮脏、举止粗鲁,以一幅邋遢相出现在听众面前,势必造成隔膜,使听众反感。

（1）仪表、服饰：毋庸讳言，身材魁梧伟岸，容貌端庄英俊，五官匀称，体魄健康，令人肃然起敬。这些光彩照人的先天因素，能为演讲者带来极为有利的条件。然而，不是每个演讲者都具备这些条件。容貌身体是先天固有的，一般难以改变。但即使身体或容貌欠佳，甚至有些生理缺陷，仍然可以采取积极的弥补措施，以内在美去弥补外在美。即以美的心灵、高尚的道德情操，以及对真理孜孜不倦的追求，去吸引听众，感染听众。例如，美国前总统林肯，他的雄辩、幽默举世公认，然而他的外貌很丑。一次在森林里，他为一位骑马的陌生妇女让路，那妇女竟停下来目不转睛地盯着他的面孔，然后说："我现在才知道你是我见过最丑的人了。"并且建议他最好闭门不出。然而林肯并没有接受那位妇女的"忠告"，以豁达大度的胸怀和博大精深的知识弥补了相貌上的不足，他的每次演讲几乎都轰动全国。再如，高位截瘫的张海迪，必须坐着轮椅上讲台，但是时代的精神赋予她特有的内在美，使听众深受震动，无不对她肃然起敬！

当然，对身材容貌方面的某些缺陷，可以采取一些积极的补救措施。例如，高跟皮鞋能稍微弥补身材矮小的缺陷。演讲者应根据自己的具体情况，创造条件，适当地进行个人美容。诸如脸部做自然淡雅的化妆，遮掩缺陷，以突出脸部最美的部分；根据自己的头型、肤色、体态、年龄、职业等因素，选择适当的发型，也能给人增添风采。当今，眼镜的装饰作用越来越明显，它可调节人的脸型，使人增添魅力。特别是男性，镜架的梗直而有棱角的造型，能衬托出男性刚强、坚毅的气质。演讲者戴上适合自己脸型的眼镜，也能有效地美化仪表。

俗话说："人要衣装马要鞍。"服装对人体有"扬美"与"遮丑"的功能，它可以反映人的精神气质、文化素质和审美观念。演讲者的衣着应该整洁合身，庄重大方，色彩和谐，轻便协调。具体而言，"整洁全身"要求做到外表整齐、干净、美观，与自己的身材协调。"庄重大方"要求做到风格高雅、稳健，与自己的性别、年龄、职业等协调，充分体现出自己的特点与神韵。"色彩和谐"要求做到服饰与特定的环境和内容相协调。不同颜色所表达的不同寓意和象征作用，已经在人们思维中有了较为牢固的定式，深色给人以深沉、庄重之感，浅色使人感到清爽舒适。演讲者的服饰款式与色彩应力求与现场气氛相谐。"轻便协调"要求做到装束合适，不可过于华丽时髦，那样会分散听众注意力，引起非议，破坏演讲气氛。总之，演讲者的服饰要合体、合度、合时，格调高雅，给人以美感。

（2）风度、礼仪：风度并不是指人的某一动作，而是指人们在长期的社会生活与交往中逐渐形成的具有特色的举止和姿态。这种举止和姿态是由人的思想、品德、性格、气质等内在因素构成，而身姿正是听众评判演讲整体效果的重要指标。优美的身姿能成为表达内容、情感，调动听众情绪的有力手段，最能表现人的风度。

身姿是人的自然形体在空间的形象显现。它由头部、身躯及双腿三部分动作构成。头部的倾斜度及活动状态，身躯的前倾后仰及移动情况，双脚的摆设姿势等均可以表示出各种感情的变化。优美的身姿给人以稳健、庄重、朝气蓬勃的印象。而不美的身姿给人以轻浮、怠倦、颓唐疏懒之感，影响演讲者在听众心目中的主体形象。

走上讲台时，演讲者应迈步适度，步伐均匀，头正，眼睛平视，口微闭，双臂自然摆动，步态和表情应体现出庄重大方、从容自信、亲切热情，整个体形端庄有力。切忌低头弯腰，忸怩局促或将手插在衣袋中，左摇右晃。

风度和礼仪的关系十分密切，优美动人的举止常常符合礼仪要求的。演讲者英姿焕发，举止潇洒，热情谦和，便显得彬彬有礼。如果敞胸露怀，一步一晃，放荡不羁，不仅没有风度,也是不懂礼仪的表现,往往令人反感。

礼仪是人类社会生活中逐渐形成、并为大家共同承认和遵守的表示友情的方式或仪式。它是历史发展的产物,具有一定程度的阶级性。不同时代,不同阶级,不同国度,表示礼节的方式和对礼节的具体要求都不一样。例如,以鞠躬代替跪拜,以握手取代作揖打拱,都体现了现代文明的特点。演讲者从步入会场、登台演讲,到演讲结束离开会场,都应该注意体态风度,讲究礼仪。

步入会场时,演讲者要态度谦和,步履稳健,潇洒自如,面带微笑。当主持人介绍演讲者时,演讲者应自然起立,向听众鼓掌或点头表示感激之意,切不可稳坐不动。正式登台演讲时,先向主持人点头致谢,然后从容稳健走上讲台,郑重、恭敬、诚恳地向听众敬礼,并且目光环视全场,表示光顾和招呼,然后,开始演讲。

演讲开始要注意选择恰当的称呼。得体而充满感情的称呼,能迅速沟通演讲者与听众的思想感情,激发听众情绪。演讲结束时,应面带微笑,向听众致礼之后,从容下台,切不可过于匆忙,显出羞怯失意的神态,也不可摆出洋洋得意满不在乎的样子。总之,要给人一种谦虚谨慎、彬彬有礼的印象。这样才不致因缺乏风度和礼仪而影响演讲效果。

3. 表情与手势 面部表情和手势在体态语言中最能传情达意。人的面部表情丰富多彩。"面部表情是多少世纪培养成功的语言,比嘴里讲得更复杂于千倍的语言。"(罗曼·罗兰)它是人的内在思想感情在外貌上的显示,特别是作为脸部的重要组成之一的眼睛,它是"心灵窗户",能准确、生动表达出人们复杂微妙的思想感情。手是人体敏锐、丰富的表情器官之一,它能以多变的态势造型,传递潜在心声,交流内心情感。富有经验的演讲者,总是充分地利用面部表情和手势,表达出丰富的思想感情,影响听众,感染听众。

(1)眼神的运用:眼神与语言之间有一种同步效应,人们的思想感情常常通过眼神自然流露出来。眼神配合口语,表达出丰富多彩的思想感情。这是因为人的眼睛上有上百条神经联结大脑,它们是大脑获得信息的重要渠道,同时又受到大脑中枢神经的控制。所以,眼睛能自如地传递心灵的信息,反映人的喜怒哀乐。演讲者在运用口语传递信息的同时,也自然要通过自己的眼神,把内心的激情、学识、品德、情操、审美情趣等传递给听众。

不同的眼神,给人以不同的印象。眼神坚定明澈,使人感到坦荡、善良、天真;眼神阴暗狡黠,给人以虚伪、狭隘、刁奸之感;左顾右盼,显得心慌意乱;翘首仰视,露出凝思高傲;低头俯视,露出胆怯、害羞。眼神会透露人内心真意和隐秘。演讲者的眼神变化要与演讲内容的发展和自己情绪的变化相协调,要注意眼神运用的多样性,准确地表情达意,给人以胸怀坦荡的感觉。

眼神不仅可辅助口头语言表达思想感情,而且有时还能直接代替口头语言。例如,在演讲过程中,现场出现局部骚乱等情况,演讲者可以不开口,而采取盯视法,投出一道目光,使听众领会其意,注意听讲,这样,眼神便代替了语言呼唤,起到了控场作用。眼睛在演讲过程中,既能输出信息,又能接受信息。演讲者在运用目光传递信息的同时,也通过目光察言观色,接受听众的信息反馈,使眼睛发挥组织演讲和收集演讲效果的作用。正因为如此,演讲者既要保持视线的目标在正前方,炯炯有神地面对听众,又要不断地兼顾全场,了解听众的反应,也就是要把目光注视前方与多方位观察巧妙地结合起来,全方位地观察听众。

（2）面部表情：面部表情与眼神是密切相关的。其实，眼睛的传神常常是与面部其他的活动相配合进行的。眼神离开了其他部分的活动，其表情达意作用就必然受到影响。面部表情非常丰富，许多细微复杂的情感，都能通过面部种种表现来传情，并且能对口语表达起解释和强化作用。脸面的颜色、光泽、肌肉的收缩与舒展，以及脸部纹路的不同组合，便能构成喜怒哀乐等各种复杂的表情。眉飞色舞是喜，切齿圆睁是怒，蹙额锁眉是哀，笑逐颜开是乐。口角向上表愉快，口角向下表忧烦；冷漠轻蔑时嘴紧闭；诧异惊讶时口大张。同样是笑，微笑、憨笑、苦笑、奸笑，在嘴、唇、眉、眼和脸部肌肉等方面都表现出许多细微而复杂的差别。演讲者要善于观察面部表情各种细微差别，并且要善于灵活地驾驭自己的面部表情，使面部表情能更好地辅助和强化口语表达。

运用面部表情，要求自然真实，喜怒哀乐都要随着演讲内容和思想感情的发展需要而自然流露，切不可"逢场作戏"，过分夸张，矫揉造作，那样会令人感到虚伪滑稽。也不可毫无表情，冷若冰霜，使人感到枯燥压抑。演讲者的面部表情与口语表达要协调一致，要能准确鲜明地反映自己的思想感情。面部表情和有声语言的表情达意应同步。如果演讲者的颦、笑、蹙游离于演讲内容之外，与内心感情变化脱节，那便会使人感到莫名其妙，无法理解。同时，演讲者为了有效地传递信息，交流感情，要尽量避免傲慢的表情、讥讽的表情、油滑的表情和沮丧的表情。这些表情都会在听众中产生不良影响，形成离心效应。

（3）手势技巧：手是人体敏锐的表情器官之一。手势是体态语言形式，使用频率最高。由于双手活动幅度较大，活动最方便、最灵巧，形态变化也最多，因而，表现力、吸引力和感染力也最强，最能表达出丰富多彩的思想感情。寓意深刻、优美得体的手势动作，能产生极大的魅力，激发听众的热情，加深听众对演讲内容的理解，使演讲获得成功。

从手势活动的区域来看，大体有三种情况：一种在胸部以上，常常用以表达激昂慷慨、积极向上的内容和感情；一种在胸腹之间，常用以表示一般性叙事说理和较平静的情绪；还有一种腹部以下，常用以表示否定、鄙视、憎恨等内容和情感。

根据手的不同形状和活动部位，手势动作可分为手指动作、手掌动作和握拳动作。这些手势语言具有多种复杂的含义，应该细心辨识和掌握。例如，常用拇指和小指，分别表示赞扬与鄙夷；单手手掌向前推出，显示信心和力量；双手由分而合表示亲密、团结、联合；握拳显示情感异常激烈等等。总之，手势的部位、幅度、方向、急缓、形状、角度等等的不同变化，所表达思想含义和感情色彩就有很大差别。演讲者不可拘泥于某种固定的模式，而要根据演讲内容的不同需要，灵活运用不同的手势。

从手势表达的思想内容来看，手势动作可分为情意手势、指示手势、象形手势与象征手势。

情意手势用以表达感情，使抽象的感情具体化、形象化，使听众易于领悟演讲者的思想情感，如挥拳表义愤，推掌表拒绝等。

指示手势用以指明演讲中涉及的人或事物及其所在位置，从而增强真实感和亲切感。指示有实指、虚指之分，实指涉及的对象是在场听众视线所能达到的，虚指涉及的对象远离会场，是听众无法看到的。

象形手势用以模拟人或物的形状、体积、高度等，给听众以具体、明确的印象。这种手势常略带夸张，只求神似，不可过分机械模仿。

手势动作只有在与口语表达密切相配合时，其含义才最为生动具体。演讲者的手势必须随演讲的内容、自己的情感和现场气氛自然地表现出来，手势的部位、幅度、方向、力度都应与演讲的有声语言、面部表情、身体姿态密切配合,协调一致,切不可生搬硬套勉强去凑合手势。如果手势泛滥,随意表演,会使人感到眼花缭乱,显得轻佻作态,哗众取宠。当然,也不可完全不用手势,那样会显得局促不安,失去活力。

思考题与实训

1. 请分别用 1 分钟、3 分钟、5 分钟、15 分钟描述自己的简历。

2. 案例:竞选演说

尊敬的评委老师 同学:

大家好!我今天是来竞选班长,首先感谢大家为我创造的这次公平竞争的机会!

我为什么参加竞选呢:

第一,我的成长格言是:不断进步,我已经有了小小的进步,在新的学期里,我会更加刻苦,争取学习成绩有大大地提高,实现更大的进步。

第二,我是农村长大的,以前当过学习委员,还当过纪律检查员,我会用我的勤劳肯干和认真的态度给大家做一个好榜样。

第三,努力来为班级争取更多的荣誉。当班长,不仅仅要为大家服务,更要团结同学,为班级的荣誉而努力奋斗。到时候,我不仅要对自己严格要求,也要对你们严格要求的哦。

我今天的演说虽然是毛遂自荐,但不是"王婆卖瓜,自卖自夸"我只是想向各位展示一个真实的我。如果我能竞选上这个岗位,我有信心、有决心把工作做好。谢谢大家!

问题(1):你认为这样的演讲你会投票吗?

问题(2):如果你参与竞选班长会怎样作竞选演说?

第四章 辩 论

一、辩论概说

辩论是一种特殊的语言交流形式,也是一门古老的学问。辩论的对抗性、灵活性决定了这种口才形式具有挑战性,是一种具有高难度的口语表达形式。它既要求辩手们具有优良的综合素质,又必须遵循各种基本的要求。

(一)辩论的含义

辩论,也称论辩,它包含"辩"和"论"两方面。"辩"即驳辩,要分清是非,驳倒对方的主张。辩的目的在于"破",要围绕议论对象,驳辩被认为是错误的认识。驳辩同样要用各种议论方式去否定对方观点的成立。"论"即阐明事理,表明自己对议论对象(人或事)的正确。于是要用各种议论方式来确保其观点的成立。辩和论是不能割裂开来的,不破不立,"立"常常在"破"之中,相互影响、相互作用。所以,辩论是指不同立场和观点的双方,就同一个问题进行的针锋相对的论争。

早在公元前5世纪,古希腊辩论之风就盛行起来,并产生了专门讲授论辩术为业的学派(史称"智者学派")。在春秋战国时代五百年间,我国也涌现出大批能言善辩的谋臣策士、学者或思想家。辩论作为一种特殊的思想交流形式,广泛存在于现代社会的各个领域,与人们的生活、工作、学习息息相关。各种思想观点的接触与碰撞,各种是非利害得失的明辨与质疑,都离不开辩论。辩论不仅可以辩驳谬误,发现真理,还可以磨砺思维,锤炼口才。辩论训练,有助于人们开阔视野,活跃思想,增长见识,培养创造性思维能力,有助于锻炼思维的灵活性、敏捷性和应变性,增强独立思辨与批判的能力。在辩论中,人们的综合素质可以得以施展,也可以得到提高。辩论是人们语言交际活动中的一种最高级形式,是一个人心智才气、人格修养、语言技巧最彻底的体现。

辩论主要表现为一种是非之争。但是,人们判断是非、表明立场、决定胜负的依据和标准却会因人因时因地而异。这就使人们对辩论的性质发生了疑问:人们究竟为什么而辩?辩论的种类因其功能和表现形式的多样性而分为很多类别。学习和掌握辩论口才,有必要首先认识辩论的特点和类别。

（二）辩论的特点

辩论是语言上的抗衡、思想上的交锋，是一种具有高难度的口语表达形式，它具有对抗性、逻辑性、针对性等鲜明的特点。

1. 对抗性 辩论是语言上的对抗，是具有不同观点双方之间的激烈碰撞，双方最终目的是说服对方服从、同意自己的观点，即在语言上战胜对方，在观点上征服对方，最终在行动上使对方服从自己。当然在一定条件下，如果没有结果，也就是说参与的双方都没有被对方说服，也并不代表辩论没有意义。我们所生活的世界是极其复杂的，有很多的未知事物需要我们去不断地探索、求证，对于相同的事物，由于我们自身所处的观察角度不同，在认识上也存在着差异，而通过辩论，我们可以了解事物的另一方面。辩论双方即使没有达成共识，但也促使我们去更进一步探索事物的本质，从而最终明晓并把握事物的本来面目。

2. 逻辑性 逻辑性是辩论最具魅力之处，而强大的逻辑力量是征服对手的最佳手段。在各种辩论中善于运用逻辑这一工具，往往可以使对方无力反驳。比如1936年11月，国民党反动派镇压民主运动，逮捕了"全国各界救国会"的领导者沈钧儒等7人，制造了"七君子"事件，沈钧儒先生在当时的法庭上同法官的一段话，就显示出逻辑的强大力量：

法官："抗日救国"不是共产党的口号吗？

沈老：共产党吃饭，我们也吃饭；难道共产党抗日，我们就不能抗日吗？

法官：你知道你被共产党利用了吗？

沈老：假使共产党利用我们抗日，我甘愿被他们利用，并且谁都可以利用我，只要他抗日，我是甘愿被利用的。

在这段辩论中沈老面对敌人，进行了义正词严的斗争，其中，就包含了他对伪法官谈话中犯有"中项不周延"错误的三段论的揭露和批驳。

伪法官的三段论是：

共产党是抗日救国的；

救国会也是抗日救国的；

……

所以救国会就是共产党。

这个犯有"中项不周延"错误的三段论是从伪法官"'抗日救国'不是共产党的口号吗？"等式中分析整理出来的。沈老非常敏锐地觉察到这一错误，并以"共产党吃饭，我们也吃饭；难道共产党抗日，我们就不能抗日吗？"的回答进行揭露和批驳。

3. 针对性 辩论具有很强的针对性，辩论双方所辩论的对象是双方所重视并感兴趣的事物。如果双方的兴趣不在同一事物上，则不可能发生。另外，双方在辩论进行过程中，总是在努力寻找对方的破绽以击败对方，这也是针对性的一种体现。比如：我们现在经常在电视上看到的一系列大学生辩论赛，这些辩论赛都是针对一个命题从正反两方面来进行辩论的。

4. 言简意赅 辩论因为是一种即时性的语言对抗方式，所以双方往往不可能进行长篇大论，必须做到言简意赅。要做到言简意赅，就必须要求双方在遣词造句时要含蓄精练，否则就不能很好地表达出自己的思想。如：一位胖的流油的大资本家想嘲笑一下身材瘦削的萧伯纳，说："我一看见你，就知道你们那儿在闹饥荒。"萧伯纳回敬道："我一看见你，便知道了闹饥荒的原因了。"简单的一句话就让那个不怀好意的资本家哑口无言了。

（三）辩论的三要素

1. 论点　论点是辩论双方各自所持的观点。我们可以把观点看作为辩论的灵魂。在对同一事物的认识截然不同的是与非的辩论过程中，论点正确是立论的科学基础。让我们来看 1995 年在北京举办的第二届国际大专辩论会总决赛中，作为正方的南京大学代表队的一辩手的发言。

谢谢主席！尊敬的评委，各位嘉宾，来自宝岛的对方辩友，大家好！洪荒久远的 50 万年前，在我们脚下的这片土地上生活着我们的祖先北京猿人。沧海桑田，斗转星移，告别了茹毛饮血的过去，他们学会了钻木取火。火的运用是跨时代的大发展。然而直到 100 多年前，科学家才揭开了机械能转化为热能的规律，从而科学地说明了钻木取火的真正奥秘。这就无可辩驳地证明了我方立场：知难行易。所谓"行"是人对外界事物作用的过程，包括对"知"的运用；所谓"知"是指对"行"的认识，决定做什么，为什么做和怎样做的问题。"知"既是一个过程，又是一个结果。所谓"知难行易"，是说求知得知难，行动使用易。……

在这次辩论赛上，双方所持的观点分别是正方南京大学队为"知难行易"，反方辅仁大学队为"知易行难"。就双方观点来说，由于出发点不同，对事物认识的角度不同，各自都有其正确的一面，同时也存在着一定的偏颇。正是这些原因，双方一开始就形成了激烈的对抗。正方一辩手在辩论之初，首先提出己方的观点"知难行易"，然后紧紧围绕"知难行易"进行了论证。在整个辩论赛上，双方就各自的观点进行了激烈的辩论，在驳斥对方观点的同时，鲜明而有力地对己方所持的观点进行了充分论证。

2. 论据　所谓论据，就是为了证明论点而列举的事实依据。论据是论点的支架材料，包括事实性的材料和理论性的材料。论据的选用，首先要求其具有真实性，另外还要具有典型性。论据的真实性是论点真实的基础，论点之所以成立是以论据为根据的。如果论据虚假，论点的科学基础也就不存在。论据的典型性要求用作论据的材料不但真实，而且要与论点相统一，是能够说明论点的最具代表性的材料。

3. 论证方法　论证方法就是指利用论据来证明论点的方法。论证的方法多种多样，在实际运用中，一定要注意无论采取哪种方式，都要本着使论据同论点有机结合起来并能充分说明论点的原则。

（四）辩论的种类

辩论在我们的生活中比比皆是，每一天在我们身边都发生着形形色色的辩论，或长篇大论，或三言两语。常见的如法庭、外交、学术等，甚至于同学、同事之间为一点认识上的差异也可能发生。在这里我们将粗略地划分为三种类型：一是公务型辩论，二是竞赛型辩论，三是日常生活型辩论。

1. 公务型辩论　公务型辩论主要包括法庭、外交、学术、竞选等。这类辩论一般都是就某一特定的论题，有目的、有组织、有准备的在一些专门的场合，在双方或多方之间进行的。其目的是辨别是非、划清责任、达成统一意志，它往往涉及国家、集体的利益、维护法律的尊严等重大问题，意义十分重大。

在这些辩论中，以法庭辩论最为典型。辩论的双方都经过精心的准备，在语言的运用上字斟句酌，有着强大的逻辑力量和缜密的思维。双方为辩清事实真相，区分责任，以法律为准绳，以事实为依据，展开激烈的辩论。辩论在这里起到了维护法律的严肃性、公正性，保护公民的合法权益,打击犯罪,警醒社会的重要作用。

学术辩论虽然也属于公务型辩论,但同外交、法庭辩论相比较而言,在语言表现形式等方面略有不同。其间的差异在于辩论的双方不存在根本利益上的冲突,双方的争论焦点是对科学的探讨,所以语气上比较温和,针锋相对的成分较少。

2. 竞赛型辩论 竞赛型辩论是较为常见的一种形式,如我们所熟知的国际大专辩论赛等诸如此类的国际或国内的辩论赛,还有就是各单位、各系统、各大中专院校、中学等举办的种种辩论赛。这类辩论赛同我们前边所提到的公务型辩论有一定的差异。首先,竞赛型辩论是以胜负为标准的一种辩论,它并不追求真理在谁一方,而是以维护自身的论点,驳斥对方的论点为目的。其次,竞赛型辩论具有较多的规定性和表演性。辩论赛有时间、人数、次序等各项规定,辩论双方必须严格遵守这些规定,在规定的范围内进行。另外,辩论的双方并不是以说服对方为目的,更多的是要把阐明己方观点、批驳对方观点的过程展示给观众和评委,用敏捷的思维、犀利的语言征服观众。第三,竞赛型辩论一般都是以团队的形式出现的,这就要求团队内部各成员之间要相互协作、配合默契。

3. 日常生活型辩论 日常生活型辩论是指人们在日常交际过程中,在一些具体事务上产生意见分歧而引发的争辩。这种辩论通常是在没有准备、未经刻意安排的情况下发生的,具有一定的突发性。而且这种辩论理性成分相对较少,更侧重于感情因素,也不具有特定的规则,所以此类辩论多数的情况下是没有结果的。

二、辩论赛的组织

辩论是一种竞赛活动,实际上是围绕辩论的问题而展开的一种知识的竞赛,思维反映能力的竞赛,语言表达能力的竞赛,也是综合能力的竞赛。一般辩论赛的组织应分为:确定辩论赛的人员组成、制定辩论规则、确定辩题、确定双方论点、辩论比赛、评判和奖励等几个步骤。

(一)确定辩论赛的人员组成

1. 参赛人员 参加辩论的双方人数没有严格的规定,可根据辩论主题和场景协商。

近年来流行的大型正规辩论赛,一般是由8个参赛队(每队4人)参与。各参赛队中的4名成员,分为一辩、二辩、三辩、四辩手;亦有分为一辩、二辩、三辩手及自由发言人等,并按此顺序,由辩论场的中央往旁边排列座位。

2. 主持人 辩论竞赛活动,要有一名主持人,亦称主席,主持辩论活动。他(她)维护辩论会场的良好秩序,保障辩论活动按照辩论规则有秩序地进行。主持人坐在两个参赛队中间、比参赛人员座位稍后一点的中央位置,便于观察整个辩论会场的情形。

3. 评判人员 辩论赛既然是一种竞赛活动,那么,参赛者谁胜谁负,需要有人作出评论和裁判。评判人员必须是具有与辩论内容相关的有专门知识的人员,他们一般由数人组成评委或评判团,其中设一名评委主任或一名执行主席,主持评委或评判团会议进行评判。

4. 公证人 正规的辩论赛,一般都有公证人到场,负责对辩论竞赛活动及竞赛结果进行公证,为辩论赛活动及有关人员提供法律认可的证据。有些辩论赛也可以不要公证人。

（二）制定辩论规则

通常的辩论规则主要有：

1. 确定赛程　有多支参赛队参加的辩论竞赛实行淘汰赛，一般需经过初赛、半决赛、决赛，最后决定优胜者。

2. 规定辩手发言的次序　一般辩手发言次序为：正方一辩发言，阐述正方的基本观点，反方一辩发言，阐述反方的基本观点，其中包括反驳正方的观点；正方二辩发言，反方二辩发言；正方三辩或自由发言人发言，反方三辩或自由发言人发言；然后双方自由辩论；最后正反方最后一名辩手作总结陈词。

3. 规定发言时限　一般辩论赛规定的时限是：第一阶段，双方一、二、三辩发言，每人限制时间；第二阶段，自由发言，确定每一方所有成员参加发言的积累时限；第三阶段双方总结陈词并确定时限。

（三）确定辩题

参加辩论竞赛的双方辩论什么？围绕什么问题来展开辩论？这就要确定辩论题，让参赛双方围绕辩论题，从正反两个方面进行辩论。确定什么样的辩论题，对辩论赛活动影响很大，它决定了辩论内容的范围，还影响着双方辩论能否很好地展开。从辩论赛的实践经验看，选择辩题，要着重把握两点。

1. 辩题的现实意义　辩题本身是不是人们关注的问题。通过辩论能不能给人们一种思想启迪，这不但影响听众对辩论赛的热心程度，而且影响参赛人员的热心程度，最终会影响辩论赛的气氛和效果。

2. 辩题的可辩性　即辩题本身是否就存在一定的争议，如果辩题所规定的一方观点明显是正确的，另一方观点明显是错误的，缺乏可辩性，那么，观点明显错误的一方不能有力地反驳对方观点，同时因为观点明显错误，怎么辩也难以说服人，给人的印象总是缺乏说服力。因而对方也不容易深入地论证自己的观点，最终会使双方难以深入地展开辩论，影响辩论效果。

（四）确定双方论点

辩论题确定之后，需要把参赛双方分为正方和反方，正方持辩题的正面观点，反方持反对的观点，由此产生参赛双方的两种观点及其理论之间的论辩。参赛双方，谁为正方，谁为反方，一般是由双方抽签决定的。正反方决定之后，再给参赛人员一段时间做准备，辩论竞赛就可以进行了。

（五）辩论比赛

辩论比赛主要由陈词、开篇立论、攻辩、自由辩论、观众提问、双方总结等程序组成。陈词提倡即兴陈词，引经据典恰当；开篇立论无须在理论的层面上过多纠缠，立论要求逻辑清晰，言简意赅；攻辩即双方批驳对方的观点以证明己方观点的正确性；自由辩论提倡积极交锋，在这一阶段，正反方辩手自动轮流发言，发言辩手落座为发言结束即为另一方发言开始的计时标志，另一方辩手必须紧接着发言，若有间隙，累积时照常进行，同一方辩手的发言次序不限，如果一方时间已经用完，另一方可以继续发言，也可向主席示意放弃发言。最后辩论双方应针对辩论会整体态势进行总结陈词。

（六）评判和奖励

1. 评出优胜者 双方辩论结束后,评判团或者评委暂时离开辩论赛场进行评判,评判出优胜队和优秀辩论员(亦叫最佳辩手)。这期间,主持人可组织赛场听众就辩论的问题发表意见。评判团或者评委评判完毕之后,随即返回赛场,由其中的执行主席或评委主任上台代表评判团或者评委,对双方的辩论情况作出评议,然后将评判出来的优秀辩论员和优胜队名单,交给主持人,由主持人当场宣布。

2. 公证人发表公证意见 邀请公证人员参加的辩论赛,在宣布评判结果之后,就由公证人员就辩论竞赛活动及评判结果情况还有对各个辩手的表现情况发表公证意见。

3. 颁发证书和奖品 整个辩论赛决赛结束时,要向优胜队和优秀辩论员颁发证书,同时颁奖。

三、辩论前的准备

俗话说:知己知彼,百战不殆;不打无准备之战。辩论前的准备工作十分重要。

（一）提出合理的论点

正确合理的论点是辩论获胜的基础,论点的正确能使对方难以找到辩驳的缺口,使己增添获胜的信心。确立论点要注意科学全面,要符合辩证法的原则,任何事物都有正反两面,而且时刻处于运动变化之中,美与丑、真与假、善与恶是相对的、有条件的。我们对事物的认识不能绝对地断然下结论,否则就会犯主观片面的错误,应在一定条件下谈论其正确性与合理性。

（二）收集有利的材料

辩论中需要收集大量的材料来作为己方观点的支柱和驳斥对方观点的武器,辩论材料有以下几方面的要求:典型性、现实性、权威性、丰富性。

（三）充分估计对方形势

辩论双方是就同一个问题展开对抗,双方都需要找于己有利的论点、论据进行论证,基于这一点,一方可以揣测出另一方的战略战术,以便设计对策,有备而战,争取获胜。

1. 站在对方的立场作深入的探究 估计对方可能提出的论点,论点中的概念和判断的内涵外延和逻辑性、科学性如何;估计对方可能占有的论据,论证的真实性、概括性和适用范围如何;估计对方可能使用的论证方法,论证的严密性如何等。对这些问题进行细致的分析有助于己方找出对方的破绽,研究相应的对策。

2. 揣摩对方的个性、心理 在有条件的情况下对对方的辩论员进行一些了解也有助于我们知己知彼,例如通过观看对方其他场次的比赛来了解他们的个性、心理素质、知识水平、语言风格、惯用的策略、弱点等情况,以便避长击短,合理安排我方人员,提早予以防备。

（四）设计严密的辩论战略

在辩论中取胜只凭正确的论点,充分的材料还不够,还需考虑"怎么辩"的问题,如何将我们所掌握的信息综合起来,得到合理的安排,使之发挥出最大的作用,因此辩论前要对整个辩论过程作一番周密的计划。

1. 设计辩论程序 这是指辩题论证的过程、攻守破立的时机、材料的分配、四位辩论员的任务。一般第一辩论员阐述全部观点,表明己方立场,以立为主。第二、第三辩论员分别就不同的分论点进行强化,并在听取了对方的发言后进行驳辩。破立而合,承上启下,既巩固前面的战果,打击对方的论证,还要为后面的队友开辟道路、制造机会。第四辩论员做总结发言,既要全面总结我方的观点,又要总结对方的错漏。四位辩论员在各司其职时还注意分工合作,每位辩论员不是作为独立的个体,而是作为整体中的一员来参赛的,应观点一致、团结协作、首尾相连、浑然一体。

2. 选择辩论方法 辩论方法的选择要根据论题的特点、攻守防的战术需要、双方交锋的形势等因素来确定。常用的论证方法有归纳法、演绎法、类比法、反证法等立论法和驳论点、驳论据、驳论证等反驳法。

四、辩论的技巧

辩论前的工作无论怎样细致周到,都只是一个宏观的计划,至于在辩论中如何有效实施这个计划,还需要根据现场情况随机应变,以智取胜。那么我们是不是可以忽视一些辩论技巧的训练呢?恰恰相反,对任何一位辩论者来说,熟悉和掌握一些辩论技巧是必不可少的,它有助于临场的辩答得心应手,左右逢源。因此,辩论除了有充分的准备,还要讲究一些技巧。辩论是最能表现一个人口才的语言形式,它不仅需要具有理性的头脑、敏捷的反应、良好的逻辑思维能力,还要掌握一定的论辩技巧。论辩技巧是战胜对手、体现语言能力的一种重要手段。在我们生活、学习、工作中经常会遇到各种各样的论辩,如果我们对论辩技巧掌握不多,往往在论辩的过程中不知道该怎样对对方的言词进行辩驳,明明心里清楚对方的错误,但就是说不出来,使自己处于有理说不清而只好忍气吞声的尴尬局面。如何避免这种情形的发生,使自己无论面对谁都可以准确地表达自己的态度,指出对方的错误,达成统一的认识呢?这就是我们下面所要谈到的论辩技巧。

(一) 控场技巧

辩论必须在友好、和谐、宽松的气氛中进行,这不仅有利于辩者充分发挥才智,更有利于对真理的探求。

遵循下列原则构成了辩论控场的有效机制:

1. 道德控制原则 辩论是为了交换意见和交流信息、加强对论题的多层面理解,而不像培根所批评的那样:"有些人在谈话方式上,只图博得机敏的虚名,却并不关心对真理的讨论。"辩论双方应持诚恳、谦虚、互相切磋、取长补短的态度。只有这样才会胜不骄,败不馁,才不会计较个人得失,才会树立起良好的"辩德"。

2. 心理控制原则 论辩者一般存在着两种心态:一是潜意识的对抗心理,二是自尊和"自我实现"的心理。这就需求辩论者在辩论中少用武断语言而代之以委婉的语气,温和语气的力量胜于雄辩。尽可能不要伤害和激怒对方,万一对方激动起来,不针锋相对,火上浇油,最好的办法是沉默。沉默也是一种谈话艺术,沉默可以恢复心理平衡。当自己受到指斥甚至攻击时,也能克制和容忍,以便暂时顺应对方的心理满足,再抓住时机加以回击。

3. 审美控制原则 辩论是一种艺术,具有审美价值。见解精辟,论辩机智,妙语连珠,风趣幽默,这些都能给人以美的享受,使人折服。除此之外,举止大方、文雅,且有风度美,同样能使人易于接受。

有效的控场,是保证论辩顺利进行的重要前提,决不可掉以轻心。

(二) 证明的技巧

辩论,首先要证明,即证明自己的主张、观点、立场、态度的正确性,使之无懈可击,这是辩论获胜的先决条件。辩论中的证明是十分复杂的,其关键是论点的选择。论点的包容量要适中,太大证明不了,太小无法展开。论点要严密,既要符合客观实际,又要有一定的理论浓度深度,切忌露出破绽,表述要简练鲜明。论据要充分,尽可能把论点所能包容的各个方面的材料都收集到。既有正面的,又有反面的;既有事实论据,又有理论论据。旁征博引,无所不及。论据要有力、典型、生动,有针对性,还要真实可靠。否则就容易被对方攻破。

论证要具有逻辑性。一般说来,辩论中的论证分三个阶段:第一阶段,全面阐述观点;第二阶段,辩论;第三阶段,总结归纳。第一阶段和第三阶段,是在没有争论的情况进行的,可以按自己事先设计好的方法进行论证,最难把握的是第二阶段,即双方意见交锋。虽然这是以反驳为主,但实际上还是通过反驳来加强立论。反驳是达到证明的一种手段,不注意这点,辩论是不会有结果的。

1. 举例论证 在辩论过程中,可以援引各种能够使人信服的具有典型意义的事例、典故等来说明自己的观点,从而达到说服对方、让对方接受自己观点的目的。举例论证所列举的事实必须要有典型性,即在同一类事物中能够反映出事物的本质。合理地运用举例论证可以增强论辩的说服力,容易为对方所接受。

第二届(95)国际大专辩论会总决赛中,正反双方多处使用举例论证的方法来驳斥对方的论点。我们来看其中的一小段论辩词:

第一,创造知识比运用知识更难。今天,人们于电灯已熟视无睹,可当年爱迪生历经磨难,痴心不改,试过1600多种材料,做了1万多次实验,写下了2万多字的笔记。可见知有多难啊!伟大的革命先行者孙中山先生周游列国,潜心于革命之学,险些命丧于伦敦,终于积心血而著成《建国方略》。面对这样的事实,对方辩友难道还要告诉大家说知很容易吗?……

在这里,论辩者为说明自己的观点,列举了爱迪生发明电灯、孙中山撰写名《建国方略》这两个事例。这两个事例都表现出了认知之难,既明确树立了"创造知识比运用知识更难"这一论点,又起到有力驳斥对方的观点的作用,在论辩中收到了较好的成效。

在实际的论辩中,也可以列举数字、引用历史典故等来进行论证。比如在"黄山杯"2000年全国大专辩论会总决赛上,武汉大学和电子科技大学就"城市交通问题主要是设施问题还是管理问题"进行了论辩:

……既然今天在北京辩论,那么首先让我们来看一看北京目前的交通状况。虽然前不久开通了地铁八号线,部分地缓解了北京的交通拥堵,但作为世界大都市的北京至今也只有55公里的地铁线,与巴黎的199公里、东京的211.7公里、莫斯科的230.5公里、伦敦的408公里乃至纽约的443.5公里相比,我们首都的交通设施可谓是严重不足。今天我们讨论城市交通问题,是指由于城市交通供需矛盾引起的交通拥堵、交通事故和交通污染等方面的问题。造成这些问题的原因,既有设施不足,也有管理不利,还有规划不周等因素。城市交通设施包括交通基础设施、交通安全设施和交通管理设施,而城市交通管理则是指在交通设施具备的条件下,管理主体对交通关系中的人与物进行的协调与控制。我方认为城市交通问题的产生主要是由于设施的缺乏与不配套,而其解决也主要依赖于设施的发展与更新。因此城市交通问题主要是设施问题。……北京市有机动车 140 万辆,而机动停车位只有 38600 个,请问你通过管理怎么让那另外 136 万辆车都找到停车位呢? 能还是不能……

辩论者在这里首先以北京的地铁长度与世界其他大都市的地铁长度一系列数字进行对比,有力地证明了北京交通设施严重不足这一客观事实。在后边又列举出北京现有车辆与机动车停车位的数字,更进一步证明了北京交通设施不完善的现实情况。数字在这里起到了极其重要的作用,如果只是空泛地去说北京交通设施不足而不列举这些数字,那么将很难给人以信服感,不能让人明确地意识到问题的严重性。

在法庭论辩中,列举实物证据是认定犯罪事实的一个重要手段。我们经常可以看到,在法庭上出示各种物证,如凶器、现场指纹等,这些物证都对犯罪嫌疑人的最终判决有着重要的影响。所以说,出示直接有力的物证,也是举例论证中的一种重要方式。

2. 引言论证　所谓引言论证就是指在论辩中,为证明自己的观点,引用名人名言、格言警句、俚语俗言等进行论证,借以强化自己的论点。

我们还来看"黄山杯"2000 年全国大专辩论会总决赛上的辩辞:

……道路网络脆弱不堪,整个交通不成体系,基础设施严重落后,是我国城市交通问题的主要症结所在。巧妇难为无米之炊,说到底主要还是一个设施的问题。回首千年,条条大路通罗马,印证的是罗马帝国的强盛;车如流水马如龙,反映的是金陵古都的繁荣。从元大都纵横百封的交通规划到我们今天北京市大力发展轨道交通;从武汉市二水三镇历史上的天然隔绝到今天我们能够拥有跨越江河的环线交通。历史和现实无数次雄辩地证明了只有正本清源,明辨主辅,我们才能共同企盼城市交通的安全和通畅……

在这里,参加辩论的选手为证明自己观点的正确性,引用了两句为人所熟知的俗语"巧妇难为无米之炊"、"条条大路通罗马"和"车如流水马如龙"的诗句,这就是引言论证在论辩中的实际应用。论辩中引用的名人名言、格言警句等的理论基础其实是逻辑学中的演绎推理法。在此,论辩方把引用的言辞作为推理的前提条件,当己方的观点与之相吻合时,就可以推断己方观点的正确性。

论辩中,引用名人名言,可以取得言简意赅、简洁明了的效果。

3. 归谬论证　所谓归谬论证是指当我们发现对方观点存在谬误时,先假定其观点是正确的,然后顺着对方的思路,把谬误推导出来。对方的意见可能只考虑到一方面的效果,却忽略了另一方面隐含的影响及可能出现的问题,而我们这里所说的归谬论证就是充分利用对手所忽略的方面进行推导,直至得出荒谬的结论,这样对方的论点就无法成立了。

比如,俄国作家赫尔岑有一次去听音乐会,可到场后所听到的都是狂躁的节奏、刺耳的声响,对此他感到无法忍受。音乐会的主办人向他解释道:"这是当前流行的音乐。"赫尔岑说:"流行的东西未必是美的。"主办人反问:"不美的东西又怎么会流行呢?"赫尔岑诙谐地回答道:"那么流行性感冒也是美的了?"

在此,赫尔岑采用的就是归谬论证法,他从流行音乐是美的,推导出流行的东西是美的,再得出流行性感冒也是美的这一结论。暂且不说赫尔岑对流行音乐的看法是否正确,只看这种论证方式,赫尔岑紧紧抓住对方论点上的疏漏,进行符合逻辑的推论,虽然最终得出的结论是与对方的观点截然相反的,但却令对方无可辩驳,这也可以说是归谬论证的力量所在。例如,在"愚公应该移山还是应该搬家"的论辩中:

反方:……我们要求请教对方辩友,愚公搬家解决了困难,保护了资源,节省了人力、财力,这究竟有什么不应该?

正方:愚公搬家不失为一种解决问题的好办法,可愚公所处的地方连门都难出去,家又怎么搬?……可见,搬家就是可以考虑,也得在移完山之后再搬呀!

从上面的辩词来看,反方的就事论事,论据充分,根基扎实,正方先顺势肯定"搬家不失为一种解决问题的好办法",从而列出"愚公所处的地方连门都难出去"这一条件,自然而然地导出"家又怎么搬"的诘问,最后水到渠成,得出"先移山,后搬家"的结论。如此一系列理论环环相扣,节节贯穿,以势不可挡的攻击力把对方的就事论事打得落花流水,真可谓精彩绝伦!

4. 类比论证　　所谓类比论证就是将两个在属性上具有相同或相似之处的对象进行比较,由此对象所具有的某种属性而推出彼对象也具有该种属性。在实际应用中,要注意不要把两类事物表面的、偶然的相似作为类比的依据,或者把本质上不同的两类对象进行类比,否则就会犯"机械类比"的错误。我们看这个例子:

1920年,加里宁在一次会议上,由于当时农民对工农联盟的重要性不理解,向加里宁提出了这样的提问:"什么对苏维埃政权来说更珍贵,是工人还是农民?"加里宁反问道:"那么对一个人来说,什么更珍贵,是左腿还是右腿?"

在这里,加里宁的反问就是运用了类比论证的方式提出的,以人的左右腿的重要性来说明工农联盟的重要性,这样的回答既形象又生动,使农民切实体会到了工农联盟的重要性。

5. 对比论证　　就是把两种相互对立或彼此相关的事物进行比较,说明两者之间的差异,以证明自己的观点,反驳对方的观点的论证方法。

齐威王十四年,魏惠王与齐威王一起到郊外打猎。魏惠王带着几分炫耀的语气说:"你们齐国可有什么奇珍异宝吗?我们魏国虽不算大,尚且有10枚直径为一寸的宝珠,这些宝珠晶莹滑润、玲珑剔透,到了夜间,亮光闪闪,光华四射,能够把前后12辆车子照得通亮,真是不可多得的稀世珍宝。贵国这样一个堂堂大国,怎么连件像样的国宝都没有呢?遗憾!遗憾!"

齐威王微微一笑说:"我们所说的国宝与你们看重的国宝迥然不同:我有一个名叫檀子的大臣,现在镇守吞南城恪尽职守,爱兵如子,夜不卸甲,使得强悍的楚国人不敢骚扰我国的南部边疆;我有一名叫盼子的大臣,带兵在高唐驻防,他办事异常精细,防范特别严密,使得赵国人不敢在我国的河流里撒网捕鱼,为国家保住了一大笔渔业收入;我有一个名叫黔夫的大臣,被派去治理徐州,他文武并用,恩威并施,使得燕国、赵国的老百姓自愿迁移过来的多达7000余家;我还有一位叫种首的大臣,负责维护秩序,缉拿盗贼,他向各地发布告示,晓以利害,让老百姓群起监督,结果歹徒绝迹,盗贼自首,形成了夜不闭门、路不拾遗的太平局面。要讲国宝,以上4位出类拔萃的贤才,就是我们的国宝。他们的思想和业绩所发射的光辉,连千里以外的地方都照到了,哪里是那些仅仅可以照12辆车子的宝珠所能比的呢?"魏惠王一听,脸羞得通红。

齐威王将自己的"国宝"与魏惠王的国宝做了一番比较,对方的只能照亮12辆车子,而他的却可以照耀到千里以外,使得天下太平。他将这两种具有极大反差的"国宝"放在一起,孰优孰劣,一目了然。

6. 比喻论证　比喻是一种最为常用的文学修辞手法,在论辩中,论辩者常利用各种形象生动的比喻来阐述深刻的道理,使说理变得通俗易懂、生动有趣,增加论辩的说服力,以达到以理服人的目的。比喻论证的方式是以生动鲜明的喻体吸引对方去思考,往往能使对方深思反省,豁然开朗。

案例4-1:

意大利著名航海家哥伦布发现美洲大陆后,成为众所瞩目的公众人物。在一次宴会上,一些妒忌他的人企图非难他,这些人对哥伦布说:"你发现一个奇怪的大陆有什么了不起的? 任何人都可以穿过海洋航行,并且任何人也都会同你一样有所发现的,这不过是世界上最简单的事情了!"哥伦布没有回答,而是从碟子里拿起一个鸡蛋,他对这些人说:"先生们,你们谁能够把这个鸡蛋在桌子上竖起来?"每个人都试着把鸡蛋在桌子上竖起来,可是一个接一个的都失败了,于是他们说鸡蛋是不可能在桌子上竖起来的。这时,哥伦布拿起鸡蛋在桌子上轻轻一磕,鸡蛋皮被碰破了一小块,鸡蛋便稳稳地站在了桌子上,哥伦布说道:"先生们,还有比这更简单的事情吗? 你们都说办不到,其实这可以说是世界上最简单的事情了。"

哥伦布发现美洲大陆是一项举世瞩目的伟大功绩,妒忌他的人却把它比喻成"世界上最简单的事情"。哥伦布为驳斥他们,把"鸡蛋竖起来"比喻成是"世界上最简单的事情"而让他们去尝试,结果都认为这不可能做到,可是哥伦布却把鸡蛋在桌子上竖了起来,由此,哥伦布利用比喻有力地驳斥了妒忌者的错误说法。

案例4-2:

有人曾批评丘吉尔做事"不能尽善尽美",丘吉尔对这些人的说法没有直接反驳,而是用一个小故事来形象生动地驳斥对方的看法。他说道:

在普利茅斯港有一位船夫救起了一个溺水的少年人。

一个星期后,有一位太太叫住了这个船夫:"上星期救我孩子一命的人是不是你?"

船夫回答道:"是的,夫人。"

太太又说道:"哦,我找你好几天了,我孩子的帽子呢?"

丘吉尔用那个保住了孩子还想要帽子的太太比喻别人对他的责难,有力地回击了别人对他的攻击,这比起直驳的效果要好得多。

7. 因果论证　事情发生的原因与出现的结果有着必然的联系,依据这种必然的联系,在辩论中,或用原因证明结果,或用结果证明原因,这种论证方法就叫因果论证。

案例4-3:

一位生物学教授通过试验发现蝙蝠具有"以耳代目"的"活雷达"特性,另一位学者持有不同意见,两人为此展开了辩论。

教授:"蝙蝠能在阴暗的岩洞里准确无误地飞行,这是什么原因?"

学者:"因为它的眼睛特别敏锐,能在微弱的光线下看清周围的障碍物。"

教授:"为什么蝙蝠能在黑夜里穿过茂密的森林?"

学者:"也许它有异常的夜视能力。"

教授："当我们把它的双眼遮住时,或者让它失明,它仍能正常飞行,这又是为什么?我们若去掉它双眼的蒙罩,将它的双耳遮住,它飞行时就会到处碰壁,这又该知何解释呢?"

学者无言以对,只好承认教授的发现是正确的。

教授在这里正是应用了因果论证的方法通过结果来探求原因,进而得出了不可辩驳的结论。由此可以看出:在被观察现象出现和不出现的几个场合中,其他的情况都相同,只有一个情况不同,我们就可以借此得出结论,这个不同的情况就是被考察现象的原因。

案例 4-4:

帕拉梅德斯是古希腊的英雄,却被奥德赛诬陷犯有卖国反叛罪。为了证明自己的清白,他说:"出卖希腊这件事,即使我能够,我也不愿意;即使我愿意,我也不能够,请你说说如果没有勾结与串通,这事件又怎么能发生?如果外帮人没有派人到我这里来,而我也没派人到他那里去,这件事是用什么方式串通的?如果没有串通,……用什么方式联系的?谁跟谁联系?希腊人与外邦人?互相怎样听和说?是一对人单独谈吗?"

这一串的因果关系的质疑,证实了帕梅德斯的清白无辜。他不懂外语,无法单独与外邦人谈,也没有派人去谈,也没有请人来谈,即使愿意也无法谈,又怎能出卖希腊?

(三) 进攻的技巧

进攻主要是指针对对方的论点、论据、论证进行驳斥。在辩论中经常组织有力的进攻能使自己处于主动地位,可加强气势,避免被动挨打。这在辩论中是最难把握的,其技巧是丰富多彩的,其情态环境又是千差万别的,作为辩手如何在具体的情态环境中准确而巧妙地使用某一进攻技巧,使之天衣无缝,恰到好处,这是一位辩手水平的充分体现。从辩论的情态环境上看,进攻一是主动进攻,一是被动反击。然而在激烈的辩论中,言来语挡反复冲杀是很难仔细辨出哪是主动的,哪是被动的,常常是临机使用,相辅相成,互为犄角,组合成一个有机整体,对论敌进行进攻。下面列举几种进攻的技巧。

1. 先发制人法 兵法云:"先发制人后发制于人"。双方舌战,当一方握有充分论据、抓住有利时机,在另一方意想不到的情况下,首先采取行动,突然袭击,扰乱其心绪,打乱其阵脚,先声夺人而制胜,这是辩论中常用的有效方法。运用先发制人的方法应该注意语言句句在理,无可辩驳,事实确凿,无懈可击。否则,将给论敌提供依据,陷本方于被动。

2. 针锋相对 就是将对方提出的问题,毫不留情地予以揭穿,并逐条加以驳斥。针锋相对要求突出针对性,针对性越强,起到的作用也就越大,效果也就越明显。

案例 4-5：

有一次，英国保守党议员乔因森·希克斯在议会上发言，看见丘吉尔在摇头表示不同意，便忍不住说："我想提请尊敬的议员注意，我只是在发表自己的意见！"丘吉尔答道："我也想提请演讲者注意，我只是在摇自己的头。"

既然一方有发表自己观点的自由，另一方当然也有不同意的自由，针锋相对这一技巧的力量寓于幽默之中。论战中，针对对方论点的要害，揭露其言论或行为的实质，在正面强攻中可显示出强大的力量。

案例 4-6：

1983 年美国国务卿舒尔茨访问我国，邓小平同志会见了他。双方在谈到湖广铁路债券案时，邓小平指出所谓湖广铁路债券案纠纷，不过是某些人荷包里装着东西，随时可以拿出来在中美关系中制造麻烦，美国政府应制止这种行为。

舒尔茨辩解：美国的司法制度是独立的，政府无权过问，起诉的那个美国人无非是想索取一些赔偿，而非制造事端。

邓小平同志当即驳斥说："如此说来，美国实际上有三个政府——国会、内阁、法院。叫大家究竟同你们哪个政府打交道才好？如果说，美国人有权向我们索取赔偿，那么我们中国人民一百多年来遭受帝国主义侵略压迫，蒙受了那么大的损失，难道不可以判你们都来赔偿？如果你们一见面就提出这个问题，还谈得上什么发展关系呢？！"

邓小平同志针对舒尔茨的论点，从多层面剖析，揭示了其实质问题而予以有力的反驳。

案例 4-7：

针锋相对法。意即当诡辩者引用名言佐证时，反驳者则"以其人之道，还治其人之身"，也引用名言论证反驳。这样便把对方给你施加的难以辩驳的窘况，如法炮制地施加给对方。有一次，几位男女朋友相聚，争辩起家庭教育中父母责任问题，女同胞一致认为父亲作为家长应承担主要责任，男同胞多数则持相反意见，双方都言之凿凿，相持不下，无论东道主如何"调和"（阐明两者都重要）都无济于事。忽一女同胞说："我国古语就说了养不教，父之过而不说母之过，可见做父亲的肩负着教育子女的主要责任。"言者有点得意。男同胞们一时语塞，东道主连忙反驳："这也不尽然。我们知道法国著名思想家卢梭，他在著名的教育著作《爱弥儿》中指出：母不母，则子不子。说明母亲对教育子女也负有责任。"这下，女同胞也语塞了。东道主接着阐明自己观点，"我们都可以证明父亲和母亲对教育子女有重要作用与责任，但是只强调一方而否定另一方，或者把责任推给另一方都是片面的。正如鲁迅所说：父母对于子女，应该健全的产生，尽力的教育，完全的解放。"这样旁征博引地反驳与论证，容易使对方心服口服。

3. 反诘疑问 就是指在论辩中巧妙地运用反诘疑问来或论或驳，使对方猝不及防，入彀就范。这种论辩方式在论辩中也是被经常用到的。下面我们来看一下反诘疑问在论辩中的实际运用。（反方一辩）：……我是学中文的，如果西昌发射中心需要文秘人员，我愿意到那儿去贡献我的才智。（掌声）……而对方辩友一再要求我们发挥个人专长，我倒要请问：当你在人才市场上压根儿找不着专业对口的岗位时，难道人到黄河心还不死么？当你好不容易发现一个能发挥自己专长的岗位，然而，竞争者如云，而你又不出类拔萃时，为什么就不能退一步海阔天空，何必千军万马去挤独木桥呢？当你面对由于种种现实困难而不得不改行转业的情况时，为什么就不能多一分同情谅解，少一分批评指责呢？……

（正方二辩）…我从没有想到对方辩友一开始就证实了我方的观点。对方辩友是学中文的，但是她说到西昌搞什么？搞文秘，这不正是发挥你的专长么？如果学中文……（掌声打断）的同学，我让你去搞飞行器的研究，你能搞得了么？（掌声）……

这是 1994 年"长虹杯"全国电视辩论赛第一场比赛中的辩词，双方在辩论中都多次用到反诘疑问这种论辩技巧。再如佛学典籍《传灯录》中记载了这么一个故事：

一位姓崔的相公在寺庙里看见鸟雀在佛像头上拉屎，便故意问这个寺庙里的大师："这些鸟雀有佛性吗？"这位大师根据佛学的基本原则肯定地说："有佛性。"

于是这位崔相公紧紧抓住这一点继续问："既然这些鸟雀有佛性，为什么还在佛像上拉屎？"这个问题提得非常尖锐，难以回答。哪知这位大师非常聪明，他没有正面回答，只巧妙地提出了一个反问："它们为什么不在鹞子头上拉屎？"轻易而自然地把这一尖锐矛盾避开了。这一反诘，言简意赅，避免了许多无谓的争辩，又从侧面证明了这些鸟雀是有佛性的。

4. 巧藏问机法 论辩之时，向论敌发问，是一种具有很大威慑力的方法。它可以"将"住对方，逼迫对方就范，迫使对方陷入自相矛盾、进退维谷、不打自招的境地。发问有如下几种方法：一是逼问，语气肯定，连续发问，环环相扣，迫使对方非答不可。"是这样吗？"，"还有呢？"，"还有没有？"等等；二是诱问，选择对方的疑点发问，诱使对方自己解开疑难。即言此意彼，先提出一个或几个问题，引诱论敌说出或同意你的观点，然后伺机运用类比、二难推理等方法，提出对方行为与观点，前言与后语的相悖谬之处，使论敌陷入圈套之中而无法争辩。其特点是：巧设圈套，请君入瓮，"以子之矛，攻子之盾"。它极富雄辩性，一鼓而下入城池。使用诱问要注意设好圈套，巧布疑阵；避轻就重，一语中"的"；逻辑严密，前后一致；水到渠成。

5. 直驳论点法 就是依据事实或客观真理对对方的论点直接进行驳斥，指出对方的论点违背事实或真理，缺乏科学根据，从根本上给对方以有效的打击。论点是辩论的核心与灵魂，抓住对方论点存在的缺陷进行有效的驳斥，使之不能成立，那么对方即使论据准备再充分却也无从辩起了。

案例 4-8：

毛泽东同志在反驳艾奇逊的谬论时说："革命的发生是由于人口太多的缘故吗？古今中外有过很多的革命，也是由于人口太多么？中国几千年来的很多次革命，也是由于人口太多吗？艾奇逊的历史知识等于零，他连美国独立宣言都没有读过。华盛顿、杰佛逊之所以举行反英革命，是因为英国人压迫和剥削美国人，而不是什么美国人口过剩。中国人民历次推翻自己的封建朝廷，是因为这些封建朝廷压迫和剥削人民，而不是人口过剩。俄国人所以举行二月革命和十月革命，是因为沙皇和俄国资产阶级的压迫和剥削，而不是什么人口过剩，俄国至今还是土地过多人口很少。蒙古土地那么广大，人口那么稀少，照艾奇逊的道理是不能设想发生革命的，但是却早已发生了。"

这里所列举的古今中外发生革命的事实，有力地论证了：革命的发生绝对不是由于人口太多的缘故，对艾奇逊的观点进行了直接反驳。

6. 引申归谬法　这是一种以退为进,导入荒谬,然后再反戈一击,驳倒对方的辩论方法。即为了否定对方的观点,却有意地先肯定,并以此为起点,进行合乎逻辑的推论,结果推出了一个非常荒谬的结论,这时,对方的观点或论据便不攻自破了。

7. 二难推理法　所谓二难反驳就是指在论辩过程中,己方提出一个只有两种可能性的命题,迫使对方做出选择,而任何一种选择都于对方不利,使之进退维谷。二难反驳是以二难推理为理论基础的论辩技巧,其中包含着复杂的思维过程,在实际应用中,有着很强的辩驳力。我们来看下面这个例子:

有一次,华盛顿家里丢了一匹马,他得知马是被一个邻居偷去了,于是他同一个警察来到邻居家的农场想要回自己的马,但是邻居说马是自己的,拒不归还。由于没有证据,双方僵持不下。忽然,华盛顿灵机一动,走到马跟前,用双手蒙住马的双眼,对邻居说:"如果马是你的,那么请你告诉我们,马的哪只眼睛是瞎的。"

邻居说:"右眼。"

华盛顿放开蒙住右眼的手,马的右眼并没有瞎。邻居一看,有些紧张,他改口说道:"我说错了,我刚刚的意思是想说马的左眼是瞎的。"

华盛顿又放开蒙住马左眼的手,马的左眼也不瞎。邻居变得哑口无言。

警察说:"事实证明马不是你的,你必须将马还给华盛顿。"

在这里,华盛顿就是利用了两难选择,来设立一个圈套诱使邻居上钩,暴露出偷马的事实。

再如有人在反驳"上帝万能论"时提出这样一个问题:"上帝能否创造出一块他自己举不起来的石头呢?"这个问题就是一个典型的二难推理的应用。无论回答者承认与否,都会证明"上帝"不是万能的。如回答能够创造出来,那么上帝又不能举起这块石头,所以也就有了上帝做不到的事情;回答不能创造出这块石头,很明显,上帝也就不是万能的了。

由以上我们可以看出,二难反驳这种技巧可以迫使对方陷于进退两难的境地,明显表现出论辩者进攻的锋芒和力量,恰当地运用则能够使之成为一种有效的制胜武器。

8. 幽默反击法　当面对对方的恶语攻击时,就地取材,利用对方的技法,针锋相对,在不回避原论题的情况下,用幽默的语言来回击对方,达到"以其人之道,还治其人之身"的效果。

有时,在辩论中对方为影响你的情绪、扰乱你的思路,故意使用一些带有恶意攻击性质的过激言辞,如具有污辱性、挑衅性的,甚至于诽谤性的言辞,以求在你情绪波动、失去理智的情况下达到战胜你的目的。当面临这种情况时,可以适时地利用幽默反击术来给予对方以有力回击。这种方式运用恰当既可以不失自身风度,又能取得意想不到的效果。我们来看下面这几个例子,通过这几个例子,我们就可以明白什么是幽默反击。

案例 4-9:

古时候,一个雪天的清早,长工老张披着一张羊皮在财主家的院子里扫雪。财主看见后,想借机挖苦老张,于是他冲着老张大声吆喝道:"喂,穷鬼,你的身上怎么长出了一张兽皮?"

老张听出了财主的话外之音,不由心里非常气愤,但他没有表现出来,反而笑呵呵地回道:"老爷,你的身上怎么长出了一张人皮?"

在这里,长工老张只换了一个字,将"兽"字换成了"人"字,就把财主老爷的恶毒语言如数回敬给财主老爷自己。

案例 4-10：

　　前苏联伟大的诗人马雅可夫斯基曾与反对苏维埃政府的人进行辩论。反对者问："马雅可夫斯基，你和混蛋差多少？"马雅可夫斯基怒而不露，不慌不忙地一直走到反对者跟前说："我和混蛋只有一步之差。"在场的人都哈哈大笑起来，那个恶语相向的反对者则如哑巴吃黄连——有苦说不出了。

　　与此相仿的例子还有很多，比如下面这个发生在歌德身上的事也充分体现出幽默反击的强大效果。

案例 4-11：

　　有一次，歌德在魏玛公园散步，当时他正走在一条仅能通过一个人的小路上，迎面走来一个极不友善的人冲着歌德喊道："嘿，我向来没有给傻瓜让路的习惯。"歌德连忙让到一旁，笑容可掬地说："我恰恰相反。"

　　歌德仅用一句话就把"傻瓜"的帽子从自己的头上摘下来，戴到对方头上了。

　　从上面这三个例子我们可以看出，当别人恶语攻击时，如果我们仅就事论事地用"我不是兽，你才是呢！"、"你是混蛋"、"你才是一个地道的傻瓜"等诸如此类的回答来还击对方时，就显得有气无力了，而且有些时候还会越抹越黑，使自己陷于尴尬之境。相反，如果使用幽默反击的方式却可以显得犀利异常，又不失风度，能取得非常好的效果。当对方恶语似箭、来势凶猛时，最重要的就是要保持镇定自若，处变不惊、不怒，从容不迫地以幽默为武器，才可以给予对方以致命的打击。

（四）防卫技巧

　　辩论中的防卫有两方面的含义：一是指在对方进攻之前做好防护工作，二是在对方进攻之后做好防御工作。前者是尽量不给对方可乘之机，后者是赶紧补漏，亡羊补牢，防止一损俱损。常见的防卫技巧主要有：

　　1. 加固"堡垒"法　最直接的防卫措施就是加强己方观点的坚固性，获得初步胜利时不能满足，而应进一步巩固成果，或不时地重复已被公认的于己有利的证词进行强调，或补充新的材料，加固观点的支柱，将人们的支持牢牢地吸引在我方这边。总之要使对方在我们固若金汤的"堡垒"面前望而却步，攻而不下。

　　2. 模糊回答法　所谓模糊回答，是一种使用含义不确定的模糊语言不让对方精确地把握答语所有含义的方法，常用于外交辞令中。如常有某国领导人"高兴地接受了邀请，在方便的时候"访问某国的说法。这里的"方便"并无确切含义，可以灵活解释。可见在特定场合，模糊语言用得合情合理，恰如其分，就能为我所用，牢牢地守住自己的阵地，使对方难以辩驳。

　　3. 避重就轻法　辩论中不宜在于己不利的问题上过多纠缠，否则会疲于应对，步步后退，而应扬长避短，在自己的强项上与之周旋；另外，面对对方的责难应避重就轻，避开严重的错误，致命的追问，对那些无伤大局的问题给予轻描淡写的回答后，便立刻转换话题，转入对自己有利的方面。

　　4. 间接反驳法　在论辩中，本方先承认某一结论，再摆出事实推理，进而否认这一结论是谬误。使用这种方法,常常是迫于某种情势,遇到不宜正面出击的难题,只好避其锋芒,将纠缠不清的问题辩清楚。间接反驳的另一种方式是从反面入手,调换一下角色,指出在相反情况下,必然得出另一个相应的结果,而论敌又不愿接受相反情况下的结果,那么论敌推论的结果便不攻自破了。

案例 4-12:

齐景公去署梁打猎,十八天不回国,晏子去见齐景公。

晏子说:"国内的人都以为君王专心于野外射猎而不安心于国家政事,喜欢鸟兽而不喜欢民众,这样不行啊!"

齐景公说:"怎么不行啊? 关于夫妇诉讼的事有子牛承办,关于祭祀、社稷宗庙的事有子游承办,关于辟田耕种、粮食收藏的事有申田承办,关于国家调剂有余、补充不足的事有你承办。我有了你们四个管事的大臣,就像心脏有了四肢一样,四肢辛勤劳作,心脏就得以休息安逸。现在有了你们四个人在那辛勤劳作,我就得以休息安逸,难道不可以吗?"

晏子回答说:"我的看法与你相反。有了四肢的辛勤劳作,心脏就可以休息安逸。但四肢离开了心脏则不能工作,何况已经十八天了,不是太久了吗?"

于是,齐景公罢猎归国。

齐景公用心脏与四肢的关系打比方,着眼于四肢的功能、职责,以此为喻,证明只要手下的臣僚们各司其职,勤奋工作,国君就可以放心地离国游乐了。晏子敏捷地接过齐景公使用的论据,也用心脏与四肢的关系打比方,但从反面取义,着眼于心脏的功能与职责,以此证明,国君是臣僚们的主宰,即使臣僚们辛勤工作,国君也不该纵情游乐,久不归国。

五、辩论口才的培养

俗话说:宝剑锋从磨砺出,梅花香自苦寒来。论辩口才的培养不是一朝一夕的事情,要想取得超人的论辩口才,必须付出超人的代价。我们来看一下 1994 年"长虹杯"全国电视辩论大赛中冠军获得者南京大学代表队在赛前集训时的情况:

4 天就要完成一个辩题,听讲座、看资料、理框架、分辩位、写辩词、设计自由辩论,预赛,总结修改……满满当当,喘息无暇。上午做卡片,下午讨论底线,晚上看辩赛录像。每天、每个钟点都被纳入计划,没人可以奢望轻松。……清晨,天刚泛白,C 楼 301 教室里已有人朗诵练声,而月挂中天,星夜阑珊的时候,宿舍里还有人伏案疾书,沉思默想。

这只是赛前的一个场景,论辩能力的获得,其实更重要的是日常的积累与练习。"台上十分钟,台下十年功。"只有付出了辛勤的汗水,才会有丰硕的收获。论辩口才的培养,离不开努力学习与刻苦锻炼。要想成为一名优秀的辩手,具有良好的论辩口才,在论辩中能够出口成章,首先就要明白怎样才算得上是"优秀辩手",也就是成为一名优秀辩手要具有什么样的素质。

(一) 优秀辩手应具备的素质

1. 思想素质 辩论是辩论者表达自己思想的一种途径和形式,它不单纯是语言游戏、说话技巧或智力游戏。中国有句古话:"善歌者,使人继其声;善教者,使人继其志。"辩论也是如此,它主要通过辩论的方式辩明一定的道理,传达一定的思想,其目的也是要使人闻其言而"继其志"。所以说,一个辩手的思想观点如何,将决定辩论者辩论的成败。

(1)对真理的执著追求是对一名辩手的最基本的要求:古往今来大凡有力的辩论,无不是以强大的追求真理的勇气做出的,而不是一时的小聪明所决定的。所以说,辩手一旦认定自己的思想观点正确,就必须维护它、坚信它,不因外在的影响而改变,而要克服各种困难去据理力争。

(2)以理服人是优秀辩手所应具备的思想素质之一:辩论是一种思想交流的方式,虽然带有对抗性,但是双方必须通过摆事实、讲道理来使对方接受自己的观点,统一认识,而不是谁的声音大谁就有理,或谁的地位高谁就有理。辩论一旦突破以理服人这一准则,以强权代替真理、以强盗逻辑取代理性的较量,那么辩论也就失去了正常意义而成为闹剧。

案例4-13:

"文革"中,著名作家赵树理常常被揪斗。一次,赵树理据理反驳,造反派被驳得无词可辩,最后只得使出强迫"画供"认罪这一招。他们把强加给赵树理同志的种种罪名罗列在纸上,强迫赵树理签字承认。赵树理拿起笔来写道:"你说我是我就是?"打手们一看这几个字,如获至宝,一把抓住那张纸,说:"赵树理,这可是你白纸黑字亲自写上的,说话可要算数。明天到大会上向群众交代你的罪恶,不许赖账!"赵树理说:"一定算数,决不赖账!"

第二天,批斗会一开始,造反派头目拿着那张纸叫道:"经过我们的批斗,顽固分子反动作家赵树理终于承认了他是罪恶累累的反革命修正主义分子……现在把他押上来让他亲口向革命群众交代!"

赵树理被押到台前,他对着麦克风响亮地说:"我没有承认!"

造反派一愣,拍案嚎叫:"混蛋!这不是你的亲笔供词?"

"我写的是'你说我是我就是?'。"

"这不算你承认了,算什么?"

赵树理说:"你就没看我写的那句话后边用的是问号?"

顿时台下哄然大笑。那几个造反派闹了个没趣,只好灰溜溜地收场。

在这里,正因为赵树理同志坚持真理,所以才会如此机智,不畏强权,在对方以强权代替真理、以强盗逻辑取代理性的较量的情况下,依然不为所动,坚持着自己的信念。

(3)尊重人格,不进行人身攻击:正常的辩论是双方处于平等地位,围绕事理展开的,是以明是非、辨事理为目的的,所以在辩论过程中不能脱离正常的争论而对对方人格或生理缺陷进行恶语攻击,这也是作为一名优秀辩手所应具备的一项基本的思想素质。

我们在前边所举的马雅可夫斯基的例子就是对人格的攻击:马雅可夫斯基在与反对苏维埃政府的人进行辩论时,反对者问:"马雅可夫斯基,你和混蛋差多少?"反对者的提问就是对马雅可夫斯基人格的污辱,从而使辩论的性质发生了变化。

2. 知识素质　广博的知识是深刻思想的源泉,辩论者在台上侃侃而谈,或引经据典,或旁征博引,思想深刻、字字珠玑,这些如果离开浓厚而广博的知识基础是不可想象的。在实际辩论中,辩手遇到的问题可能是多方面的,或历史、或地理、或政治、或哲学等,这就需要辩手除术业有专攻之外，还要博采众家之长，广泛涉猎其他各学科，对各方面都要有所了解。博闻强识是一名优秀辩手所应具备的素质之一，只有视野开阔、学识渊博，在辩论中才能将各种资料信手拈来，以为己用，用充分的事实、典故来说明道理，用生动形象的故事、准确严谨的数字来证明论点。

我们来看这段辩词：

首先，我要感谢正方同学。正方说，不能轻公利。其次，我要问，义，是不是天上掉下来的林妹妹，有没有脱离利的义存在呢？荀子说："人有气有生有知，……才为天下贵。"那么，气、生、知是不是义的前提和基础呢？……进入阶级社会后，不同阶级之间的搏杀，又有哪一次不是为了经济利益？从斯巴达克斯、陈胜吴广的揭竿而起，到法国革命、辛亥革命的正义枪声，又有哪一次不是源于利益冲突呢？至于人与自然的斗争，更是反映了人类对利益的孜孜追求。大禹治水、李冰修堰、哥伦布航海、加加林航天，这一些，难道仅仅是为了空洞的义吗？……从孔子的克己复礼，到董仲舒的"正其谊不谋其利，明其道不计其功"；从程颐"饿死事小，失节事大"，到朱熹的"存天理，灭人欲"，重义轻利学说经历代统治者倡导，越来越把利和义对立起来，发展为脱离利益的禁欲主义……

在这段辩词中，辩手引用了大量事例来证明论点，有力地驳斥了对方论点，其中涉及文学、历史、哲学、经济学等多学科知识，充分反映出辩手知识面的宽广和知识积累的深厚。

3. 艺术素质　所谓艺术素质就是指我们在前文中所讲述的辩论的技巧。我国著名的数学家陈景润在数学领域做出了杰出的贡献，早年他曾当过一段时间的数学教师，但因为他不善于用语言准确地将他所掌握的数学知识表达出来，而被他任教的学校所不容，从这个角度上说，他不是一名合格的教师。同样道理，并不是说具备了深刻的思想、广博的学识就是一名优秀辩手。作为一名优秀辩手必须具备一定的辩论技巧，即我们这里所说的艺术素质。

（二）培养和提高辩论能力的途径

1. 日常的学习和积累　辩论是表现口才的全能形式，辩论的才能是人的天赋的转换，是人的知识、经验、机智、勇敢、敏捷和辞令的综合反映。辩论的智慧与才干不是生来就有的，它产生于一定的客观环境，产生于后天的刻苦训练，它需要不断认识、开发与创造。

辩论成功的关键是统一双方的观点，达到一致认同，而不是强词夺理，以势压人。辩论的才能不能滥用，否则，它将与诡辩、虚伪、欺骗和狡猾联系在一起，而失去辩论的真谛。

从前文我们可以看出，辩论的基本素质和能力通常包括系统广博的知识结构、坚实的理论基础、科学的世界观和思想方法、敏捷的思维、良好的心理素质和语言表达能力、应变能力等。这些都需要一个人在日常进行不断地学习积累，不断地磨炼和完善。只有从日常的点滴做起，博览群书、广泛涉猎，知识才会日益丰厚起来。俗话说："十年磨一剑"、"根扎多深，树就长多高"就是这个道理。

2. 赛前的突击强化　在具备了辩论知识和能力的前提下，还要进行辩论专业技能的学习和训练。有一些辩论素质和能力要在辩论前进行有针对性的强化训练，才能得到有效的提高。曾经获得"长虹杯"全国电视辩论大赛中，冠军获得者南京大学代表队在赛前所做的为期40天的强化训练安排：

早晨6:30发声与语音训练。队员们闻鸡而起，练朗诵，练声调，练语音，对着大镜子调整口形，互相纠正发音和表达，学习掌握在一篇材料内，变换感情、语调、语速叙述等，力争声情并茂,情理兼容,伸缩变化自如……

下午2:30抽签对辩。一个辩手如果没有好战的心理,缺乏灵敏的现场感应,不能在1分钟甚至几秒钟内调动知识积累迅速进入角色,进而以巧妙的策略展开自己的理论逻辑,那么辩赢对手只能是梦想。为此,教练坚持天天对辩,在教室正中的条桌上,摆着一个杯子,里面摆满教练设计的辩签,两位队员随意抽签开辩。每位只给40秒的时间思考,随即开战,不战到天昏地暗,承教练首肯,双方都不肯停下。对辩结束,教练点评:立论的偏颇,展开的笨拙,重要论据的疏漏……如此等等,一番抨击。队员们也发表意见,最后辩手若有所思,幡然觉悟。这种两人对辩,后来逐步发展成一对二、二对四、三对三的混合花样双打……

晚上7:30纠谬与反应训练。犀利的目光、快捷的反应是一位辩手在自由辩论中表现出色的基本标志。为了练就队员准确的判断和应答技巧,教练拿来了一些经典论著,抽取其中某一片段或者翻开《名言大观》选取培根、王尔德、罗尔斯等名人的语录,即读即问,队员于落音之际,迅速做出反应,指出它们或观念、或逻辑、或语言上的偏颇与荒谬。真理总是相对的,思维空间本是无限的,敢于怀疑,勇于批判,才能确立和创造。正是沿着这个思路,队员们逐步养成了发散思维、逆向思维、否定思维的习惯,出口成章,"头头是道",而对他们的机警和敏感,苛刻的教练们常常报之以40分、50分的评价,纠谬训练一月,竟无一人及格过。

正是这种严格的强化训练,才使南京大学代表队在该次辩论赛中一举夺魁。

再如法庭辩论,公诉人、辩护人也要围绕案情进行辩前的准备,通常也要进行"短期突击",查阅和学习相关法律、研究案情、设计辩论方案和辩词。像这样联系实际情况的辩前准备,由于精力集中,指向明确,思维状态高度集中,因而对于提高自身辩论能力非常有益。

3. 实战对抗　辩论交锋既是决定胜负的过程,也是提高辩论能力的大好时机。俗话说:"百闻不如一见",只有经过实战,才能深刻体会到其中的奥妙,真正掌握辩论的规律,提高辩论能力。同时,参加实战,对辩手的心理素质、知识的积累程度、反应的敏捷程度等都是一次良好的考验,通过参加辩论,辩手无论胜负,都会从中吸取经验和教训,从中发现自身存在的不足,然后去努力提高。对辩手来说,多次参加实战是提高自身辩论能力的最佳途径。

思考题与实训

1. 辩论赛获胜技巧

2. 就某一辩题自己充当正反两方来据理力争,在三分钟内完成正反双方的十次转换。如:钱是不是万恶之源;有才无德的员工不能用——有才无德的员工可以用;网络语言会丰富中国语言——网络语言会冲击中国语言。

3. 请为以下即将掉进对方话语"陷阱"中的主人公"圆场"

(1)英国诗人乔治·莫瑞是一位木匠的儿子,他颇受当时英国上层社会的尊重。他从不隐讳自己的出身,这在当时的英国社会是很少见的。

一天,一个纨绔子弟与他在一处沙龙相遇,嫉妒一场,欲中伤诗人,便高声问道:"对不起,请问阁下的父亲是不是木匠?"

诗人回答:是的。

纨绔子弟说:那你的父亲为什么没有把你培养成木匠?

如果你是诗人,你会如何作答?

(2) 市场上有个卖肉的人为了多卖点钱,在给顾客剁肉时总是尽量多带些骨头,有的顾客不满意,说:"你给我这么多骨头干嘛? 我是买肉又不是买骨头!"卖肉的说:"没有骨头哪来的肉?"

这是一句明显不讲理的话,但买肉的顾客往往无言以对,只好忍气吐声。如果你遇到这样的情况,你该怎样驳斥卖肉的人?

(3) 一个药剂师走进一家书店,从书架上拿起一本书问营业员:这本书好看吗,不好意思,没读过,营业员回答,你怎么可以卖自己没读过的书呢? 药剂师很生气。如果你是营业员,你将如何回答?

第 五 章　毕业论文答辩口才

一、毕业论文答辩的程序和目的

(一) 毕业论文简述

在毕业论文答辩时,答辩老师首先要求你简要叙述你毕业论文的内容。叙述中要表述清楚你写这篇论文的构思(提纲),论点、论据、论述方式(方法)等,一般10分钟。答辩老师通过你的叙述,了解你对所写论文的思考过程,考察你的分析和综合归纳能力。

(二) 现场答辩

答辩老师向你提出2~3个问题后,做即兴答辩。其中一个问题一般针对你论文中涉及的基本概念、基本原理提出问题,考查学生对引用的基本概念、基本原理的理解是否准确。第二个问题,一般针对你论文中所涉及的某一方面的论点,要求结合工作实际或专业实务进行讲(论)述,考察你学习的专业基础知识对你实务(实际)工作的联系及帮助,即理论联系实际的能力。第三个问题,根据学生一定工作经验,提出专业理论或实务中的问题,引导学生以工作实践中遇到的案例和实务,研讨理论依据或当前所学专业发展中的诸多问题及热点问题,考查学生专业方面的潜在能力。

毕业论文答辩的目的,就是检查毕业生是否是认真独立完成的毕业论文,考察毕业生综合分析能力,理论联系实际能力,专业方面的潜在能力。答辩老师结合毕业生现场答辩情况评定答辩成绩。

二、答辩前的准备

毕业论文答辩是一种有组织、有准备、有计划、有鉴定的比较正规的审查论文的重要形式。是对大学生几年学习情况的一个综合测评。对于每一位即将本科毕业的同学,在完成毕业论文后都要参加毕业论文答辩,这是完成本科学业的教学环节中的重要组成部分。如何准备和参加毕业论文答辩,是每位同学十分关心的事情。为了搞好毕业论文答辩,在举行答辩会前,答辩者(撰写毕业论文的作者)要做好充分的准备。

要保证论文答辩的质量和效果,关键在答辩者一边。论文作者要顺利通过答辩,在提交了论文之后,不要有松一口气的思想,而应抓紧时间积极准备论文答辩。

（一）准备参加答辩会所需携带的用品

1. 论文的底稿和主要参考资料　答辩时虽然不能依赖这些资料，但带上这些资料，当遇到一时记不起来时，稍微翻阅一下有关资料，就可以避免出现答不上来的尴尬和慌乱。

2. 笔和笔记本　记录答辩老师所提出的问题和有价值的意见、见解。通过记录，不仅可以减缓紧张心理，而且还可以更好地吃透老师所提问的要害和实质是什么，同时还可以边记边思考，使思考的过程变得很自然（以后要准备 PPT 以备辅助介绍）。

3. 服饰　衣冠整洁、庄重，男生如穿短袖衬衣，最好打领带，女生穿着尽量职业化些为好。衣着能给答辩老师一个最直接的印象，即你对答辩的重视程度。

（二）熟悉自己所写论文

作为将要参加毕业论文答辩的同学，首先而且必须对自己所著的论文内容有比较深刻的理解和比较全面的熟悉。要熟悉自己所写论文的全文，尤其是要熟悉主体部分和结论部分的内容，明确论文的基本观点和主论的基本依据；弄懂弄通论文中所使用的主要概念的确切含义，所运用的基本原理的主要内容；同时还要仔细审查、反复推敲文章中有无自相矛盾、谬误、片面或模糊不清的地方，有无与党的政策方针相冲突之处等等。如发现有上述问题，就要做好充分准备——补充、修正、解说等。只要认真设防，堵死一切漏洞，在答辩过程中，就可以做到心中有数、临阵不慌、沉着应战。

当然，通过独立思考，反复推敲，按自己的构思动手写成的论文，你一定是熟悉的。但有的同学仅是把收集来的资料"粘贴"成论文，提交论文时，本人没有认真读一遍，交出的论文漏洞百出。还有的毕业论文给人感觉写得不错，但答辩时却一问三不知，显然对这篇毕业论文不熟悉。所以参加毕业论文答辩，首先要熟悉自己所写论文。主要从以下几个方面准备：

对自己所写论文中涉及的专业基本概念和原理，在答辩前最好一一整理出来。比如，论文中我的第二个论点中涉及了某个基本概念，这个基本概念的内容我参考了某"专业书"的第几页，内容是什么，整理好备用。

结合所写论文的论点，在答辩前，收集一些资料。比如，很说明问题的好案例；比如，在你实际工作中遇到的实例等。

在当前所学专业发展中的诸多问题及热点问题方面。平时多关注所学专业当前的政策研究、热点问题的讨论。具体是：

（1）自己为什么选择这个课题？

（2）研究这个课题的意义和目的是什么？

（3）全文的基本框架、基本结构是如何安排的？

（4）全文的各部分之间逻辑关系如何？

（5）在研究本课题的过程中，发现了哪些不同见解？对这些不同的意见，自己是怎样逐步认识的？又是如何处理的？

（6）论文虽未论及，但与其较密切相关的问题还有哪些？

（7）还有哪些问题自己还没有搞清楚，在论文中论述得不够透彻？

（8）写作论文时立论的主要依据是什么？

对以上问题应仔细想一想，必要时要用笔记整理出来，写成发言提纲，在答辩时用。这样才能做到有备无患,临阵不慌。

三、答辩技巧

(一) 答辩一般构成

1. 自述报告要领　学生首先要介绍一下论文的概要,这就是所谓"自述报告",需强调一点的是"自述"而不是"自读"。这里重要的技巧是必须注意不能照本宣读,把报告变成了"读书"。"照本宣读"是第一大忌。这一部分的内容可包括写作动机、缘由、研究方向、选题比较、研究范围、围绕这一论题的最新研究成果、自己在论文中的新见解、新的理解或新的突破,做到概括简要,言简意赅。不能占用过多时间,一般以十分钟为限。尽量做到词约旨丰,一语中的。要突出重点,把自己的最大收获、最深体会、最精华与最富特色的部分表述出来。

2. 听取教师提问时的要领

沉着冷静,边听边记;

精神集中,认真思考;

既要自信,又要虚心;

实事求是,绝不勉强;

听准听清,听懂听明。

3. 回答问题时的要领　思考每个问题所要答的"中心"、"症结"、"关键"在哪里?从哪一个角度去回答问题最好?应举什么例子来证明?回答问题的内容实质是一段有组织的"口头作文"。这就要求:一、文章应有论点、论据,二、有开头主体与结尾,三、有条理、有层次,四、应用词确当,语言流畅,五、应口齿清楚、语速适度。开头要简洁,单刀直入,是最好的开头,开门见山地表述观点,在答辩中是最好的办法。主体部分的表述可条分缕析,即把所要回答的内容逐条归纳分析,实际上是对自己掌握的材料由此及彼、由表及里地做整理。这样的表述就不会流于表面,而能深入本质。条分缕析可以把自己掌握的一些实际例子合并,整理成若干条目,列成几个小标题,分成几点,一点一点、一条一条地说出。环环相扣,条条相连,令人听完后有清楚的印象。假如在准备的时候已经准备了一个较完整的提纲,那么沿着回答问题的主线,再穿上一些玉珠(举例子)就可以做到中心明确,条理清楚,有理有例了。

(二) 答辩应注意的几个问题

1. 开场白　答辩开始时要向专家问好,开场白是整个论文答辩的正式开始,它可以吸引注意力、建立可信性、预告答辩的意图和主要内容。好的开始是成功的一半,要切合主题,符合答辩基调,运用适当的语言。应避免负面开头,如"我最近找工作压力太大,准备不充分……""我工作太忙,准备不太好……"等自我辩解语言,既不能体现对答辩委员会专家的尊重,也是个人自信不足的表现,答辩者在各位专家的第一印象中大打折扣。牢记谦虚谨慎是我国的传统美德,但是谦虚并非不自信。同时也要避免自我表现,洋洋得意,寻求赞赏。过度的表现会引起答辩委员会专家的反感,如"经过这么多年的思考,我认为我的这种制度设计已经达到最科学,最完美的……"等。

2. 紧扣主题　在校园中进行毕业论文答辩,往往辩手较多,因此,对于答辩委员会成员来说,他们不可能对每一篇论文内容有全面的了解,有的甚至连题目也不一定熟悉。因此,在整个答辩过程中能否围绕主题进行,能否最后扣题就显得非常重要了。另外,委员们一般也容易就题目所涉及的问题进行提问,如果能自始至终地以论文题目为中心展开论述就会使评委思维明朗化,对你的论文加以首肯。

3. 人称使用 在毕业论文答辩过程中必然涉及人称使用问题,尽量多地使用第一人称,如"我"、"我们",即使论文中的材料是引用他人的,用"我们引用"了哪儿的数据或材料,特别是毕业论文大多是你自己写的,所以要更多使用而且是果断地、大胆地使用第一人称"我"或"我们"。如果是这样,会使答辩委员会成员有这样的印象:东西是你的,工作做了不少!

4. 图表穿插 任何毕业论文,无论是文科还是理科都或多或少地涉及用图表表达论文观点的可能。图表不仅是一种直观的表达观点的方法,更是一种调节答辩会气氛的手段,特别是对答辩委员会成员来讲,长时间地听述,听觉难免会有排斥性,不再对你论述的内容接纳吸收,这样,必然对你的毕业论文答辩成绩有所影响。所以,应该在答辩过程中适当穿插图表或类似图表的其他媒介以提高你的答辩成绩。

5. 语速适中 进行毕业论文答辩的同学一般都是首次。无数事实证明,他们在众多的老师和同学面前答辩时,说话速度往往越来越快,以致答辩委员会听不清楚,影响了答辩成绩。故答辩学生一定要注意在答辩过程中的语流速度,要有急有缓,有轻有重,不能像连珠炮似的轰向听众。

6. 时间控制 一般在比较正规的答辩会上,都对辩手有时间要求,因此,毕业学生在进行论文答辩时应重视时间的掌握。对时间的控制要有力度,到该截止的时间立即结束,这样,显得有准备,对内容的掌握和控制也轻车熟路,容易给答辩委员会成员一个良好的印象。故在答辩前应该对将要答辩的内容有时间上的估计。当然在答辩过程中灵活地减少或增加也是对时间控制的一种表现,应该重视。

7. 体态语辅助 虽然毕业论文答辩同其他答辩一样以口语为主,但适当的体态语运用会辅助你的答辩,使答辩效果更好。特别是手势语言的恰当运用会显得自信、有力、不容辩驳。相反,如果你在答辩过程中始终如一地直挺挺地站着,或者始终如一地低头俯视,即使你的论文结构再合理,主题再新颖,结论再正确,答辩效果也会大受影响。所以在毕业论文答辩时,一定要注意使用体态语。孙中山先生曾说过"其所具风度姿态,即使全场有肃然起敬之心,举动格式又须使听者有安静祥和之气",他的这番金玉良言对我们确实有很大的启发。

(三) 论文答辩失败的几个原因

在高校本科生毕业论文答辩会上常常出现这种情况:质量较高的论文却没获得高分数。怪吗?不怪。为什么?因为答辩的失误。主要的原因:

1. 缺乏自信 不少同学本来准备得不错,但就是对自己缺乏必胜的信心,害怕答不好。结果一开始介绍论文时就怯场,头也不敢抬,讲话声音小得可怜,只求尽快结束自己的讲话。回答教师提问,更是吓得"汗不敢出",本来是常识性的问题,由于过度紧张,竟回答不上来,或者说得吞吞吐吐,前言不搭后语,让人无法理解。

想想看,连你自己对你所写的论文都缺乏信心,没有勇气把它清楚地介绍给大家,怎么能指望答辩教师给它高分数呢?记住,自信是成功的一半,缺乏自信则意味着失败。

2. 介绍冗长 介绍自己的论文,应该重点突出,简洁明了。有些学生生怕别人不能理解论文,恨不得把全篇论文所有内容都讲出来,结果,面面俱到,主次不分,冗长乏味。须知,答辩教师对你的论文已心中有数,你只重点介绍论文的精华部分就可以了,很多话可以在答问的时候再讲。其实,即使教师事先没看过你的论文,听了你这主次不分的冗长乏味的介绍以后,也无法理解论文的主要观点与精华之所在,还得通过多角度的提问才能加深认识。

记住,少而精的介绍才是最难能可贵的,也是最受人欢迎的。

3. 厚此薄彼 有的学生在回答各位教师提出的问题时,根据教师职称高低来安排自己答问的先后顺序,即先回答教授的提问,然后再回答讲师的提问,甚至对低职称教师的问题不作答复,表现出厚此薄彼的倾向,因而挫伤了一些教师的自尊心。而且,由于这种答问顺序没有考虑问题的难易程度,常常碰到这种情况:教授提出的问题是自己没有准备或无法做出满意答复的难题。结果,答辩一开始就使自己陷于窘境,给后边的答辩带来了阴影,甚至由于开始失利,致使整个答辩全盘皆输。

正确的做法是,根据问题的难易程度来安排自己的答问顺序,即先回答自己准备得最充分、最有把握的问题,然后回答经过思考以后可以答好的问题,最后回答"难题",或者老实承认自己回答不了,愿做进一步思考。

4. 不肯认错 任何文章都不可能十全十美,总会有一些缺点或不足之处,这是很正常的。可是有的学生对此没有正确的认识,生怕别人找出论文的缺点,影响论文的评估。当教师提出缺点的时候,他千方百计为自己辩护,不肯认错。有的本来是无关大局的小毛病,承认了啥事没有,可由于他不愿做丝毫让步,致使答辩偏离正常轨道,在牛角尖里绕圈子。结果,在教师的步步追问下,他必然一败涂地。

承认错误并不意味着失败。如果认识到错误的所在,马上纠正,并在新的认识的基础上作新的阐述,反而会反败为胜。所以,在答辩过程中,当教师指出缺点时,应虚心承认,有新的认识可做新的阐述;没新的认识,可表示日后进一步思考,这样效果会更好。

5. 随口便答 有的学生在答辩过程中,当教师插话提问时,自以为问题很简单,不假思索,随口便答。结果,常常说出一些欠考虑的话,甚至在答话中出现常识性错误,使自己陷于被动地位,追悔莫及。须知,答辩教师都是本专业的同行,一般来说,所提出的问题都是经过一番思考后才提出来的,都有一定的针对性。因此,对于教师所提的一切问题,都要慎重对待,认真思考,切不可草率作答。

6. 体态欠佳 体态也是一种"语言",它能传递各种信息。答辩场上,仪态庄重大方,动作优雅美观,才会给人好感。有的学生恰恰不注意这一点。有的衣着不整,有的讲话时摇头晃脑,有的不时地抓耳挠腮,甚至还有的跷起二郎腿,斜身靠在椅背上,左手支着头回答教师的问题。这些欠佳的体态给教师留下很不好的印象。无疑,你的体态给自己打了个"不及格",你的论文也很难获得"优秀"。

思考题与实训

1. 毕业论文答辩的准备工作。
2. 答辩中应该注意的问题。
3. 毕业答辩:尊敬的评委老师以及在座的各位同学:大家早上好。我是×级××专业的××,很高兴在这里进行我的论文答辩,希望今天能为我20年的学生生涯画上一个完满的句号。下面,就我毕业论文的选题原因,国内外研究现状,研究目的,研究方法,研究内容,研究结论等问题向大家做一个简单的汇报。

之所以选择这样一个论文题目,主要是基于以下三方面的考虑:……

以上是我毕业论文的一些基本情况,欢迎各位老师批评指正。

问题(1):你认为这个答辩还需要改进吗?

问题(2):如果需要怎么改?

第六章 求职应聘口才

一、面试的基础知识

在大学生毕业就业时,面试是一个非常重要的过程,有些大学生在这个过程中感到不知所措,或者做得不好,使自己在求职中因小失大,不能成功。了解一些关于面试基础知识是大有益处的。面试是对应试者是否具备所申请职位应有的才能和某些素质进行考核的一种方式。它是毕业生在整个应聘过程中最具有决定性意义的一环。面试是求职成功的必经之路,也是求职中最具有挑战性的过程。面试不同于笔试这种硬性的考核,主要考察应聘者随机应变的能力。有的人心理素质比较差,看到一个新的面试环境,特别是房间摆设、风格和上次面试完全不同时,心里也会七上八下,还没开始面试就手脚冰凉,连话都说不利索。了解面试的方法与种类可以使大家对面试有个初步认识,做好心理准备,有助于缓解不必要的紧张情绪。

(一)面试的方法与种类

1. 按面试内容分类 面试方式灵活多样,根据面试的内容,大致可以分为以下几种方法:

(1)模式化面试:由主试人根据预先准备好的询问题目和有关细节,逐一发问。毕业生对具体问题逐一进行回答。其目的是为了获得有关应试者全面、真实的材料,观察应试者的仪表、谈吐和行为,沟通意见等。

(2)问题式面试:由主试人对应试者提出一个问题或一项计划,请应试者在一定的时间内予以完成或解决。其目的是为了观察应试者在特殊情况中的表现,以判断其分析问题和解决问题的能力。因其大多情况下都将应试者置于一定的情景中,因此也有人称其为情景式面试。

(3)非引导式面试:即主试人海阔天空地与应试者交谈,或应试者自由地发表议论,尽量活跃谈话气氛,在闲聊中观察应试者的能力、知识、谈吐和风度。

(4)压力式面试:由主试人有意识地对应试者施加压力,针对某一问题采用一连串的发问,不仅详细,而且追根问底,直至无法回答。有时甚至正话反说,有意刺激应试者,看应试者在突如其来的压力下能否做出恰当的反应,以观察其机智程度和应变能力。

(5)综合式面试:由主试人通过多种方式综合考察应试者多方面的才能。如用外语同应试者会话以考察其外语水平,让应试者写段文字以考察其书法,让应试者即时作文以考察其文字能力,让应试者讲一段课文以考察其演讲能力,也许还会要求你使用计算机或打字机等等。

2. 按面试形式分类　从面试的形式来看,又可分为以下几种面试方法:

(1)主导式面试:从由多人组成的考官组中确定一个主考官,提前收集好各种准备提出的问题,当求职者进入考场后,主要由主考官提问,二者一对一地对话,其余考官如有问题,需向主考官递条子,由主考官决定是否提问。或经主考官同意后,其余考官方可提问。此种方法一般在用人单位招聘比较重要的岗位人员时使用。

(2)答辩式面试:由多人组成的考官组同时与一个求职者对话,提出的往往是不同角度、不同性质的问题,要求求职者进行不同程度的回答,给求职者造成的压力较大。此种方法与上一种方法相似,一般在招聘重要岗位时使用。

(3)集体式面试:面试的一方由多人组成考官,另一方是众多的求职者,双方通过提问和对话,当场比较优劣。此种方法一般气氛比较热烈且时间较长,对于毕业生来说,竞争比较激烈。一般在招聘普通职员时使用。

(4)讨论式面试:招聘与应聘双方多人就预先拟出的问题展开讨论,讨论有时由招聘者主持,有时也请求职者轮流当主持人。这种面试方法同上一种方法相似,竞争也比较激烈,且一般用在招聘普通职员时使用。

3. 按面试中涉及问题的类型分类

(1)直接式问题的面试:这种面试比较简单,问题也比较容易回答。面试者只要针对每个问题简明扼要地回答即可,切记不可拖泥带水,或画蛇添足。诸如:何时出生?你是哪个学校的毕业生?你学什么专业等问题。

(2)选择式问题的面试:这种面试也比较简单,问题也比较容易回答。这一类问题通常都是由主考官提供一至二个标准答案,由面试者根据实际情况作出选择即可,切不可模棱两可、似是而非。诸如:你是否学过××课程?你善于搞技术还是做营销等等问题。

(3)自由式问题的面试:这种面试较前两种难度加大,而问题的回答也没有标准答案和固定的模式,给求职者一个自由发挥的机会,回答时也可以充分表达自己的想法,但应记住,不要发挥太多,避免给主试者以夸夸其谈的感觉;同时,也不能左思右想、吞吞吐吐,避免给人以反应不灵敏、思维不活跃的感觉。诸如:你的兴趣爱好是什么?你喜欢从事何种职业,为什么等等问题。

(4)因果式问题的面试:这种面试具有较大的难度,而且,问题总是一个接一个地提出,要求求职者按着顺序一个接一个地予以回答,换句话说,就是前一个问题将导致后一个问题的结论,如果第一个问题回答不当将使回答第二个问题陷入困境。如:你的数学成绩如何?适合计算机软件编程的要求吗?再如:你的英语口语如何?我们单位对外交流从没有翻译,你能适应这个要求吗等等一连串的问题。

(5)测试式问题的面试:这种面试是由主考官设计一个情形,通过求职者的回答,来测试求职者的反应能力,从求职者的回答中测试求职者的个性、气质、为人处世的态度、人生哲学以及求职者随机应变的能力等。回答这类问题没有什么技巧可谈,关键在于求职者平时的积累。如:如果你所在的科室需要提拔一个人当主任,而你和你的同事都想当,你会怎么做?再如:今天来参加面试的有十位同学,如何证明你是最优秀的?像这类问题就不宜直接回答,因为你总有别人所没有的缺点,别人也总有许多优点是你所不具备的。因此,你应该采取一种如“这个问题恐怕不能一下子说清,得具体情况具体分析,比如从××方面讲……"等圆滑的回答,避免被主考官抓住把柄,导致面试的失败。

（6）挑战式问题的面试:这种面试一般是主考官从求职者比较薄弱的地方寻找突破口,提出一些富有挑战性质的问题,希望求职者陈述理由或加以反驳,目的在于考察求职者的逻辑思维能力。回答这一类问题切记要心平气和,较为委婉地表示出自己的不同意见,有理有据地予以反驳或申诉个人理由,不能气急败坏或情绪激动,避免引起主考官的反感。如主考官问:你是大学应届毕业生,没有什么工作经验,应聘这一职业不太合适吧？你可这样回答:这样的说法有一定的道理,但我恐怕不能完全接受,因为我在大学里非常喜欢这方面的知识,平时利用业余时间常看这方面的书,并且也曾经从事过××工作,我个人觉得能够胜任这份工作等等。

（7）误导式问题的面试:这种面试是主考官为了测试求职者是否有主见、测试求职者是否诚实、测试求职者是否有创新精神的一种面试。主考官提出的问题自己早有答案,却故意说出相反答案。若你怕得罪主考官而一味地讨好主考官,顺着主考官的错误答案进行回答,你可就误入主考官的圈套了。主考官会认为你要么没有主见,要么不诚实,要么缺乏创新精神。

（8）诱导式问题的面试:这种面试是由主考官设定一个特定的背景式条件,希望求职者谈自己的真实想法。求职者在回答这种问题时要特别谨慎、特别小心,因这种问题的提出往往就是一个陷阱,求职者稍不注意就会引起主考官的反感。一般来说,任何一种答案都不是很理想,这时就需要用模糊语言来表示。因此也被称作陷阱式问题的面试。如主考官问:从你的自荐材料上看,你对××工作似乎很精通,请谈一下你的看法。如果此时闭口不谈或谈不出东西来,主考官会认为你的材料不真实。如果你忘乎所以地大谈特谈,主考官会认为你自以为是。因此,最好的办法就是"也谈不上精通,只是略知一点,我们可以共同探讨一下"。再如主考官问:从你的材料可以看出,你的水平很高,应该能够找到比我们更好的单位吧？这种问题很难回答,如果你说"是",则说明你诚心不够或"身在曹营心在汉";如果你回答"否",又会说明你的能力有问题或对自己的自信心不足;如果你回答"不知道"、"不清楚",则又说明你对自己没有正确的认识。对于此种问题,你不妨可以这样回答:不可一概而论。或许我可以找到更好的单位,但贵单位有××优点是我所向往的,别的单位或许在人才培养方面不如贵单位重视,机会也不如贵单位多;也或许我找不到更好的单位,但我认为珍惜现在最为重要等等。

4. 按面试的结果分类

（1）情况介绍式面试:这类面试一般是在某一行业举办大型人才招聘会,或某一单位举办单位内部不同部门联合面试,由人事领导或更高级领导为很多毕业生组织的面试活动。这种面试相当于一个正式面试前的一个动员大会或信息发布会,一般由主考官进行讲解,毕业生不需要回答任何问题,只需认真听、记,并注意获取不同类型职业和工作环境的有关信息,对你所感兴趣的领域内的主要问题进行探讨,了解你所感兴趣的某些职业或工作的特点,结识此领域内的一些人以便将来联系并获得更多的信息和帮助。

（2）筛选型面试:这是一种你寻找特殊工作时才可能参加的面试,通常由一名人事部门专家、业务专家和联合招聘人员出面进行,他们往往是经验丰富的面试者,应记住,虽然他们的工作不能决定你是否能成为本工作的理想人选,但也在一定程度上起着关键作用。他们通常会与主管人员或部门负责人交换意见,如果你有机会,他们将继续对你进行面试,因此,不要轻视这种面试,这种面试的时间往往很短(15~45分钟),往往是在你提交了工作申请后,在人事部门的办公室里进行。然而,现在以电话进行这类面试的方法也逐渐被人们采纳。由于面试者不能看到你的仪表,因此,要让你的声音来反映你的精神风貌。

（3）决策型面试:在某种程度上,这是一种很重要的面试方式,往往由主管人员、部门负责人或者有权决定是否录用你的人来对你进行当面试验,对你进行面试的人有数名,有时要花费一整天的时间。有时,主持面试的人并不一定熟悉这项业务。这对你既是好事,又是坏事。你可能不得不回答一些古怪的问题。但是,如果你已做好了充分的准备。你就能通过提出一些关键性的问题,并在适当的时机恰到好处地介绍自己的情况从而在面试中占据主动。

（4）研究与筛选型面试:人们很少使用这种面试,一般来说,当公司招聘经验丰富的人员（如高级管理人员、行政官员）时才采用这种面试方式。被面试者一次要与 5～10 名面试者进行交谈,他们都将向你提问,都有同等的权力来决定是否雇佣你,参加这种面试做好充分准备是非常关键的。

以上几种面试是根据面试的种类划分的。在实际面试过程中,主试人可能只采取一种面试方式,也可能同时采用几种面试方式。有的应聘人数比较多的用人单位,初试后还要进行复试,最后确定录用名单。面试没有固定的形式、问题和答案。一般来说因招聘的目的、主试人的价值观不同而不同。

（二）面试中的基本礼仪

1. 牢记面试时间,提前到达　一旦和用人单位约好面试时间后,一定要提前 5～10 分钟到达面试地点,以表示求职者的诚意,给对方以信任感,同时也应调整自己的心态,作一些简单的仪表准备,以免仓促上阵,手忙脚乱。为了做到这一点,一定要牢记面试的时间地点,有条件的同学最好能提前去一趟,以免因一时找不到地方或途中延误而迟到。如果迟到了,肯定会给招聘者留下不好的印象,甚至会丧失面试的机会。明确面试前的三要素——When（时间）、Where（地点）、Who（联系人）。一般情况下,招聘单位会采取电话通知的方式,这时可要仔细听,万一没听清,千万别客气,赶紧问。对于一些大医院、大公司,最好记住联系人。不要以为只有人事部负责招聘,在大公司里有时人事部根本不参与面试,只是到最后才介入,办理录用手续。关于地点,若不熟悉,可以先跑去查看查看地形。

2. 进入面试场合时不要紧张　如门关着,应先敲门,得到允许后再进去。开关门动作要轻,以从容、自然为好。见面时要向招聘者主动打招呼问好致意,称呼应当得体。在用人单位没有请你坐下时,切勿急于落座。用人单位请你坐下时,应道声"谢谢"。坐下后保持良好体态,切忌大大咧咧,左顾右盼,满不在乎,以免引起反感。离去时应询问"还有什么要问的吗",得到允许后应微笑起立,道谢并说"再见"。

3. 对用人单位的问题要逐一回答　对方给你介绍情况时,要认真聆听。为了表示你已听懂并感兴趣,可以在适当的时候点头或适当提问、答话。回答主试者的问题,口齿要清晰,声音要适度,答话要简练、完整。一般情况下不要打断用人单位的问话或抢问抢答,否则会给人急躁、鲁莽、不礼貌的印象。问话完毕,听不懂时可要求重复。当不能回答某一问题时,应如实告诉用人单位,含糊其辞和胡吹乱侃会导致面试失败。对重复的问题也要有耐心,不要表现出不耐烦。

4. 举止文雅大方,谈吐谦虚谨慎,态度积极热情　如果用人单位有两位以上主试人时,回答谁的问题,你的目光就应注视谁,并应适时地环顾其他主试人以表示你对他们的尊重。谈话时,眼睛要适时地注意对方,不要东张西望,显得漫不经心,也不要眼皮低望,显得缺乏自信。激动地与用人单位争辩某个问题也是不明智的举动,冷静地保持不卑不亢的风度是有益的。有的用人单位专门提一些无理的问题试探你的反应,如果处理不好,容易乱了分寸,面试的效果显然不会理想。

二、求职应聘的准备

求职应聘是大学生们面临的人生中的大事,求得一份满意的工作是我们每个大学生所渴望的。求职不是一件容易的事,尤其对没有一定社会工作经验的大学生来说更是如此。对于求职者来说,最终寻找一份理想的工作,为了实现这一目标,需要各种各样的主、客观条件以及一定的求职技巧。求职前首先要作出正确的自我定位,客观评价自身的优势与不足,进行细致的职业背景社会分析,明确选择方向。知己知彼,百战不殆。面试之前,你一定要广泛收集各方面的资料与信息,有了充分的资料准备,即便"临场发挥"也会是相当精彩和出色的。

(一) 信息收集与资料准备

1. 收集招聘单位的资料 尽可能了解清楚招聘单位的性质和背景,搞准确它是哪一种行业,生产何种产品,是独资企业还是合资企业,它的文化(包括口号和形象)是什么。同时还要尽可能了解清楚招聘单位的业务情况,比如,过去的业绩好不好,业务往来的对象有哪些,现在该单位在做什么工作。如果是工厂,该厂产品的注册商标是什么,该单位的发展前景如何。另外,对招聘单位的内部组织、员工福利、一般起薪、工作地点等也应该尽可能了解清楚。

以上资料信息从何处可以获得?你可以向父母、朋友、同学或亲戚打听,也可以向在该用人单位工作的熟人咨询,还可以通过网站、电话、新闻报道、广告、杂志、企业名录及其他书籍找到。

2. 收集主试人的有关情况 首先要打听到主试人的姓名,并且要会正确地说出他们的姓氏。如果主试人是外籍人员,有时候他们的名字很不容易发得准确,宜在词典中查出其准确的发音。然后要尽可能了解到主试人的性格、为人方式、兴趣、爱好,他的背景,在近期生活中有什么重大变故,在变故中他是什么心境,你和主试人有何共同之处,你们是否有共同认识的人。只有对主试人的情况了如指掌,你才能在面试时易守易攻,自始至终立于不败之地。

3. 个人资料准备 有些行业在学历、能力、年龄各方面都有限制,事先要核查一下自己的资格是否符合条件,千万不要存在碰碰运气的念头。如果你觉得自己符合应聘条件,还得确定自己可以胜任哪种职位。然后要准备好自己的毕业证书、学位证书、专业资格任职证书、获奖证书、身份证、推荐信等材料。去面试时,应把这些资料有条不紊地放在一个公文包里随身带去,以便主试人随时查看。准备一个井然有序的公文包会使你看上去办事得体有方,值得信赖。公文包里除了放置上述个人资料外,还可以装一些有关工作或有助于谈话的资料,说不定这些资料在面试中会发生惊人的效果。假如主试人提些你意想不到的问题,你可以拿出自己的笔记本回答:"我前些时候也看到一篇和这个问题有关的文章,尤感兴趣,因而做了笔记,您是否有兴趣翻一下。"这样,主试人便会对你另眼相看。

另外,你还可以准备一本大一点的书或杂志放在公文包里。通常面试前总有一段时间要等候,如果应试人数较多,而你又是被安排在较后,那么你等待的时间就较长。等候使人心情烦躁,无端生些猜测,打乱早已准备好的步骤。遇到此种情况,你便可以把书或杂志拿出来看。看书可以让人安静镇定。如果主试人迟到了,你手上有书或杂志,正好可以全神贯注地看,显出丝毫没注意的样子。如果主试人有意晾晒你,让你久等,以便显示显示威风,你正好可以借着看书,表示你视若无睹,这样就避免了和主试人的正面冲突。和主试人发生哪怕是细微的不愉快的冲突,应试人是绝不可能被录用的。

(二) 求职前的心理准备

面对择业,大学生的心理是很复杂的。大学生生活结束,面临着独立闯荡的开始,一方面,为自己即将走向社会,将所学知识和本领奉献出来,实现自己的人生价值感到高兴,另一方面也常常表现出矛盾的心理。所以调整好择业心态,做好充分的心理准备,积极参与竞争,迎接挑战,在择业过程中非常重要。不同的工作环境对不同求职者有不同的要求,所以在求职前,对自己的身心特点应该有充分的了解。

1. 个性　每个人的个性可以说都不相同,但大体来说,个性较为内向、羞怯、细心的人,应该选择比较少在公开场合说话的职业;反之,个性外向、积极的人,可以选择具有挑战性、竞争性的职业。

2. 专长　基本上,在学校所学的专业,就是自己最主要的专长,而课余时间的社团经验或工作经验也可以看作为专长。在找工作时,专长是一个双方会放在第一位考虑的因素。专长愈多,在简历表上也愈丰富,也有较多的机会选择工作,因此,培养专长是一件重要的事。尤其在现代社会,许多工作都要求有一个或多个专长。

3. 兴趣　从事一份没有兴趣但是待遇很高的工作也是一件不愉快的事。兴趣并不是娱乐休闲的活动项目,而是专长的一种。在选择职业兴趣的时候,固然要考虑本身的兴趣,但也不用因为兴趣而过分限制了选择工作的机会。因为兴趣是可以后天培养的,有适合的环境就容易培养出不同的兴趣。从更积极的方面看,我们应该多运用自己的兴趣去发掘工作机会,而不要以兴趣来限制自己在工作上的发展。

为了能求得一份工作,还应该做到:①调整心态,端正就业观念,衡量自己。自我有这样三个:理想的自我,镜中(别人眼里)的自我,现实表现的自我。正确衡量自己,就是要寻找这三个自我的结合点。找工作等于找事业,找工作并不是一次选择,有资料表明,终身不改职业的人,不到总人数的5%。因此,对于第一次工作,不必太苛求、太挑剔,应树立先就业,再择业的观念。②避免理想主义,及时调整就业期望值,不要刻意追求最满意的结果。③避免从众心理,不与同学攀比,一切从自身的特点、能力和社会需求出发。④克服自卑、胆怯的心理,树立自信心,不怕挫折,保持乐观积极的心态和进取的精神。

三、面试口才技巧

(一) 面试问答基本要领

当有单位看过求职者的自荐信和个人简历,进行了初步了解后,就会选择合适的人进行面试,面试又叫面试测评,是对求职者的全面了解和印证。在面试中,谋职者要达到理想的交流效果,应该使语言表达体现自己的特色和个性风采。几乎所有的用人单位都希望录用有良好个性的人,特别是充满热情和活力的学生。面试场上你的语言表达艺术标志着你的成熟程度和综合素养。对求职应试者来说,掌握语言表达的技巧无疑是重要的。那么,面试中怎样恰当地运用谈话的技巧呢?

1. 应试语言运用技巧　交谈时要注意发音准确,吐字清晰。还要注意控制说话的速度,以免磕磕绊绊,影响语言的流畅。为了增添语言的魅力,应注意修辞美妙,忌用口头禅,更不能有不文明的语言。

(1) 语气平和,语调恰当,音量适中:面试时要注意语言、语调、语气的正确运用。打招呼时宜用上扬语调,加重语气并带拖音,以引起对方的注意。自我介绍时,最好多用平缓的陈述语气,不宜使用感叹语气或祈使句。声音过大令人厌烦,声音过小则难以听清。音量的大小要根据面试现场情况而定,两人面谈且距离较近时声音不宜过大,群体面试而且场地开阔时声音不宜过小,以每个用人单位都能听清你的讲话为原则。

(2) 语言含蓄、机智、幽默:说话时除了表达清晰外,适当的时候可以插进幽默的语言,使谈话增加轻松愉快的气氛,也会展示自己的优越气质和从容风度。尤其是当遇到难以回答的问题时,机智幽默的语言会显示自己的聪明智慧,有助于化险为夷,并给人以良好的印象。

(3) 注意听者的反应:求职面试不同于演讲,而是更接近于一般的交谈。交谈中,应随时注意听者的反应。比如,听者心不在焉,可能表示他对自己这段话没有兴趣,你得设法转移话题;侧耳倾听,可能说明由于自己音量过小使对方难于听清;皱眉、摆头可能表示自己言语有不当之处。根据对方的这些反应,就要适时地调整自己的语言、语调、语气、音量、修辞,包括陈述内容,这样才能取得良好的面试效果。

2. 应试者回答问题的技巧

(1) 把握重点,简洁明了,条理清楚,有理有据:一般情况下回答问题要结论在先,议论在后,先将自己的中心意思表达清晰,然后再做叙述和论证。否则,长篇大论,会让人不得要领。面试时间有限,神经有些紧张,多余的话太多,容易走题,反倒会将主题冲淡或漏掉。

(2) 知之为不知,不知为不知:在面试中,经常会遇到一些自己不熟悉、曾经熟悉但是现在忘了或者根本不懂的问题。面对这种情况,首先要保持镇静,不要表现出手足无措、抓耳挠腮、面红耳赤的情况。每个人都不是全才,主考官也不要求应试者无所不知,这既不必要,也不可能,所以应试者不必为自己的"无知"而烦恼,甚至感到无地自容,事情没有那么严重。其次不要不懂装懂,牵强附会,与其答得驴唇不对马嘴还不如坦白承认自己不知道,第三,不能回避问题,默不作声。这样会使主考官有一种被轻视的感觉,因为回答主考官的问题是每个应试者必须要做到的,这是起码的礼貌,应该明确告诉主考官你的看法。没有把握的问题可以做简略回答或致歉不答,但绝不能置之不理。

(3) 确认提问内容,切忌答非所问:面试中,主考官提出的问题过大,以至于不知从何答起,或对问题的意思不明白,是常有的事,但是在面试这种庄重的场合下,"想当然"的回答对方所提出的问题,可能被视为无知,甚至是傲慢无礼。对于不太明确的问题,一定要采取恰当的方式搞清楚,并请求主考官给予更加具体的提示。对于考官来说,与其听你"答非所问"的叙述,不如等你把问题搞明白,再进行对话更轻松一些。

(4) 正确判断主考官的意图:首先,要注意识破主考官"声东击西"的策略。当主考官觉察到你不太愿意回答问题而又想有所了解时,可能采取声东击西的策略。例如,对于"政治问题"和其他一些敏感性的问题,许多人不愿真实表达自己的观点。主考官为了打消你的顾虑,可能会这样问:"你周围的人对这个问题有些什么看法?"面对这种情况,你不要疏忽大意,不能信口开河,不要以为说的不是自己的意见,说出来就不会暴露自己观点。因为主考官往往认为,你所说的大部分都是你自己的观点。另外,主考官可能采用投射法来测验你的真实想法。所谓投射法就是以己度人的思想方法。例如,主考官让你看一幅图画,然后让你根据图画编一个故事。这种方法一方面是检测你的想象力,一方面是测验你深层的心理意识。这时,你尽可以放开思维,大胆构思,最好能有一些新奇的想法,表明你有创造力、想象力,但同时一定不要忘记这样一个原则,所编造故事情节要健康、积极、向上,有建设性意义。因为主考官认为你是在"以己度人",故事情节中融入了你的真实心理。

其次,要分析判断主考官的提问时评测你哪个方面的素质和能力,有针对性地进行回答。

案例 6-1:

你在大学所学的是什么专业或受过那种特殊培训?你对哪些课程感兴趣?哪些课学得最好?你的写作风格与别人相比有什么特点?像这类问题,意图在于考察你的知识水平与专业特长,了解应试者掌握专业知识的深度和广度,其专业知识与特长是否符合所录用职位的专业要求,并作为对专业知识笔试的补充。面试中对专业知识的考察更具灵活性与深度,所提问题也更接近岗位对专业知识的需求。回答这个问题,应试者应注意以下几个方面:第一,要体现出你的专业水平,用词不要太土,可以用几个较新的专业术语点缀一下,但不要故弄玄虚,语言要简洁,逻辑性要强;第二,只谈那些与有效完成应聘工作有关的专业和课程,不要漫无边际地胡说,试图把自己说成一个通晓一切的全才;第三,可以就专业问题加以发挥,把道理讲深讲透,但不可沉迷于自己优势而眉飞色舞滔滔不绝。

案例 6-2:

你怎样消磨休闲时间?包括星期天、节假日、每天晚上,当你参加聚会时,你是喜欢独处,还是喜欢出风头?请谈一谈你最要好的朋友?你选择朋友时,一般考虑哪些因素?诸如此类问题意在考察你人际交往能力和与人相处的技巧。对于这类问题,你不必拘泥于自己的实际情况,可以适当加以夸大,因为主考官无法核实你所说的是否属实,一般来说大多数人都愿意和开朗、热情大方、善解人意的人交朋友,而不愿意与那些过于清高、气量狭小、毫无生活情趣的人在一起。

良好的语言沟通是双向交流的关键。大学毕业生在谋职过程中与用人单位形成的关系是一种双向交流关系,应试者既要向用人单位推销自己,同时也要主动认识、了解和评估用人单位;不仅要回答问题,还要向招考人提出问题,你如果能提出有深度的问题,不仅能证明你有诚心做这份工作,还能证明你有较强的能力。面谈不要光说以自己为中心的话,应尽快了解对方的质问,然后迅速地回答。有时,质问者的质问方式很差,使问题无法了解,这时,自己可提出反问以确定主旨。最具体的方式是,从问话中采取某些词汇,然后以那词汇为中心,提出质问:"您现在所问的是这个意思吧!"否则的话,容易让人感到自己是个头脑很差的家伙,提出反问时,应使对方不感到有压力。面谈时,最主要的是回答对方的询问,而不是个人的演说,不要把自己当做主角,应一面看着主管的反应,一面回答对方所想要知道的问题,了解对方希望什么?最重视什么?质问者如果居心不良,所质问的内容有不礼貌的话,可委婉地拒绝回答。透过彼此的应答,多少可观察出对方的态度及诚实度。

3. 应试者消除紧张的技巧 由于面试成功与否关系到求职者的前途,所以大学生面试时往往容易产生紧张情绪。有些大学生可能由于过度紧张而导致面试失败。因此必须设法消除过度的紧张情绪。这里介绍几种消除过度紧张的技巧,供同学们参考。

(1)面试前可翻阅一本轻松活泼、有趣的杂志书籍:这时阅读书刊可以转移注意力,调整情绪,克服面试时的怯场心理,避免等待时紧张、焦虑情绪的产生。

(2)面试过程中注意控制谈话节奏:进入试场致礼落座后,若感到紧张先不要急于讲话,而应集中精力听完提问,再从容应答。一般来说人们精神紧张的时候讲话速度会不自觉地加快,讲话速度过快,既不利于对方听清讲话内容,又会给人一种慌张的感觉。讲话速度过快,还往往容易出错,甚至张口结舌,进而强化自己的紧张情绪,导致思维混乱。当然,讲话速度过慢,缺乏激情,气氛沉闷,也会使人生厌。为了避免这一点,一般开始谈话时可以有意识地放慢讲话速度,等自己进入状态后再适当增加语气和语速。这样,既可以稳定自己的紧张情绪,又可以扭转面试的沉闷气氛。

(3)回答问题时,目光可以对准提问者的额头:有的人在回答问题时眼睛不知道往哪儿看。经验证明,魂不守舍、目光不定的人,使人感到不诚实;眼睛下垂的人,给人一种缺乏自信的印象;两眼直盯着提问者,会被误解为向他挑战,给人以桀骜不驯的感觉。如果面试时把目光集中在对方的额头上,既可以给对方以诚恳、自信的印象,也可以鼓起自己的勇气,消除自己的紧张情绪。

(4)正确对待面试中的失误和失败:面试交谈中难免因紧张而出现失误,也不可能面试一次就一定成功。此时,切不可因此而灰心丧气。要记住,一时失误不等于面试失败,重要的是要战胜自己,不要轻易地放弃机会。即使一次面试没有成功,也要分析具体原因,总结经验教训,以新的姿态迎接下一次的面试。

(二) 面试难题的应答策略

求职面试时,一些问题让你听起来一下子不知如何作答,答也不好,不答也不好;多答也不好,少说了好像也不行。还有的问题你又会感到不知从哪个角度作答更为有利或更为礼貌。以上这类问题,我们可以将其归纳为"面试难题",逐一探讨一番,在求职面试时,会有所帮助。

1. 你来这里能干什么?

对这类咄咄逼人的难题,主试人意图有二:一是怀疑、不信任这位求职者的学历、资历或经验并暗示不大可能录用;二是有意出此难题,以诱使对方尽可能地表白自己,从而更深入了解此人。

答问策略:

(1)先从心理上要稳住,别慌乱,别气馁,别急着辩白。

(2)应把这类难题当成进一步申明这职位适合你的种种条件和理由,即我到这里能干什么工作。既要自信,又要实事求是。

(3)应聘前先要把自己的资历与经验和用人单位职位的条件一一分析清楚,列出种种适合的理由,这样在答问时就会慷慨陈词、条理井然了。

(4)不要长篇大论,能说清楚就够了。

（5）态度要不卑不亢，不要一听对方认为你干不了，你就乞求对方。因为用人单位不会因可怜谁就录用谁的。

2. 你为什么有兴趣到这里找工作？

用人单位对某些学历、资历比较高的求职者常提类似的问题，其意图是：①怕这人将来"跳槽"，工作不安心，把新工作当成一块跳板；②进一步考验这种人，看他们有没有决心到这里来踏实工作；③多用反问句、设问句的口气提出，考察应聘者的态度变化。

答问策略：

（1）应聘人听到这类提问应该推断出自己的条件还不错，用人单位可能出于担心自己不安心所致。所以要态度诚恳地指出有兴趣来此的原因：

A. 专业对口；

B. 公司有发展；

C. 工作环境优越；

D. 听朋友介绍这家公司的老板是"伯乐"；

E. 有更多到外国工作的机会；

F. 经常出差适合自己的兴趣；

G. 离家近；

H. 福利待遇特别好，等等。（只需点出即可，不必大加渲染）

（2）以比较坚决的口气表白自己如何喜欢这个部门并愿为它效劳。

（3）别忙中出错或言多语失。比如对方是一个台湾人开的公司，你却说："我很希望为泰国的公司工作，泰国是一个美丽的发展中国家。"这会让对方啼笑皆非的。

3. 你自认为有什么优缺点？

主试人想通过这一类问题的解答了解到：①这个人能否对自己做出正确的估价，因为不能估计自己的人，往往也不会正确地评价自己的工作；②主试人最关注的是该人的缺点、弱点，如这方面的问题比较突出，那就不适合做某项工作。

答问策略：

（1）参加面试前，应对个人的优点缺点有所认识，必要时听听家人或朋友的评价。千万不要一听对方问这类问题就不知如何是好了。

（2）最忌讳的是无所谓的态度，比如："我也没什么优点，也谈不上什么缺点，我这个人嘛，一般就是了！""谁还没个缺点？我有是有，可是一下子也讲不清楚，管它呢！"——这种回答，容易给人以玩世不恭的感觉，很难委以重要的职位。

（3）自己的优点、长处、缺点、短处都应老老实实地讲，态度越是诚恳、真挚，对方越对你有好感，不一定会减少聘用的机会。

（4）会讲话的人大都善于运用个人的优缺点把这篇大文章做好。下面，我们列出几条，你看自己有没有，又怎么利用它巧妙地介绍自己：

对应聘有利的优点：

——好学习、肯钻研。

——脑子好使，记忆力强。

——办事认真，一丝不苟。

——有干劲，不惜力。

——好相处，跟谁都合得来。

——有比较丰富的阅历。

——喜欢接受挑战性的课题。

对应聘有利的缺点：

——有名利思想：①别人说我是个人主义、名利思想。②别人认为我好出风头，追求名利地位。③没名没利的事，我不大乐意干。（名利思想的另一面，是有所作为，不甘寂寞。只要认真对待，克服短处，可以从事开拓创新的工作。）

——急脾气：①工作要是干不好，我打心里起急，非得干好不成。②谁要干活投机取巧，我老跟人家发脾气。③遇到磨洋工的人，我就跟他急！（属于有责任心，适合从事独立工作。）

——有时主观：①别人要说服我，可不容易了，你摆不出事实、证据来，我还是坚持个人的主见。②我不会让人牵鼻子走，确实很主观。③我有时会跟同事争，因为他们说服不了我，说我太主观了。（有主见，可以从事创新工作。）

——不拘小节：①我这个人，大事头脑清醒，可小事又不拘小节。②我经常忽略一些小事，这是不细心的表现。③您可别让我处理琐碎的事，我这人太不细心。（该人或许从事开拓性的工作较为合适。）

——抠门儿、吝啬：①时代变了，我还是一分钱掰两半地花，招人讨厌。②别人跟我吵，很多时候是嫌我管钱太死，说我"抠门儿到家"了。我就是老改不了！③单位里的年轻人给我起了一个难听的外号："吝啬鬼"，想来想去这是我的缺点。（该人适合管理财务工作。）

——害羞、胆小：①别人说我是"大姑娘"，害羞，见不得大世面，只能干些看摊的工作。（该人适合做文秘、打字员、保管员等工作。）②我这个人生来胆子小，别说违法的事，就连上班也不敢迟到，怕人家议论。③许多事未经请示，我是绝对不敢干的。胆小怕事嘛。（胆小，未必是弱点。有些工作交给胆大的人去干，领导还真不放心呢。）

4. 你善于与什么人相处？

主试人是出于某些职位、行业的特殊需要才提出类似问题的。通过提问，了解该人能否与同事沟通，营造良好的办公环境，提高办公效率，能否对外打开局面，广为结识顾客群，以便更好地完成调查、促销等任务。

答问策略：

（1）应聘者应以亲切、轻松的语气谈论此类话题，给人以通达、开朗、热情的印象。这印象本身就说明你这个人很好相处。如果你的态度又拘谨又严肃，倒证明你这个人不好相交。

（2）谈及领导问题时应格外慎重。对领导，不存在你喜欢不喜欢的问题，因为你不喜欢，人家仍然是领导。所以应当从领导与被领导的关系上谈论为好。

（3）老好人，好好先生——这种人跟谁都合得来。但某些行业（如警察、质检员等）或某些职位，就不适宜这种人干。所以谈话时，要想到这一点。

（4）如果是刚毕业的大学生或是其他刚走出校门的学生，回答这种问题时讲些学校生活、同学之间的交友事例就行了。

5. 你为什么经常想调动工作？

主试人提出这类可能令你感到难堪、尴尬的问题，其意图有二：一是深入了解你申请新工作的内在动因，是嫌过去的工资低，还是本人能力差、表现不好而让人辞退，还是生性好动，老是这山望着那山高，哪儿都待不住、待不长等等，而这些恰恰是所有用人单位最讨厌的地方;二是考察该人的工作态度和应变能力。

答问策略:

(1) 这类问题都是非常敏感的话题,答问时宜慎重思考、从容作答。

(2) 问及为什么"跳槽"时,不宜强调的理由有:

A. 市场不景气,是随大溜被辞退的(主试人会想:为什么不把你留下来呢?);

B. 跟原单位的领导不和;

C. 想多挣钱;

D. 想找离家近点的地方,等等。这类回答易使用人单位觉得你不是最好的职工,弄不好你会故伎重演,所以要小心对待。

(3) 问及为什么"跳槽"时,比较有意思的理由(真有的话):

A. 能实现个人的抱负;

B. 有更大的机会获得提升和发展;

C. 欣闻贵公司要扩展业务,想施展个人的才能以报效社会,等等。

四、面试问答与点评

(一) 工作动机、个人愿望

1. 问题:请给我们谈谈你自己的一些情况。

回答:简要的描述你的相关工作经历以及你的一些特征,包括与人相处的能力和个人的性格特征。如果你一下子不能够确定面试者到底需要什么样的内容,你可以这样说:"有没有什么您特别感兴趣的范围?"

点评:企业以此来判断是否应该聘用你。通过你的谈论,可以看出你想的是如何为公司效力还是那些会影响工作的个人问题。当然,还可以知道你的一些背景。

2. 问题:你认为对你来说现在找一份工作是不是不太容易,或者你很需要这份工作?

回答:①是的。②我看不见得。

点评:

一般按①回答,一切便大功告成。

有些同学为了显示自己的"不卑不亢",强调个人尊严,故按②回答。结果,用人单位打消了录用该生的念头,理由是"此人比较傲",一句话断送了该生一次较好的就业机会。

3. 问题:你谈谈选择这份工作的动机?

回答:①"这个职位刚好是我的专业对口,能把学的书本知识在实践中更好地应用。"②"我虽然学的专业与这职位有区别,但我对这方面的能力较强,相信自己能干好这份工作。"

点评:这是测试面试者对这份工作的理解程度及热忱,并筛选因一时兴起而来应聘的人。

(二) 兴趣、学业、优点、缺点

1. 问题:你现在最感兴趣的是什么?

回答:做个人网站、练习口语,但越做越感到自己知识欠缺。

点评:可以简述你的兴趣,及这个兴趣带给你个性或能力的正面效果。

2. 问题:空闲时喜欢怎么消遣?

回答:看书、集邮、上网。有空与朋友聚聚聊聊也不错。

点评:对工作之外,拥有其他兴趣的应聘者较受欢迎。

3. 问题:你在学校里学了哪些课程? 这些课程对所应聘的工作有些什么帮助?

回答:回答时只要将所学过的重要课程以及与所应聘的工作岗位有关的课程说出来就行了,不必把每一门课程都罗列出来。可稍微详细地介绍一下与应聘岗位有关的科目。

点评:不要强调所学科目会对今后的工作会有极大的作用,只着重强调打好了理论和技能基础。

4. 问题:请谈一谈你的弱点。

回答:①我是一个完美主义者,总是追求事物完美无缺。②我对准时要求得非常严格。③我从不轻易放弃,以至有些固执。④我喜欢独立工作,而不喜欢主管领导在我的工作中安排一切。

点评:一般的策略是说出一些表面上是弱点,实际上却是优点的特征。当你在叙述个人弱点时,要能够说出过去的具体相关事例,来说明你的观点,这点非常重要。当然,你也可以说一个你明显的缺点,然后举出例子说明你是怎样克服这个缺点的。此问是主试者看看你是不是由于缺少某种经验、训练,甚至由于某些性格弱点而不能胜任工作。

5. 问题:你有哪些兴趣爱好或具备什么资格证书?

回答:"书法、乐器、体育、集邮、唱歌、舞蹈等,如钢琴能达到十级水平。我还有打字达到 A 级,中英文都比较熟练,同时还有一张驾驶执照呢。"

点评:一个人的兴趣爱好,能显示他的多方面的才能和修养,这样的人除比别人多一种技能外,更重要的是,他们往往有进取心,有发散性思维,比较热爱生活,另外,打字、计算机、口译证书、驾驶证、报关员证书等也可以作为技能,但一般要求有资格证书作证明,如果拥有这类操作性技能证书,则也是一张"硬派司"。在开放度极大的都市里,企业最欣赏的是一专多能的复合型人才。如没有,则说实话,如爱好广泛,但都不太精。

6. 问题:请谈谈你的优点。

回答:我非常喜欢和善于学习新东西,在工作中有责任心,真诚,有热情,有灵活性,能够合理地安排时间使工作有条理、有效率,能够在紧张压力下工作等等。

点评:以上回答要有具体实例来证明你的说法。优点除了你的工作技能、具有的各类证书和实践经验外,主试者要想听的优点不见得是你最突出的优点,而应该是和你应聘的那份工作相关的优点,从中找出雇佣你的理由,同时可以知道你对自己的了解程度,看看你对自己有没有自信,以及你到底适合不适合这份工作。因此,你要精确地描述,不可泛泛说些无意义的话,例如,适应力强,具有幽默感、合群等等。

7. 问题:你大学刚毕业,在相关工作经验方面较为欠缺你怎么看?

回答:①"不见得吧!""我看未必""不会!""完全不是这么回事!"等等。②"这样的说法未必全对""这样的看法值得探讨""这样的说法有一定的道理,但恐怕不能完全接受。"等等。

点评:①像这样的回答方式虽然求职者也能表达清楚个人的想法并对主考官的设问进行反驳或申诉,但由于语气太过生硬,否定太过直接而会引起主考官的不悦。②在表达的过程中较为委婉地表示出自己的不同意见,以致会影响到主考官的情绪。

（三）能力表现

1. 问题：今天来参加面试的有近十位候选人,而我们只挑选二名,如何证明你是他们中最优秀的呢?

回答：恐怕不能一下子讲清,得具体情况具体分析,比如贵公司现在所最需要的是行政管理方面的人才,虽然前来应征的都是这方面的对口人才,但我深信我在大学四年中担任过的学生干部及组织过多次大型活动的经验已经为我打下了扎实的基础,我想这一点恐怕也是我自认为比较突出的一点。

点评：这样的回答可以说比较圆滑,以免主考官抓住某一"把柄",再度发难。此问题是考察求职者随机应变的能力。无论你列举多少优点别人总有比你更多的优点,因此,你从正面去回答这样的问题是毫无意义的。

2. 问题：你对大学生就业市场的评价如何?

回答：这个问题很大,很难用三言两语概括清楚。在双向选择,自主择业的政策下,要就业,找市场已被学生接受,虽然就业市场形势严峻,但我们乐意在市场中参与竞争,选择合适自己的职业。

点评：主试人为测验应试者分析问题与逻辑思维能力,有意提一些很难回答的问题。回答此问题时应边说边想。若想好了再说,主试人会认为你反应迟钝。为了赢得思考的时间,开头可以先说一句开场白,后面边想边说,分条回答。想起一条答一条,在答第一条时就想第二条,依此类推。回答完了的时候,再从中找出一两个重点。这样就容易获得构思敏捷,思路清晰,善于抓住要害的好评。

3. 问题：你认为对员工的管理严厉的好,还是宽松的好?

回答：我想这要因时因人而定的,不能千篇一律。有些人对严厉的管理方法反应良好,有些人却需要鼓励才能做得更好。好的管理人员应该知道怎么使他的部下发挥更大的潜力。

点评：你不清楚企业需要的是什么样的管理作风,也是测试你能接受什么样的管理风格,如你确实不能接受他们的管理风格,那等到录取了再抉择。

4. 问题：能否介绍一下你的社会活动能力。

回答：

A. 我的外交能力较强,在校学生会我担任外联部长。

B. 我在校尽可能多地参加一些能发挥自己特长的活动,使社会活动能力得到了一定的提高。

C. 我善于组织同学开展活动,如组织演讲赛、辩论赛、知识抢答赛等等,而且活动也较成功,从中可以证实我有一定的社会活动能力。

D. 在校期间,我曾担任过班长职务。为了把班级基础文明建设搞好,组织全班同学进行校规校纪学习,集思广益,制定了"班规十条",并要求全班同学严格遵守班级纪律。经过大家的努力,我班评为校先进班级,全班同学学习努力,团结友爱。

点评：

A. 过于简单,草率,效果不好。

B. 比较谦虚地说明自己有一定的能力,但言之无物,有些空洞。

C. 如实地介绍自己曾组织过活动,但不具体。

D. 通过列举事例,来说明自己的能力,有理有据,效果最佳,使主试者了解其素质和能力。

5. 问题:谈一谈你在过去工作和生活中遇到的问题,你如何如何解决的?

回答:举一个你在过去的工作中或生活中遇到的问题,说明你是如何解决该问题的。

点评:判断你对问题的分析能力,看看你有没有团队精神和克服困难的信心。这也是给你一个表现自我的机会。

6. 问题:如果你的任务完成了,而同伴尚未完成,你应该怎么办?

回答:我应该处理好其他事情,主动地去支援同伴。

点评:用人单位希望员工能更好地融入集体,勇于承担个人责任。要求员工在工作中应和睦相处,互相帮助,互相合作。一家外资公司总经理说:“可能这里不一定每个人都是一流的,但他们结合起来,绝对是一流的。”

7. 其他问题

（1）**问题**:你择业考虑的主要问题是什么?

回答:主要谈考虑应聘的职业对自己将来事业的发展,及发挥自己的专业所长。另外,良好的企业文化(工作氛围)能激发自己的能动性等等。

点评:凡是与物质利益有关的条件,如工资、福利、环境等等,最好少谈,即使问到,也要把握分寸,适可而止。

（2）**问题**:你觉得自己干这项工作是大材小用还是小材大用?

回答:我相信我能干好这项工作。我觉得自己既不是大材小用也不是小材大用,它正好适合我干。

点评:如果你对这项工作确实很感兴趣,那么不管情况怎样,你都应如上面回答。

（3）**问题**:薪水和工作,哪个对你更重要?

回答:两者对我都很重要。因为薪水可以解决个人生存问题,是生活条件基本需要,工作是为了发展自己的能力。

点评:此题是非 A 即 B 题,如果你希望获得一个既有高薪待遇,又有长期职业发展前途的工作的话,没必要非排除一个选择另一个。

思考题与实训

1. 怎样向用人单位介绍自己? 并实际做一次训练。

2. **案例**:清华大学会计系的几位同学到某著名的国际会计师事务所面试。等了一会儿以后,主试官告诉他们,由于某些原因, 找不到他们的简历了,问是否可以另外提供一份简历。当时只有一位同学多带了一份简历。后来那位同学被录取了。

问题(1):从这件真实的事情中,你是否得到了一些启示呢?

问题(2):面试需要携带的物品有哪些?

3. **案例**:有一位求职者在面试时,当考官问“你有什么缺点”时,他按事先准备好的答案作了回答。但他一看考官听了之后没有吱声,就以为是自己答得不好,又怕冷场,于是又讲了一个缺点。可是考官一直静静地听着还是不说话,就这样,求职者一个又一个地讲了不少,而且都是没有经过预先考虑过的。

问题(1):你认为这样一直说下去对吗?

问题(2):如果是你该怎么办?

第七章 管理口才

通过教学使学生了解管理口才作用,熟悉管理口才的基本技巧,在实践中学会并掌握与上下级沟通的语言技巧。

一、管理口才概述

现代社会,人与人之间的交往繁杂多变。口才的作用日趋重要,成为现代生活的重要组成部分。良好的口才是衡量一个人能力的基本标志之一。

管理作为现代社会极其重要的一部分,口才在其中的作用显而易见。从某种意义上完全可以说,管理事业的成功取决于口才。

(一)管理口才的定义

1. 管理的含义与实质 管理就是制定、执行、检查和改进。制定就是制订计划(或规定、规范、标准、法规等);执行就是按照计划去做,即实施;检查就是将执行的过程或结果与计划进行对比,总结出经验,找出差距;改进首先是推广通过检查总结出的经验,将经验转变为畅销机制或新的规定;再次是针对检查发现的问题进行纠正,制定纠正、预防措施,以持续改进。

管理是指社会中的组织或个人,为达到预定的目标,运用科学的方法和手段,对所辖对象进行的决策、计划、组织、指挥、控制、协调和监督等活动。即管理就是通过他人把事情办妥。因此,管理在很大程度上说就是一种处理人际关系的艺术,而管理口才在其中又占有重要的地位。

2. 管理口才的含义

口才是指一个人口头表达的能力。也就是运用口语传递信息、交流思想情感的能力。"口才"一词较早见于中国古籍《孔子家语》:"宰予,字子我,鲁人,有口才著名。"这里的"口才"也是"说话的能力"的意思。口才对于极少数人来讲是天生的,但对绝大多数人来讲,需要靠练习才能获得。

管理口才指个人口头表达的才能在管理活动中的运动。是管理者自身素质、修养、学识的重要体现。口才表达能力是一个管理工作者前提性的能力素养,口才风度与魅力已成为现代优秀管理者及领导的成功元素。从管理学的发展来看,管理口才也越来越受到学者的重视。在西方管理界有一句名言:管理即管人。

管理者,众之首也。管理者要实现有效而成功的领导,必须充分利用好领导环境,导之以言而施之于行,最大限度地引导和调动被管理者朝着既定的目标共同努力。而要引导和调动别人,沟通和鼓动是最重要的手段。

3. 管理口才在现代管理中的地位 人活在世上,每天都免不了与人打交道,免不了反复地与人沟通,管理者更是如此。现代管理者应当具有上述多方面的能力素质,而所有这些能力的发挥,都要借助于口语表达。管理的行为过程,也就是沟通的行为过程,管理的主要和核心工作就是语言沟通。所谓管理或领导能力就是激发他人跟随你一起工作,以实现共同目标的能力。这种能力通常是通过日常生活经验积累获得,并借助于语言的感召力来吸引他人共同奋斗。具体地说,语言沟通在管理中的重要作用体现在以下几个方面。

(1) 管理口才是组织人际关系沟通的重要手段:人是组织构成的最重要的因素,组织内外纵横交错的关系,在本质上表现为人际关系。和谐的人际关系会使组织具有较强的凝聚力。组织内外和谐人际关系的建立,主要取决于组织成员在交往过程中如何说话,其中尤以担任领导职务的管理者的说话水平最为重要。管理者良好的语言沟通能力,能使职工自由和他人尤其是管理人员谈论自己的看法、主张,使他们的参与感得到满足,从而激发他们工作的积极性和创造性。沟通者互相讨论启发,共同思考探索,迸发出创意的火花。

(2) 管理口才是组织信息传递的有效方式:信息传递是组织赖以生存发展的生命补给线,不仅可以协调组织成员内部的关系,而且尤其有利于组织争取很好的外部生存空间。信息传递要做到正确、及时、有效,主要取决于语言表达,信息传递者不仅要把话说得通俗明白,还要好听。

> **案例 7-1:**
>
> 1954 年周恩来总理出席日内瓦国际会议,为了向外国人宣传中国人并不好战,决定为外国记者举行电影招待会,放映《梁山伯与祝英台》。为此,工作人员准备了一份长达 16 页的说明书。周恩来看后批评说,这是"不看对象,对牛弹琴"。工作人员不服,说:"给洋人看这部电影,才是对弹琴呢!"周恩来说:"这要看你怎么个弹法,你用十几页的说明书去弹,那是乱弹。我换个弹法,只要你在请柬上写一句话:请您欣赏一部彩色歌剧电影:中国的《罗密欧与朱丽叶》。"果然一句话奏效,这部电影赢得了外国人的赞赏。

在例子中,周恩来总理恰到好处地用外国人熟知的罗密欧与朱丽叶的故事来做话头,推出中国的越剧艺术片《梁山伯与祝英台》,使外国人觉得亲切、好奇,因此他们更容易接受。这个例子告诉我们,在跨文化或多元文化交际活动中:同样一句话或一个意思,可以有很多不同的说法。

(3) 管理口才是开展组织思想工作的有力武器:常言道:"良言一句三冬暖,恶语伤人六月寒",说的也是这个道理。组织内部管理者与人交谈,会对人产生巨大的影响,效果好坏在极大的程度上取决于谈话的内容、方式和风格。

(4) 管理口才是树立组织和管理者形象的必备条件:管理者首先代表一级组织,其次代表个人。管理者的口才在极大程度上既反映组织形象又代表个人风格,二者都会影响组织效能的发挥。习近平主席说,有些领导干部"与新的社会阶层说话,说不上去;与困难群众说话,说不下去;与青年学生说话,说不进去;与老同志说话,被顶回去。"领导干部如果长期处于这种失语状态,显然极不利于组织形象和个人威信建立,难以开展好工作。

案例 7-2：

据说，某领导马不停蹄地考察了美国、日本和越南三国，回国后搞了场出国考察成果报告会，内容如下：

此次出国考察取得了丰硕成果，我个人感觉有三大项收获：

第一项是文化方面的。我们在美国，与美国人进行了广泛的交流，得知：人家美国人连三岁小孩都会说英语。对照我们国家，高中生还说不了几句英语，这实在是太落后了，不奋起直追是不行了。

第二项是金融方面的。我们在日本购物，发现日元根本不如人民币值钱。这个发现一方面增强了我们的民族自豪感；另一方面也提醒我们，在和日本人做生意时千万要弄清汇率，别吃亏上当啊。

第三项涉及国际贸易问题。我们在越南时发现，越南人根本不穿羽绒服，再冷的天他们也不穿，所以我们以后推销羽绒服时，就别动越南人的脑筋了。

以上示例中的领导，文化知识水平不够，胡乱发言，沦为笑柄，不仅给个人"抹黑"，也是他所在的单位"蒙羞"。

（二）管理口才的特征

长期以来，管理工作中存在这样的误区：习惯于通过直接下命令的方式来实现其领导作用。实际上，这是对领导能力的一种误解，要想使自己向下沟通的渠道畅通有效，这其中蕴含着管理沟通的基本原理和语言特征，需要管理者领悟与把握。

1. 权力性与非权力性相结合 当管理者作为组织机构的代表传达指令及政策时，语言应当具有权威性，不可信口开河，措辞要有分寸，表达要谨慎，自觉规范和约束自己的话语，抓住主要问题，阐明问题实质，表达严密，出语准确。权力性讲话适用于上传下达，宣布奖惩，执行裁判，新闻发布等。

作为领导一定要克服专制，蛮横的作风，代之以坦率，诚恳，求实的态度，利用一切谈话机会，尤其是不应该放弃正式的谈话机会，在彼此毫无戒备的心理状态下，哪怕是只言片语，有时也会有意外的信息。

2. 原则性与灵活性相结合 原则与灵活是一对矛盾的统一。原则性是指领导者不能用自己的话语否定上级或集体的决定和意见，不能随便表态答复或作出许诺，不能想当然的评价某人、某事，不随意传播小道消息或泄露机密。灵活性是指以管理制度的基本原则作指导，联系本地区，本单位的实际。执行政策，传达指令要抓住实质，融会贯通，用自己的话，个性的语言加以宣传，而不是照本宣科；答复问题灵活婉转，而非人云亦云，表扬批评要举一反三，不能过分机械呆板。

3. 理论性与通俗性相结合 领导者的风度，话语的果断，遇到问题时从容自如的分析及熟悉程度，一级对某些关键事情的决策，都是领导头衔的丰富内涵，富有理论性乃至哲理性的语言也往往由于不同的表达而每次都能引起人们的兴趣。尤其是管理者，在谈话中运用哲理性语言，可以起到精辟，深邃和简练的效果，反映出说话者思想的成熟程度，所以富于理论性和哲理性的话语常常可以产生一些统摄效应，将听众的敬佩保持下去。这一类型的语言往往表面说的平常事，却暗喻耐人寻味的道理。他们说的都是极普通的事实，然后一经提示，这些情形就产生了奇妙的变化，使人从中领悟到很多深刻的意义。

在沟通中,领导者不能一相情愿地认为所有人都和自己的认识、看法、高度是一致的,或者居高临下的自视为"阳春白雪"。对待不同的人,要采取不同的方式,要用大家听得懂的"语言"来沟通。形象性的语言听众容易理解接受。理论是抽象的,而例子是通俗具体的,其形象性的语言确实寓意明晰浅显,就自然能够让听众很容易接受,如何让文化水平不高的干部群众都能领会党的政策或理论知识,就要求我们的领导者偶有将理论通俗化的本事。

4. 果敢性与兼容性相结合　果敢是指在讲话交流过程中,通常需要当机立断作出决定,明辨是非的问题,就毫不犹豫地以言辞勇敢的予以宣布。这种心理必须果断、坚决,也不可能允许说话人作全面,反复认真的思考。千钧一发,迫在眉睫,当断不断,必为所乱。果断不是妄为。妄为是情况不明,毫无把握,乱碰乱撞。而果断是对情况有所了解,并有一定的心理反应的自信。

管理者交流讲话中,千万不要存在任何的优越感。用一种优越于员工的态度与员工交谈会让管理者很快地陷入不利的地位,进而失去交往机会。优越感太强的管理者是很难得到员工认同的。管理者的相对方是员工,许多话是说给员工听的是要在员工身上起作用的,因此,对管理者的语言一方面应该体现高屋建瓴的水平,另一方面,又应该有较强的兼容性,也就是要有虚怀若谷的精神,能听得进上级的批评,也能吸取群众的不同意见和建议,善于激发员工讲话的欲望,可以在感情交流的过程中完成信息交流的任务。

(三) 管理口才的基本原则

管理者在面对各种复杂形势需要具备随机应变的能力,以期最大限度地发挥个人在管理活动中的作用,但仔细地研究管理口才,会发现其依旧有一些原则可以遵循。

1. 有的放矢　一切的管理活动都具有一定的目的性,要达到目的,首先是要让听者明白说话者的话语传递的真实意图按,达到相互理解和协调配合的目的,防止偏听误听。有的放矢,就是针对说话者的对象,要充分考虑听者的接受能力、处境心情、实际需要、思想性格等。这样才能使说出的话有效果。

例:

在一所学校,一些学生认为现在的老师对他们管得太死,以至于没有一点儿自由,所以纷纷要求学校对学生实行民主。老校长听了学生的陈述,就批评来抱怨的几位学生:"你们还嫌不民主,不自由? 文革那阵,我连拉二胡的自由都没有,知道吗?"学生们怔怔地望着校长,表现出困惑不解的神情。原来,这位老校长因为酷爱拉二胡,"文革"中被指控为"借拉二胡以发泄对社会主义的不满",被红卫兵打得死去活来。但学生不知道这些。因而,他们无法理解,更谈不上引起什么共鸣。

从例子中,我们可以看出一个人理解话语的能力,同他们的生活阅历有关。因此,管理者在管理活动中必须根据听者的接受能力来选择语言表达形式,否则就达不到交际的目的,甚至会起到相反的效果。

2. 设身处地　管理者在运用管理口才时,一定要注意听者的处境、心情,设身处地地站在听者的立场想问题。

案例7-3:
　《三国演义》中有这样一个故事:曹操行刺董卓未遂,逃亡到他父亲的好友李伯奢家。傍晚的时候,曹操在上厕所之际,偶然听到李家后堂有人说:"缚而杀之,何如?"便理解为李家要他捆起来杀掉，于是便来了个"先发制人"，杀尽了李伯奢一家，直到发现有一口缚而待宰的猪，才明白自己错杀了人。

这个"缚而杀之"，在后堂人听来，自然指杀猪款待曹操，可是在逃亡者曹操听来，却以为要绑杀他。造成误解的根本原因，在于曹操当时正处于逃亡之中，思想高度警惕，处处提防被人捉杀。这个故事提醒我们，言语交流必须适应听者的处境、心情，否则便会事与愿违。

另外，管理者运用管理口才，必须考虑听者的实际需要，不仅设身处地地想一想对方的立场，而且要考虑对方的心理需要，使自己的话发挥应有的作用。即根据不同的对象采取不同的谈话方式。

3. 对症下药　从心理学的角度讲，人们思想性格的差异，使每个人对言语信息的要求与反馈都不一样。一般来说，办事严谨、诚恳、老练的人，喜欢听到流利而稳重的话；性情豪放，粗犷的人，喜欢听耿直、爽快的话；学识渊博的高雅之士，欣赏旁征博引而少芜杂的言辞。因此，管理者在运用管理口才时，不能忽视听者的思想性格上的差异，要对症下药。

例：

中华人民共和国成立后，中国科学院刚成立，郭沫若请严济慈到科学院工作。严谨、诚恳、老练的科学家严济慈对郭沫若说："科学工作者离开实验室，科学生命就等于结束了。"郭沫若非常流利而稳重地回答："你说的很对。但是，如果你能因此使千百万人进入实验室，不是更伟大吗？"郭沫若把握住了严济慈的思想性格，一句话就让这位蜚声中外的科学家从此把主要精力倾注到中国科学院的领导工作中去。

4. 营造气氛　营造说话的气氛表面上看来并不是很重要，其实意义大得很，如果说者与听者都没有心情谈话，那么勉强地说几句，不仅连自己都感到多费唇舌，而且只会使尴尬的气氛得不到丝毫缓解。管理者需要耐心细致，心平气和，对方就会向你推心置腹、娓娓道来，收到良好的效果。

案例7-4：

1949年年底，商务印书馆由于经营不善，发不出薪水，董事长张元济先生到市委找陈毅市长，要向政府借20亿元（相当于现在的20万元）。这位80高龄的老先生比陈毅父亲的年纪还大，为了文化事业，亲自跑到这里来，理应拿到贷款。但是陈毅一想，觉得还是不借为好。因为给商务印书馆贷款20个亿，一下就会花光，不能解决根本问题。俗话说："除草要除根"，还是要从改善经营上想办法。所以，陈毅心平气和地对张元济老先生讲道理，建议他不要只搞教科书，可以搞些大众化的年画，搞些适合读者需要的东西，学学中华书局等其他效益好的出版社。否则不要说20亿，200亿也不能根本解决问题。还说"你老先生这么大年纪，能够到我这来请求帮助，我很感动。不过，我不能借这个钱，借了是害了你们。"陈毅这一席既真诚又礼貌的肺腑之言，给张老以很好的面谈印象。张先生被说通了，高兴地说："我完全接受你的意见，我不借钱了。你的话很爱护我们商务，使我很感动。"

管理者运用管理口才，要说话真诚、待人有礼。这不仅是谈话策略的需要，也是做人的准则。

创造良好的面谈氛围,除了注意谈话的内容与方式外,还要注意服饰整洁、举止文雅、微笑真诚。这样,才能有一个言语交流的良好的开端。

5. 通俗易懂　管理者务求语言的通俗易懂、干净而不啰嗦,可以增加一些民谚、歇后语、口头禅等。

例:某县官下乡巡视,向一老农问:"黎庶如何?"老农回答:"梨树不好,多被虫子糟蹋了。"例子中县老爷太迂腐,说话不通俗,才造成答非所问的情况。

（四）管理口才的修养

口才绝非"口上之才"。对于一般人来讲,要练好口才必须在胆识知情智思辩力度仪十个方面下工夫。管理口才修养应该多管齐下,同时在以下几个方面用力:

1. 广博的文化知识修养　戴尔·卡耐基说:"我们天天都由我们所讲的话所判定。我们所说的字句表示出我们的修养程度。它使有鉴别力的听者晓得我们与何种人为伍,它是我们教育文化程度的标尺。"丰富的知识能使人思想充实、视野开阔、思维敏捷,"言之有物"。俗话说:"肚里有知识,手中钥匙多。"管理者只有具备了丰富的知识,口才才会有魅力。

有人说,现代管理者的知识结构应呈"T"字结构。其中"一"代表横向可融会贯通的知识,属于广博性知识;"I"代表纵向专业性知识,能体现深刻性的知识。前者应占其知识总量的80%,后者应占20%。

2. 丰富的道德情感积淀　崇高的道德来自伟大的人格,是口才表达产生精神动力的源泉。所谓"感人心者,莫先乎情",无论是亲情、爱情、师生情、同学情、同事情都是令人神往的东西,都饱含着丰富的道德情感因素,诚如哲学家狄德罗所说,管理者必须"首先做一个有德行的人"。追求高尚的道德人格,然后才能以自己感人的道德力量取得交流的机会,更好地说服别人。人格道德修养具体表现为责任心、爱心、宽容心、诚心、信赖、睿智和勇敢的品格,进而发展为对他人、集体、社会和人类信仰及共同价值观的牺牲奉献精神。一个有德行的管理者,在员工心目中的价值和威信自然不低。

3. 高超的政治领导艺术　沃伦、布兰克"自然法则"的前三条是:第一,领导者在组织规定程序的边界之外起作用。领导是要变化的,并不是维持现状的。领导需要发现问题,促使事物向前发展。第二,领导包含奉献和不确定性。领导者不在安全网中生活,处理疑问和混乱是领导不可推卸的责任。第三,领导是相互作用的领域。领导是领导者与追随者之间的关系,领导不是一个人、一个职位或者一个计划,当领导者和追随者接触的时候,就会发生一些事情。伟大的革命先行者孙中山先生也说政治乃"管理众人之事"。

良好的政治理论修养是管理者认识复杂事物、理解高深学问,分析疑难问题、驾驭困难局面和执行大政方针政策的高级能力。有了它,就能在风云变幻、错综复杂的环境中,把握时局,驾驭矛盾,认清方向,正确决断。

4. 卓越的性格意志磨炼　担任管理者或领导职务,要准备面对孤独,轻者"无人理睬",重者可能"众叛亲离"。战胜孤独的力量主要来自管理者的自制力和意志力。意志力是一种发自内心的自我驱动力量,它是每一位为人所拥有的重要的精神特质。只有具备了这种精神特质,才能成为领袖,管理别人。只有通过夜以继日、坚持不懈的努力,我们才能培养出坚强的意志,使自己面对一切困难的挑战。万科董事长王石说:"我喜欢登山而不是征服山,我是征服我自己,说得大一点是人类对自己的一种不满足,人类对自己有一种探索,一种突破自我的反应。"

良好的口才是一把双刃剑，它可以使说话者在雄辩中战胜对手，可以使说话者摆脱困境。而雄辩的气势和掷地有声的语言背后，是说话者坚定的性格和不屈不挠的意志。上至国家总统，下到一个普通管理者，都遵循相同的规律：要想成为一位卓越的管理者，就必须磨炼自己的性格和意志。

二、管理口才的主要技巧

管理者要想获得较大的成就，就必须从许多方面努力。管理者需要提高自己的沟通能力。所谓沟通能力，无非是两个方面：一是提高理解别人的能力，二是增加别人理解自己的可能性。对于管理者来说，要想获得良好的人际关系，抓住对方的心理是十分重要的。

(一) 赞扬的语言技巧

人人都渴望掌声与赞美，哪怕只是一句简单的赞语，都会给人带来无比的温馨和振奋。作为管理人员，要善于表扬，使表扬在管理中发挥积极的作用。

1. 赞扬要注意个性差异和语言的选择　作为管理人员，在赞扬别人的时候，要根据每个人不同的性格，采用不同的语言和方式。对个性自卑的人，常常对自己的能力估计不足，对这种人，管理者应采取"夸张式"表扬，对其点滴的进步都要及时鼓励，培养他们的自信心。即使他们偶尔犯了错误，也应寓批评于表扬中，委婉地指出，不要重言重语伤害他们的自尊心。

个性自知的人，凡是都爱用自己的眼光去观察，用自己的头脑去分析，相信自己而不轻易相信别人。对这类人的表扬则应采取客观分析的态度，可称为"实事求是式"的表扬。既充分肯定其优点，又明确指出其不足，当然语言的选择中应偏重于肯定。若过分地用否定式的语言，会挫伤他们的积极性。

而个性自负的人，则往往不能客观地评价自己，他们常常过分夸大自己的长处，过分估计自己的能力。这种人通常都有点儿聪明，但也最易"聪明反被聪明误"。得到夸大的表扬会使其如坠云雾，飘飘然不知所向，因此，对于这类人的表扬，采用谨慎的态度和用语就显得十分必要，可之为"谨慎式"表扬。

管理者在表扬时，除了要注意个性差异外，还要善于使用表扬的语言，使受表扬者受到鼓舞，从而更加努力的工作。激励落后者，向受表扬者看齐。

案例 7-5：

某厂的技术员孙宁，在刚刚完成一项高难度的技改项目后，厂领导给他开了一个表彰会。会上，厂长如是说："作为一厂之主，我非常感谢孙技术员，没有他的勤奋与努力，就不可能以如此低廉的代价完成如此高难度的技改项目。可以说，老孙是我们厂的功臣，我代表全厂工人感谢他。"随即他深深地向孙宁鞠了一躬。顿了顿，他接着说："作为国营中型企业，我们需要技术改进的工艺很多，比如成品流水线、制浆流水线。如果这些更难的技改项目能够完成，那么，我们厂就肯定能走出困境，更上一层楼。我希望全厂的每一个职工、每一个技术人员都向孙技术员学习。这样我们厂就一定会在走向市场经济的过程中立于不败之地。"

这位厂长的高明之处就在于，不仅表扬了孙宁，而且在表扬中，非常自然地提出了更高的目标，用这更高的目标去激励全厂的每一位员工。

2. 赞扬要有理有据,做到公正客观 管理者在赞扬下属时首先要明辨是非、善别良莠,将称赞建立在事实根据的基础上。这样大家才能心服口服、自觉效仿,使上下级之间以及下级之间的关系保持和谐和团结。

例:小刘和小王都是处里新来的同志。小刘比较机灵,初来乍到表现积极,早上坚持提前半小时到单位,打开水、扫地等活抢着干。副处长看在眼里,喜在心里,常常表扬挂在嘴角。时间不长,小刘满足后就没有恒心了,不再提前上班,反而常常迟到。小王则后来居上,打开水、扫地悄悄干。但副处长却不知道,仍在一次会议上说:"小刘同志在处里,一直以来,工作认真积极,打开水、扫地等活干得最多,应该提出表扬。"言毕,小刘顿时脸红,小王则心里荡起一阵微澜。会后连续一星期,开水也没人打了,地也没人扫了。这位副处长终于沉不住气,问处里其他同志,才恍然大悟,知道自己夸错了人。

管理者赞扬下属要掌握"躬""恒""明"的原则。"躬"即对所称赞的事情要亲眼所见、亲耳所闻,是切切实实的调查所得;"恒"即要对下属的工作和成绩进行持久的考察,使自己的评价经得起时间的考验;"明"即要对每一位下属的优缺点了如指掌,正确给每个人定位,论功行赏。

古语云:"誉人不溢美。"也就是说,对被表扬者的优点和成绩,要恰如其分地如实反映,既不缩小,也不扩大,有几分成绩就说几分成绩,不能"事实不够笔上凑",添枝加叶,任意修饰。同时,表扬要发自内心,不要为了表扬而表扬。

赞扬下属要公正客观。十指伸开都不一样长,下属也各有长短。有缺点的人更需要乘早。称赞是一种力量,它可以促进下属弥补不足,改正错误。管理者对自己喜欢的下属,称赞时要把握好分寸,不易过分或过多,也不要不敢表扬;对比自己强的下属要公正。不要把集体的功劳归于一人,更不要全部据为己有。

刘邦能够公正地称赞臣下的过己之处。一次,他在与大臣谈论打败项羽的原因时,除了说明自己会用人之外,刘邦还赞扬张良、萧何、韩信道:要说运筹帷幄之中、决胜千里之外,他不如张良;要说整治国家、抚慰百姓、供应给养、保证粮道畅通,他不如萧何;至于统一指挥百万军队,攻无不克战无不胜,他就不如韩信。一个封建帝王竟然能有此等胸怀,公正地称赞大臣的才能,实在值得当今的管理者仿效。

3. 赞扬要及时,善于寻找下属的闪光点 对一个人来说,没有比领导的赞赏更让他激动的。当下属的工作告一段落并取得一定成绩时,会期望得到管理者的总结性的公开表扬。如果管理者能摸透下属要求表扬的心理及时给予满足,那么必然会激励他们更加努力工作。

每个人都有优点和缺点,如何看待一个人的优缺点,尽管有客观的判断标准,但与观察者看人的角度也有相当的关系。对于一个高明的管理者,应善于挖掘部下身上的闪光点,激发他们的才智,为自己所用。

(二)批评的语言技巧

人非圣贤孰能无过?在日常工作之中,下属的工作常常会出现某些偏差和错误。从哲学的高度来说,各种主客观圆晕的存在使得错误难以完全避免。但是囿于外部条件的限制,下属自身是难以察觉到这些错误的,这时领导就必须及时提出批评,来拨正航向,纠正偏差,保证工作目标的顺利实现。

因此,领导适时而恰当地批评下级不仅是必要的,而且也是很重要的。但要注意把握批评的技巧,既达到效果又避免矛盾的激化。

1. 管理者在批评下属时需要掌握的四个要领：

（1）要考虑进行批评的必要性；

（2）要站在部下的立场来进行批评；

（3）要弄清楚批评的原因，要听取部下的意见；

（4）要注意时间、地点和机会即 TPO 的选择。

2. 批评的方法

（1）批评别人先从批评自己开始：有经验的领导认为，未开口批评之前，先检讨一下自己所持的什么态度，是积极还是消极？情绪中常常无好话，既理不清，也将理不明；尤其容易冲动而失去理智。因为这种情绪有极强的传染力，一旦对方感觉这一点，立刻会激起同样的情绪，立即会抛开领导的批评内容，计较其态度来。这种互为影响的情绪会把批评带入僵局，承认自己的过失是沟通的消溶剂，可解冻、改善与转化沟通的问题。

（2）选择适当的场合和时机：沟通要选择有利的时机，采取适宜的方式。首先需要一个沟通前的心理准备，然后再与部下一起分析失败的原因，部下就可能欣然接受你的忠告了。

批评作为一种微妙的沟通，其效果不尽取决于信息内涵，还要受环境条件的制约。在不同情况下要采取不同的沟通方式，要抓住最有利的沟通时机。

（3）糖衣式批评：管理者在批评之前，先给双方一些安慰。例如，动机良好而效果不佳，不放先肯定其良好的愿望，然后再分析错误的原因，这样就容易让人接受了。

（4）建议式批评：忠告也好，批评也好，都要明确目的是为了帮助教育人，使其按正确的方向发展进行。如果不能起到这个作用，批评的目的就没有达到。

管理工作中，大多数上司在批评时，往往把重点放在职责下属"错"的地方，却不能善意地指明"对"的应该怎么做。在下属看来，更多感受到的是个人的不满意。因此，最好的批评应该是探讨式的。站在对方的角度分析错误的原因，寻求正确的做法。

（5）暗示式批评：采用声东击西的办法，让别人慢慢察觉自己的过失。这与模糊式批评有异曲同工之妙。这种批评既照顾了别人面子，又指出了问题所在，并且在表述上有较大的回旋余地。这样就可以避免直接点名批评的一些负面效应。

采用名言、俗话或楷模来作为正确做法的榜样，暗示下属的错误，则可以使其自觉并真切感受到上司的大度与关爱。

3. 批评的五不原则

（1）不公众：对于下属的一般性过失，管理者不能当众批评，以免增加他的心理负担，或是影响他接受批评的态度。正确的做法是和他单独交谈，让他体会到管理者对他的关怀，进而使他愿意正视自己的问题与错误。至于某些问题必须当众批评或通报时，也应在事先或事后做好与对方沟通的工作，并且帮助他们消除顾虑，或者安抚他们的情绪。

（2）不重复：管理者每次只应批评一件事，而不要将几件事串联在一起批评。因为多重性批评会使下属分不清事情的轻重缓急，也会让下属感到无所适从。

（3）不恶语：管理者要善于说事实、讲道理，而不要讽刺挖苦、侮辱人格或骂人，也不能嘲笑对方的生理缺陷。俗话说：恶语伤人恨难消，一旦伤害了下属的自尊心，就可能产生难以化解的对抗情绪，如此一来，批评也就难以取得成效了。

（4）不比较：管理者在批评甲员工时，若将他和较为优秀的乙员工相比，以衬托出甲员工的不足，势必会引起甲员工的敌视。但是反过来，如管理者在批评甲员工时，以能力较为不足的丙员工为对比，以衬托出甲员工的优越，这样的方式对甲员工而言，就较能产生激烈的效果。

（5）不过分：管理者对下属错误言行的批评，必须恰如其分地指出，也就是要就事论事，不能夸大其词，更不能否定一切，更不能说"无可救药"等负面的话。

（三）主持会议的口才艺术

主持或出席会议，是各级领导进行有效交流与管理的一种重要形式，也是他们日常工作的重要组成部分。主持会议的技巧有时候关系到会议的成败，因此，管理者主持会议时，在用语上必须达到控制节奏、紧扣主题的总体目的。主持会议前要整理好会议的主题，发言时要重视书面语的应用和内容的重要性，讲话的方式要严肃，说话要言之有物、注意节奏感，要仔细聆听别人的意见和指示。

1. 开场要精彩，先声夺人 会议的顺利进行有赖于良好气氛的营造，精彩的开场白才能吸引与会者的注意力，刺激其兴奋点，调动各种积极因素，使会议取得圆满成功。开场白一般包括会议主题、目的、意义、议程和开法等内容的陈述，会议主持者可以根据实际，因境制宜，灵活安排。

（1）开宗明义，直奔主题：开宗明义就是指会议开场白不拖泥带水，直接讲明开会的目的，把重点说清楚，使与会者有思想准备，为领导会议精神打下良好的基础。这类开场白一般用于较大场合如外事活动、国际会议或者一般基层单位平常中小型会议。

例：

同志们：

今天这次会议，主要是以总书记"七一"重要讲话和"三个代表"重要思想为指导，深入贯彻省、市委工作会议精神，进一步动员全市上下解放思想、抢抓机遇，干事创业，推动全市经济和社会事业超常规、高速度、跨越式发展，加快建设富而美的现代化园林城市。参加今天会议的有：全市副局级以上领导干部，担任过副市级以上实职的离退休老干部，离岗待退的原市级领导干部，市直部门科股长，市属及以上企业主要负责人。今天的会议有三项议程：一是×××副市长传达省、市委工作会议精神；二是市委×××书记作重要讲话；三是我就会议精神贯彻讲几点意见。现在会议进行第一项，请×××副书记传达省、市委工作会议精神。

（2）因境制宜，营造气氛：管理者要想成功主持会议，除了必须具备敏捷的思维能力、流畅的口头表达能力、高超的应变能力外，还必须善于充分利用听众共同所处的环境或者议题所涉及的环境。

案例 7-6：

一次，张主任召集全单位人员开会，当时会场比较嘈杂，听众情绪还未安定。张主任说道："有个笑话说，张飞和关羽参加一个刘备召开的军事会议，当时大家正交头接耳，刘备无法讲话。张飞说：'哥，看我的。'于是他用在长坂坡喝退曹军的大嗓门吆喝一声。结果大家并没有安静下来。关羽说：'小弟，你那手不行，还是看我的。'于是，他便坐在刘备的位子上，捋须凝眉，似有所思。这下子大伙儿觉得奇怪，倒安静下来了。其实，这只是个笑话，刚才大家交头接耳，现在为什么安静下来了？这个问题留给大家思考，我今天所要讲的主要内容是……"

会议的类型有多种，根据不同的环境，所需要营造的气氛也不同。比如，征集意见的会要求各方畅所欲言，集思广益，这需要的是生动、热烈的氛围；研究解决问题的会议则

需要的是严谨、严肃的气氛;欢迎会要的是热情洋溢;欢送会上则要流落出依依惜别之情。

2. 灵活调控,推进会议进程

(1) 积极引导,防止冷场:主持会议过程中,经常会遇到无人发言或某一部分人毫无反应的现象。这种冷场现象不利于会议预期目标的实现。面对这种情况,主持会议者应针对冷场的不同原因,采取不同的对策。

面对说话有顾虑的听众,主持人可事先讲明政策,鼓励大家讲真话、说实话。面对害羞的听众,主持人可以用幽默风趣的话语打开与会者的话题,也让性格外向、胆子较大的同志先开口发言,进而调动大家发言的积极性。面对无所谓的态度导致的冷场,主持人应积极创造民主、活泼的会议气氛,去感染带动他们,或主动接近他们,征询他们对问题的看法。面对年轻的听众,主持人要主动鼓励他们发言,并告诉他们说错了也没关系;而且在他们发言时,主持人应表现出对其发言的兴趣,并举出其中合理性部分加以肯定。

(2) 机智应对扰乱会议的情况:会议上可能存在一言不发的或是口若悬河的与会者,对于事情要争论不休或者开口就跑题的与会者,或者私下开小会的与会者,面对这些情况,作为管理者又是会议主持人,要理智地应对。

对口若悬河的人,应在适当的时间打断他的发言,或者是限定发言的时间。对于窃窃私语的人,尽可能地用眼神制止他,如果依旧无效的情况下,做适当的提醒。对争论不休的人,首先要找到争论的原因,如果可能,重复他们的意见,显得你已经接受了他们。如果你无法控制他们,就把他们的问题中存在的谬误大声念出来,然后提交给大家讨论。对离题的现象,主持人的职责就是把会议引上正轨。针对闲话式离题的情况,主持人可以采取以下措施:一是接过讨论的某句话,顺势巧妙自然地引回到正题上来;二是联系议论的某一层意思,提出新的话题引入正题中;三是用一句善良的话或风趣的话截住议论而引入正题。针对发挥式离题的情况,主持人在处理的时候不能简单粗暴,而应该尽可能采用不影响情绪和气氛的方式,用礼貌的形式提醒发言者。

3. 有头有尾,善始善终　会议总结是会议主持者对会议情况的归纳性陈述,是主持者对会议的画龙点睛之笔。管理者在作会议总结发言时,应尊重事实,一分为二,既充分肯定成绩,又指出不足之处,尤其要对今后努力的方向和奋斗目标予以强调。

会议总结可以采用如下方式:

(1) 穿珠式:与会人员的发言或会议成果中不乏闪光之处,会议主持者可以运用联系和发展的眼光,把这些成果穿起来,形成有价值的会议总结。

(2) 升华式:与会人员都表述了自己的见解,但表达得都不够完善和深刻,会议主持者可以站在更宏观或全局的高度,对与会者的思想加以升华,使与会者的认识水平上升到更高的层次。

(3) 评论式:这种方式适用于报告会或策略性研究会议上。在与会人员充分地献计献策后,会议主持人可对报告内容或这些意见作出评论并表明自己的观点。

(4) 拍板式:当对管理者作决策的各项客观因素,大家的态度已经明了时,管理者就应及时拍板定案,不可犹豫不决,丧失良机,给人留下"会议没有取得成果"的印象。

会议结束时,主持人一定要明白"当前形势",总结时不宜过多评论,评论时宜粗不宜细,不要内容越说越多,时间越拖越长,招致与会者抱怨。

（四）调解下属纠纷的口才艺术

在现实生活中，人们常常因为这样那样的原因而产生矛盾，引起争吵和纠纷。这些纠纷如果不及时解决、"化干戈为玉帛"的话，必然会给彼此的工作生活造成不良影响。作为一个管理者，一定要善于调解各种纠纷，使周围的人群关系融洽、工作愉快。管理者在处理矛盾时一定要公正，不偏不倚，一碗水端平。有的时候要学会"和稀泥"，当个"好好先生"。在处理矛盾冲突时要注意以下几个方面。

1. 处理矛盾冲突要客观慎重 调解部署之间的纷争往往比较棘手。对于一般分歧及个人纷争，管理者最好不亲自出面。如果纷争涉及较重大的业务问题，在出面调解时候要抓住两个关键问题：一是谁是谁非，二是职位的高低。在同等级职员之间发生争执时，支持有理的一方，并解释理由，表明公正的态度；而在不同级职员之间发生争论时，调解就要费些脑筋了。处理这样的局面要显示相当的灵活性，不能教条地对待。比如：有时应支持有理的职务较低的一方；有时为了保持公司的安定团结和大局，尽管职务较高的一方理亏，也应给他足够的面子。

2. 处理矛盾冲突要客观中立 无论处理什么样的冲突，这条原则都是办事的准绳。处理冲突时管理者一定要保持中立状态，不能有偏袒。偏袒只会使冲突激化，而且还可能产生冲突移位，冲突的一方很可能会把矛头移向你，使人际矛盾扩大，冲突趋于复杂。

3. 不能盲目上纲上线 处理人际冲突最忌讳的就是拿出本本、条例大声诵读一遍，以显示你的公正性与合理性。其实你此时的样子是可笑的，你在把别人当孩子的同时，自己也成了孩子。员工只会嘲笑你的无能，问题还是没有得到解决。

4. 选择不同策略 对管理者来说，冲突时多样的，对冲突的处理也不可采用单一策略。要针对不同的冲突内容与程序选择相应的解决冲突策略。

（1）合作策略。鼓励冲突双方把他们的利害关系结合起来，使对方都得到满足。

（2）分享策略。让冲突双方都能得到部分满足，即在双方要求之间寻求一个折中的解决方案，互相作出让步。

（3）回避策略。估计双方冲突可以通过他们自身调节加以解决，就可以回避冲突，或用暗示的方法，鼓励冲突双方自己解决分歧。

（4）竞争策略。允许冲突双方以竞争取胜，赢得别人的同情与支持。

（5）第三者策略。当存在冲突的双方皆可接受的另一位有权威且易于解决冲突的第三者时，可以通过他来解决冲突。

（6）调和策略。在解决冲突过程中，运用情感与安抚的方法，使一方作出某些让步，满足另一方的要求。

三、与上、下级沟通的语言技巧

（一）与下属沟通的艺术

管理者应有计划地与员工谈话，谈话是人们传递信息和情感，增进彼此了解和友谊的一种方式。管理者说话成功的关键就在于谈话中注入真诚，并将自己的心意传递给对方。只有当员工感受到管理者的诚意时，他才会打开心门，接受管理者的说话内容，实现和管理者的沟通，进而和管理者形成良好的关系。

案例7-7：

华为老板任正非致员工书

您有幸加入了华为公司，我们也有幸获得了与您合作的机会。我们将在互相尊重、相互理解和共同信任的基础上，与您一起度过在公司工作的岁月。这种尊重、理解和信任是愉快地进行共同奋斗的桥梁与纽带。这个企业文化黏合全体员工团结合作，走群体奋斗的道路。有了这个平台，你的聪明才智方能很好发挥，并有所成就。没有责任心，缺乏自我批判精神，不善于合作，不能群体奋斗的人，等于丧失了在华为进步的机会。那样您会空耗了宝贵的光阴，还不如在试用期中，重新决定您的选择。进入华为并不意味着高待遇。对新来的员工，因为没有考评记录，起点较低，晋升也许没有您期望得那么快，为此深感歉意。遵循循序渐进的原则，每一个环节对您的人生都有巨大的意义，您要十分认真地去对待现在手中的任何一件工作，十分认真地走好职业生涯的每一个台阶。您要尊重您的直接领导，尽管您也有能力，甚至更强，否则将来您的部下也不会尊重您，长江后浪总在推前浪。要有系统、有分析地提出您的建议，草率的提议，对您是不负责任，也浪费了别人的时间。特别是新来者，不要下车伊始，动不动就哇啦哇啦。要深入、透彻地分析，找出一个环节的问题，找到解决的办法，踏踏实实地一点一点地去做，不要哗众取宠。华为十几年来铸就的成就只有两个字——诚信，诚信是生存之本、发展之源，诚信文化石公司最重要的无形资产。信息安全关系着公司的生死存亡。员工在参与公司产品研发、生产、销售等过程中，一是不要侵犯了别人的知识产权，而是不要将公司的智力资产泄露出去甚至据为己有。诚信和信息安全作为对每个员工的最基本要求，任何人只要违反，都必将受到处罚。业余时间可安排一些休闲，但还是要有计划地读些书，不要搞不正当的娱乐活动，为了您成为一个高尚的人，望您自律。

我们不赞成您去指点江山，激扬文字。我们以产业报国的方式去关心、去爱自己的国家。目前，在中国共产党领导下，国家政治稳定、经济繁荣，者就为企业的发展提供了良好的社会环境，我们要十分珍惜。21世纪是历史给予中华民族一次难得的振兴机会，机不可失，失不再来。21世纪究竟属于谁，这个问题的实质是国家的较量，国际间的竞争归根到底是在大企业和大企业之间进行。国家综合国力的增强需要无数大企业组成的产业群去支撑。一个企业要长期保持在国际竞争中的优势，唯一的办法便是拥有自己的竞争力。当华为拥有知识产权的产品以强劲的竞争力冲出亚洲，走向世界的时候，它代表着一个国家向全世界展示：中国不但过去曾经是文化科技大国，今天、明天、后天……，还会再创辉煌。希望您加速磨炼，茁壮成长，我们将一起去托起明天的太阳。

管理者如果能做到换位思考，站在他人的立场上分析问题，就能给人一种为他人着想的感觉，这种以心换心的技巧常常具有强大的说服力。如果是有意无意地把自己的地位提高，与群众之间的差距拉大，非权力性讲话的影响力反而越小，不能收到预期效果。

（二）与上级沟通的语言技巧

在工作中要想与上级进行有效地沟通，这就需要你有较强的语言表达能力。任何一个岗位上的员工都需要跟上级、领导打交道。大部分员工的感受都是"伴君如伴虎",上司永远是不可捉摸的。于是乎,缩手缩脚,如履薄冰。其实,并非"老虎的屁股摸不得",而在于员工怎样去"摸",这就要求员工要好好地掌握与上司进行沟通的语言技巧。一个会说话的下属不但在职场中受欢迎,而且在其他任何地方也都是受欢迎的。

1. 把握时机,注意场合

案例7-8:

曹操怒斩杨修片段,主要是分析员工该怎样与上司进行语言沟通。操屯兵日久,欲要进兵,又被马超拒守;欲收兵回,又恐被蜀兵耻笑,心中犹豫不决。适庖官进鸡汤。操见碗中有鸡肋,因而有感于怀。正沉吟间,夏侯惇入帐,禀请夜间口号。操随口曰:"鸡肋!鸡肋!"惇传令众官,都称"鸡肋"。行军主簿杨修,见传"鸡肋"二字,便教随行军士,各收拾行装,准备归程。有人报知夏侯惇。惇大惊,遂请杨修至帐中问曰:"公何收拾行装?"修曰:"以今夜号令,便知魏王不日将退兵归也:鸡肋者,食之无肉,弃之有味。今进不能胜,退恐人笑,在此无益,不如早归:来日魏王必班师矣。故先收拾行装,免得临行慌乱。"夏侯惇曰:"公真知魏王肺腑也!"遂亦收拾行装。于是寨中诸将,无不准备归计。当夜曹操心乱,不能稳睡,遂手提纲斧,绕寨私行。只见夏侯惇寨内军士,各准备行装。操大惊,急回帐召惇问其故。惇曰:"主簿杨德祖先知大王欲归之意。"操唤杨修问之,修以鸡肋之意对。操大怒曰:"汝怎敢造言,乱我军心!"喝刀斧手推出斩之,将首级号令于辕门外。

由这则故事可以看出曹操只是犹豫不决,遂以"鸡肋"为号,但未下令退兵,但杨修自以为洞察其真实意图,自作主张,视领导权威于不顾,是其罪名一也;大军初败,军心、士气为重,杨修扰乱军心,是其罪名二也。最后,告诉员工不要以自己的看法、想法来替代上司的指令,自作聪明反被聪明误。尤其是作为企业的行政人员,在传达上司的指令时,不但要把握好说话的时机与场合,而且更应该掌握好与上司沟通的语言技巧。应该从上司所处的实际环境,发出指令的背景,来领会其真实的意图。

由此便可以归纳出与上司进行沟通时应该注意的事项主要有:

要把握与上司沟通的语言技巧与说话的时机和场合,依据上司所处的场合和当时的心情注意领导的眼睛和手,能够了解上司的意图是什么。

所以在与上司进行语言沟通时,要会表达,语言要清楚,语音要洪亮、语句要通俗易懂,所表达的意思容易被上司听懂,不要装腔作势。

2. 善用征询,巧妙建议 在与上司进行语言沟通时不要代替上司做出决定,更应该引导上司,让上司说出自己的决定:

案例7-9:

刘小诗年轻干练、活泼开朗,入行不几年,职位不断地往上升,没过多久便成为单位里的主力干将。几天前,新老板走马上任,下车伊始,就把刘小诗叫到办公室并说:"刘小诗,你经验丰富,能力又强,这里有个新项目,你就多费心盯一盯吧!"

受到新老板的重用，刘小诗欢欣鼓舞。恰好这天要去上海附近的某个城市进行谈判，刘小诗进行合计后，由于人多，坐公交车不太方便，人也受累，这样一来便会影响谈判效果；打车吧，一辆车又坐不下，两辆费用又太高；还是包一辆车好，既经济又实惠。

刘小诗拿定主意之后，并没有直接去办理。身在职场有一段时间的刘小诗，在职场生涯中她懂得遇事应该向上司进行汇报一下，这是必要的。由此，刘小诗便来到了上司的办公室，并说："老板，您看，我们今天要出去，"刘小诗把几种方案的利弊进行分析了一番，紧接着又说："所以呢，我决定包一辆车去！"汇报完毕，刘小诗发现老板的脸色不知什么时候黑了下来。上司生硬地对刘小诗说："是吗？可是我认为这个方案不太好，你们还是买票坐长途车去吧！"这时刘小诗愣住了，让她出其不意的是一个如此合情合理的建议竟然被打了"回头水。"

"按理说这是没道理的呀，傻瓜都能看出来我的方案是最佳的？"刘小诗大惑不解。

通过刘小诗的这个例子可以看得出：刘小诗凡事多向老板汇报的意识是非常可贵的，错就错在她"措辞不当。"值得注意的地方，刘小诗说的是："我决定包一辆车！"在老板面前，说"我决定该怎样做"是上司最犯忌讳的。

假如刘小诗能这样说："老板，现在我们有三个选择，各有利弊。我个人认为包车比较可行，但我做不了主，您经验丰富，帮我做个决定行吗？"老板听到这样的话，肯定会做个顺水人情，答应自己的请求，这样一来岂不是两全其美了吗？

3. 与上级说话注意语气　再回答上司的问题时说："随便！""都可以！"这样的回答，会让你的上司感到你感情冷漠，不懂礼节，对什么都采取一种漠不关心的态度。这样，你在他心中的印象就会下降一个档次，这可不是件好事情；对上司说："这事你不知道？"或"那事我早就知道了"。这句话中带有十分明显的蔑视，不但是对上司，就是对熟悉的朋友也会造成很大的伤害，如果对方是你的上司，那你以后的日子可就不那么好过了；对上司说："您辛苦了！"这句话可不是你该对上司说的，而是上司对下属表示慰问或犒劳时所应该说的话，现在反过来由下级对上级说，结果似乎不大妙；对上司说："太晚了！"这句话的意思是嫌上司动作太慢，以至于误了事，尽管你不一定有此意，上司也一定会认为你是在责备他，这是他根本无法接受的；类似于"您的做法真让我感动！"，"经理决策英明，我十分感动"的话。"感动"一词是上司对下属的用词，例如："你们工作认真，负责，我很感动！"如果下属对上司用"感动"一词，就不大恰当了。尊重上司，应该说"佩服"。比如：可以这样说："经理，我们都十分的佩服您的英明和果断！"

在接受上司交待的任务时说"好啊"、"可以啊"在语言含义上带有批准、首肯的意味，常用在上司审核下属意见时所说的话。正确的说法应是"是"、"知道"，"是"、"知道"表示"承受命令"的意味，用在下属承领上司的命令时说比较合适。

思考题与实训

1. 案例：小张是一家中等企业的经理秘书，负责公司的行政、人事、后勤等事务，在公司里，除了要对上级负责，还要为员工服务，但小张感觉有时经理认为不是和他一条心，处处与他作对，偏向下属，但员工仍认为小张是经理的传声筒，与经理是同一战线的人，处在中间，小张感到很为难，为了今后能更好地开展工作，小张该如何调解与上司的关系，缓和上司与员工矛盾呢?

问题(1):如果你是小张,将如何缓和上司与员工的矛盾?

问题(2):在与上、下级沟通中语言技巧如何运用?

2. 在如今的职场中,"有德有才之士"被提拔到更高的职位是十分正常的事。这些人大都年富力强,前途远大,不管他们自身愿不愿意,一旦到了领导岗位,就一定要掌握说话的艺术和技巧。在被提拔之前,你或许是个芝麻大的小官,或者只是个普通职员,话说得好不好,对你的影响不太大。可现在不同了,你成了领导,成了别人的上司,你说出来的话,要影响到很多人。古人认为,官场之妙,妙在心机和口舌,因此,尽快学会说话是你成为领导之后无法推托的课程。

问题(1):当你被提拔之后,原来的上司或许成了你的同事,而原来的同事成了你的下属,这种变化使得你与他们之间突然有了一种很微妙的距离感。这时你怎样说话才能尽快打破这种局面,使他们适应你的新身份呢?

3. 小芳新到一个科室刚刚一年时间,耳朵里已经灌满了科主任的闲话,她的科主任是大内科主任,管辖内科的所有科室,雷厉风行的作风很容易招来科室的非议,小芳特别想把这些情况反映给科主任,也劝她在管理方式上稍微柔和一点,又害怕身为小护士不够分量,被她误会为爱传闲话的小人。

问题(1):你认为她该不该说呢?

问题(2):如果该说选择什么样的时机与地点,采用什么样的语言技巧?

下篇 医学生职业口才

第八章 医学生职业语言表达基础

了解医学语言的重要性,语言在医患沟通中的作用,熟悉医患交谈的特点。

一、医学语言的重要性

世界医学教育联合会 1989 年 3 月在其福冈宣言中明确指出:"所有医生必须学会交流和人际关系的技能。缺少共鸣(同情)应该看作与技术不够一样,是无能力的表现。医生必须理解什么是病人,在医疗实践中怎样与病人打交道。要掌握这些,应当包括整个训练期间(医学的),甚至过了训练期间还必须继续下去。"医患交流知识和技能之所以需要贯穿于医学教育的全程,落实于医疗服务实践之中,是因为医者的医患交流水平直接和间接地关联着医疗质量、效率和效益,影响到社会文明的程度。

随着生物-心理-社会医学的现代医学模式的转变,树立以病人为中心的理念,提高医疗、护理服务质量,以质量求发展,以质量求生存已成为大家的共识。要提高服务质量,除了不断提高医疗、护理技术水平,改善服务态度外,应注重医学语言在医疗、护理实践中的作用。因为语言与心理、社会两要素有着潜在的联系。医生高超的语言水平,能给病人增加信心、希望和力量,会使病人的免疫能力、代偿能力、康复能力和各种协调能力增强。反之则结果大相径庭。

在临床医患、护患语言交际中,情况往往极为复杂,即临床医学语言的交际环境、谈话对象、交谈意图、交谈方式不尽相同。在不同的场合怎样说话才得体,才不失身份,才能使患者满意,才能合情合理又合法,这大有学问。我国医生、护士医学口语能力的培养,基本上是在毕业后漫长的临床实践工作中摸索而逐渐培养起来的。由于缺乏在校期间有关理论指导和专门的医学口语训练,虽然也在临床从事着医学语言活动,但是,这种医患之间的交际往往带有一定的盲目性,有时言语交谈效果很好,有时说话却捅了娄子,还不知道问题出在什么地方,更不知该如何进行补救。这些都需要运用临床医学语言学的理论做指导。如果学校开设了临床医学口语的专门训练课程,无疑可减少工作中长期摸索所付出的代价,起到事半功倍的效果。所以,临床医学语言学应该成为医学生、护生的必修课。

(一)医学语言的重要性

语言是交流的工具,是建立良好医患关系的一个重要载体。医护人员要善于运用语言艺术,达到有效沟通,使病人能积极配合,早日康复。医护人员语言美,不只是医德问题,而且直接关系到能否与病人进行良好的沟通,关系到病人的生命与健康的问题。

1. 运用语言与患者沟通,是医学的传统　语言沟通是医患沟通中的基本方式,运用语言与患者沟通,是医学的传统。世界医学之父希波克拉底说过,医生有"三大法宝",分别是语言、药物、手术刀。我国古代医学典籍《黄帝内经》记载:"人之情,莫不恶死而乐生。告之以其败、语之以其善、导之以其所便,开之以其苦,虽有无道之人,恶有不听者乎?"这里"告之""语之""导之""开之"无一不是强调了语言在医患沟通中的作用。古代的东西方医者并没有可能彼此互相交流,却有着共同的体会和概括。这就是医学实践形成的、凝聚的医学传统。

我国著名健康教育专家洪昭光教授认为,语言是医生最重要的法宝,医生一句鼓励的话,可以使病人转忧为喜,精神倍增,病情立见起色。相反,一句泄气的话,也可以使病人抑郁焦虑,卧床不起,甚至不治而亡。正因为如此,国家出台的有关法规,都对医务人员向病人履行告知义务时应该"注意的事项"提出了要求。国家《执业医师法》第26条规定,"医师应当如实向患者或者其家属介绍病情,但应注意避免对患者产生不利后果"。国务院《医疗事故处理条例》第11条要求,"在医疗活动中,医疗机构及其医务人员应当将患者的病情、医疗措施、医疗风险等如实告知患者,及时解答其咨询;但是,应当避免对患者产生不利后果"。

2. 全球医学教育最低基本要求　全球医学教育最低基本要求提出了作为医生应具备沟通技能。医生应当通过有效的沟通创造一个与病人、病人亲属、同事、卫生保健队伍及其他成员之间进行相互学习的环境,为了提高医疗方案的准确性和病人的满意度,毕业生必须能够做到:

(1)注意倾听、收集和综合与各种问题有关的信息,并能理解其实质内容;

(2)会运用沟通技巧,对病人及他们的家属有深入的了解,并使他们能以平等的合作者的身份接受医疗方案;

(3)有效地与同教师、社区、其他部门以及公共媒体之间进行沟通和交流;

(4)通过有效的团体协作与涉及医疗保健的其他专业人员合作共事;

(5)具有教会别人学习的能力和积极的态度;

(6)对有助于改善与病人及社区之间的关系的敏感性;

(7)有效地进行口头和书面的沟通;

(8)建立和妥善保管医疗档案;

(9)能综合并向听众介绍适合他们需要的信息,与他们讨论关于解决个人和社会重要问题的可达到的可接受的行动计划。

这9条最低基本要求中,有6条直接与口语表达能力相关,可见口才对一个合格的医务工作者的重要意义。

3. 现代医学模式呼唤语言艺术　以往的生物医学模式过分重视生理因素与病人和疾病的关系,视疾病为单纯躯体性病理表现。对于人体及其疾病,只注意躯体的治疗,忽略了社会因素、心理因素对人体健康的影响,忽视了精神治疗和心理治疗所具有的药物不能替代的重要作用,从而从语言表达上将自然人与社会人分割开来。特别是当今大量物理的、化学的诊断设备被医务人员采用后,医务人员在接诊时只是只言片语,简单地了解病人情况,然后让病人去做各种化验检查。医生根据医疗设备提供的化验检测资料,进行综合分析,提出诊断意见和治疗措施。因而,医患之间的直接接触被大量的物理化学检查手段所代替。这样就使医患双方思想交流机会减少,医务人员在语言表达上感情色彩淡薄,在一定程度上使医患关系出现物化趋势。

现代医学模式认为,人不仅仅是一个生物体,更重要的是一个具有心理、社会、文化和精神特征的综合体。所以,现代医学模式注意社会心理因素在治疗中的作用,这就客观地要求我们医护人员在运用药物、手术治疗疾病的同时,还应给病人以心理治疗。通过自己的语言以及态度、表情、动作等各种医学体态语言,使病人形成良好的心理反应。对于某些病情严重的患者,也应从革命乐观主义方面启发病人,正确地对待疾病,增强战胜疾病的信心和配合治疗的毅力。

4. 以人为本的服务理念需要语言艺术　医院是一个特殊的消费市场。随着医学模式的转变,临床实践从以疾病为中心逐步转变到以病人为中心,进而转变到以人的健康为中心。在医院里,"患者"即"顾客",以人为本的服务理念正逐渐深入人心。在不断提高诊疗、护理技术水平的同时,如何提高服务水平和档次是目前医院面临的挑战。

医疗、护理工作的服务对象主要是病人,病人到医院就诊,生理上要求解除病痛,心理上则需要获得同情和安慰。而通常情况下,病人的心理应急承受能力较正常时低,这就要求医护人员在临床工作中要时刻替病人着想,急病人所急,把病人当亲人,一声温和的问候,一语柔和的应答,一句平和的探询,片言只语,情深义重,且不失为治病的一种"辅助剂"。因此,医护人员要养成良好的语言习惯,提高自己在临床工作中语言表达的艺术性,做到一语既出,如春风拂面,似雨露润物。不仅仅反映出其自身的思想、情操、知识和文化修养,同时也反映出一个医院乃至一个地区、一个民族的精神面貌、社会风尚和道德水准。

医疗行业是窗口行业,医护人员的服务态度、举止谈吐,一向为社会各界所关注。一句关心体贴的话语,一次富有艺术的问诊,一场别开生面的交谈沟通,不仅体现医务人员严谨的工作作风和高尚品质,在一定程度上也使人们感到了党的温暖和社会主义的优越性,特别是医患之间充满友爱的真情,给人们以精神上的启示和道德上的熏陶。从这个意义上讲,医务人员讲究语言艺术,不仅是医疗职业的必然要求,而且也是社会主义道德风尚和精神文明建设的重要内容。在倡导提供超期望服务的今天,不少医院正在改变传统的病人求医生的观念,通过预测服务对象的需求,主动提供服务,以吸引更多的就医者。

(二) 语言艺术在医患沟通中的重要作用

医患沟通仰赖于语言,医务人员巧妙地运用语言就能增强医患沟通效果,促进医患关系的友善发展。而良好的医患关系是高质量医疗工作和良好医德医风的应有之义,有利于提高治疗效果,减少医患纠纷。

1. 医患语言交流是患者的一种强烈愿望和要求　一个人不幸感染疾病后,除了疾病带给他的身心痛苦外,他(她)还要承受暂时丧失了社会角色(包含各种社会角色的权利和义务)所带来精神上的失落和痛苦。因而"诉说痛苦"便成为任何一个患者最突出、最紧迫的需求。不同病人到医院看病,往往带有各种不同的想法、动机和要求。有的要减轻痛苦,有的要彻底治疗;有的是想跟医生谈谈家庭、工作及生活中遇到的问题;有的是为了与医务人员交往,寻求同情;有的是预防疾病;有的是为了证实自己是否患病或者是否能痊愈;有的因病就医已久,但疗效不显著,迫切希望能安排一个经验丰富的老医生为其看病;有的觉得普通门诊不解决问题,欲找一个专科医生诊治;有的女病人,尤其是女青年要求女医生为她做某些检查;有些外地病人,人地两生,不擅方言及医院的规矩,希望给予指点,等等。一个不善言谈的人可能会由于生病而变得"嚼舌"起来。医患之间的沟通并非一般的人际交往中的沟通,它是围绕着对疾病的征兆、感受、探察与判断来进行。这些内容在绝大多数情况下,很难甚至根本不可能用动作、姿态、表情和行为方式来进行完整的、准确的和科学的传达与沟通,必须使用语言。因为只有语言才是人类思维的工具和结果。而医学科学本身就是人类社会长期医疗实践经验的总结和理性思维的凝聚与沉积,因而体现着医学科学的语言在医患沟通中有独特的作用,且无可替代。

2. 良好的医患交流有助于医生提高诊断的准确性　正确的诊断来自于全面地收集病史,而要全面收集资料,又必须得到病人的通力合作。医患双方的语言沟通,不仅是为了一般的交流思想和感情,更主要的是为了交换有关疾病和治疗疾病的方法与措施等方面的信息。与病人交谈时,医务人员应首先根据个人的知识和经验,对病人的职业、性格、文化修养、疾病种类及病情变化程度做出判断,以便选择恰当的交谈方式,并尽量用热情、耐心、温和的语气,得体的措辞,谦逊的态度,力争给病人以良好的心理感应和心灵抚慰。这种良好的心理感应往往能转化成取得病人信任的"催化剂",病人一旦对医务人员产生了信任感,就会积极地给予配合,乐意接受检查和治疗,毫无顾虑地向医务人员"倾吐心声"。只有这样,医务人员才可能全面、详尽地了解病情,做出正确诊断,提高治疗效果。

案例 8-1:
　　一位晚期肺癌患者,男,66 岁,来院就诊。患者呼吸艰难,带着氧气袋,喘息样呼吸,面容痛苦,身体极度消瘦,体重 29 千克。实验室检查提示,全身各腔道都有真菌感染,该患者生命垂危,生命已进入最后历程。住院后,患者拒绝接受治疗,不与医务人员配合,有时医师来为之诊治,他竟用拐杖把医师赶走。
　　后来,该患者的家属接受了吴医师的建议,在家中设立了家庭病床,由吴医师为之诊治。在查阅患者的病情资料后,吴医师很清楚,这位临终患者的生命存活期不会太长,自己的责任是帮助他顺利地度过最痛苦难熬、最寂寞无助的临终期,完成生命的历程。
　　吴医师与患者交起了朋友,常常在患者床前握着他的手与之拉家常。患者从一开始的点头、摇头到参与谈话,后来竟与吴医师成了至交。从与患者的床头谈话过程中,吴医师终于明白了患者拒绝治疗的真正原因。原来这位患者参加过解放战争、参加过湘西剿匪和抗美援朝。20 世纪 60 年代初,他与老师长一起转业到地方工作。"文革"中老师长受到冲击。因为患者是老师长的部下,造反派到他这儿来了解情况未能如愿,把他关押起来严刑拷打,折磨了两天两夜后将他放了。回到农场劳动后,熟人都不理他,后来才知道,大家都认为他在关押期间出卖了老师长。在患者回农场后,老师长天天挨斗,惨遭折磨。不久,老师长和老伴都被迫害致死。从那以后患者经常梦见老师长一家,他们问患者:"为什么出卖老战友?"患者也常常委屈得半夜哭醒。患者认为,自己得了肺癌,是上天的惩罚,自己不应躲避,所以不愿接受治疗。
　　吴医师与患者进行了多次的讨论,最终与患者达成了共识。在那种动乱年代,他并没有出卖老师长,而是造反派在别有用心地利用他来陷害老师长。他不应背这么沉重的思想包袱,更不应在道德情感上虐待自己。经过分析,患者心情逐渐开朗起来,精神感到无比轻松,也愿意配合吴医师做必要的治疗了。

在帮助患者重建了道德情感以后,吴医师采取了对症治疗,静脉滴注庆大霉素、复方丹参、硫酸镁和维生素等药物来改善其身体状况,鼓励患者多吃大蒜汁、醋、黄连素,以控制各腔道的真菌感染。坚持一段时期后,患者的身体状况有了明显的改善,热度退了下来,真菌感染也有所控制,咳嗽咳痰也有减轻,胃口好转,体重也有所增加,甚至有时还能下楼在外走动走动。患者的邻居们都认为他遇到了神医,他的晚期癌症治好了。但是吴医师清楚,患者的病并没有治好,只是症状有所减轻罢了。拍胸片后,证实咳嗽减轻、咳嗽减少是由于肺门处肿瘤的生长和压迫,患者的左肺已经完全关闭。但是由于精神得到了解放、道德获得了康复,患者的治疗疾病的信心增强了。患者说要通过自己的行动突破有的医师说他活不过半年的预言。

一年多以后,患者出现了头痛,视力模糊。很明显,患者已经出现了脑转移。患者此时又住进了医院,但他不相信其他的医师,非要其女婿打电话请在外学习的吴医师回医院。他认为只要吴医师来,他肯定能渡过难关。过了几天,患者的女婿打电话找到吴医师,告诉他自己的岳丈刚刚去世。弥留之际,他口中仍不时念叨:吴医师快来呀。

3. 语言能启迪和调节病人自身的抗病能力 现代医学科学的研究成果已经使人们有一种共识——人可以是自己的医生。在医疗过程中,医者用药或其他方法治疗,用语言进行沟通,都是在调节、激活患者自身的抗病能力。医师可以在医疗服务中通过与患者进行语言沟通,发挥治病的主导作用。在临床治疗实践中,语言是医务人员与病人交往最基本、最普通、应用最广泛的手段和工具,是医务人员与病人之间思想、情感相互沟通的桥梁。医务人员的语言艺术性可使病人保持心理平衡,增添战胜疾病的信心和勇气。医务人员良好的语言艺术,有助于病人情绪的好转,促使病人主动配合治疗,对临床治疗产生增效作用。那些不在意语言艺术的医务人员,往往会在与病人沟通中出现一些"刺激性语言",对治疗产生负面效应。例如,有一精神病患者精神症状消失已久,疗效稳定,已通知家属可以领她出院。不料一夕之间,患者病情突然恶化,情绪激动,烦躁不安。经查明,是由于一位医务人员出言不逊造成的。原来病人当天下午腹泻,因很急迫,拉在身上。一位医务人员看到后,非但没有安慰她,反而板着脸当众训斥她,致使患者受到刺激,病情再度发作。正如希波克拉底指出的:治病一靠语言一靠药物。医务人员的特殊职业决定了其语言表达能给病人带来良性或者恶性的刺激,能促使病情的好转或者恶化。提高医务人员的语言素养,讲究语言艺术,做到"因病而异""因人施语",这是作为白衣战士的医务工作者应具备的基本素质。因此,中外医学界都普遍关注和强调语言沟通在医患沟通中的重要地位和作用,并且把善于运用医学语言与患者沟通作为医务工作者的又一项必备的基本功。

二、医患角色定位

社会角色是指与人们的某种社会地位、身份相一致的一整套权利、义务的规范与行为模式,是人们对具有特定身份的人的行为期望,它构成社会群体或组织的基础。社会是由许多具有不同身份和地位的人所组成的大系统,当一个人履行某一地位的权利与义务时,他就在扮演一个社会角色。美国著名社会医学家帕森斯认为:"一个医生和他的患者之间的关系是基于医生帮助患者有效地处理健康问题这一基础之上。患者与医生通力合作,医生则尽可能地使患者恢复到正常功能的水平。但是,医患之间往往存在因为角色差异而带来的认知冲突。"下面我们从社会角色的角度,来探讨医患双方各自的特点。

"医",指医务工作者和卫生管理人员及医疗卫生机构。"患",指病人及其家属亲友,广义上的"患"指除"医"外的社会人群。狭义的医患关系指医生和病人之间的关系。广义的医患关系指医务人员(包括医生、护士、医技人员、医疗行政和后勤人员等)与病人一方(包括病人本人、病人家属、监护人、单位组织等)之间的关系。现代医学的分工越来越细,患者前来就诊,已不像传统医学那样面对一个医生单独交流,面对的几乎是整个医院的诊治系统。而患者是社会的人,其联系的是一个庞杂的社会关系网络。因此,从医学生职业语言的角度,我们强调不能只局限于对狭义的医患关系的认识。

(一) 医者角色的特点

医方承担着解除人类病痛,促进人类健康的崇高社会责任。患方因病就诊,医方因患方之病而施治。医患交流的目的是为了维护患方的生命和健康,这也是医患交流和其他类型的人际交流的根本区别。医方应充分明确自己的社会角色及所承担的社会责任。

1. 医患信息的不对称性　医生由于掌握着一般普通人难以理解以及操作的医疗理念和医疗技术,使得医患关系中出现了信息的不对称性。即患者是无法获悉在医患互动关系中的所有信息,而医生却牢牢掌握着这些有价值的信息。除此之外,信息的不对称性还表现在为了医治病患,医生往往能有了解并掌握病患隐私的可能性和必要性。在治疗过程中,医师享有诊断权、处方权、处置权等,医师有权询问病人的家庭病史、病人个人生活情况,有权要求病人做各项检查,有权决定治疗、处置方案。这就要求医方明确其角色所规定的义务和规范,并在行动中践行。

2. 行医的合法性　为了规范医方的行医行为,国家制定了一系列法律、法规。医方提供医疗服务,应当按照《执业医师法》和其他有关法律、法规履行义务。医方和患方另有约定的,应当按照约定履行义务,但双方的约定不得违背法律法规的规定,不得损害国家利益和社会公共利益。发生医疗纠纷后,医方也应依法承担责任。

> **案例8-2:**
> 　某外科医师与一农村女青年恋爱3年,其间外科医师曾多方设法,终将该女青年的户口关系转到了城市。后该女青年背弃诺言,与当地一县领导之子结了婚。不久,该女子因患急性阑尾炎住院治疗,恰巧由该外科医师为之手术。手术中该外科医师在为其切除阑尾的同时,又悄悄将其正常卵巢一并切除。该女出院后,长期无月经来潮,并且久久不能怀孕。此事被揭发后,该医师以故意伤害罪,被判刑7年。

3. 体现社会道德的诉求　医学在行使其职责的过程中,必须遵循客观、真实、公正、仁爱、利他等基本准则,才能有效地发挥出它应有的功能。并且能够将人与人的爱、人的善良本性、人类基本的人伦常理,经过医学实践如春雨润物般深入每个人的心灵并播撒到四面八方,以引领良好的社会风气,促进社会文明的发展。病人应当享受医疗权、知情权、不受伤害权、不被欺诈权和隐私权等。保护和实现病人的这些权利,是医学的伦理底线。这些医学伦理底线是不能被突破的,否则,医疗行为将完全被利益所驱动,最终将远离医学目的,导致医疗行为与医学目的的背离。

（二）患者角色的特点

生了病到医院求治的一方及其所联系的社会关系我们统称为患方。不管其本来的角色是领导、工人、教师、医生，此时均发生了角色变化，变成了患者角色。患者角色的特点和需要，医务人员应给予充分理解。

1. 对健康充满渴求　人在健康时，往往并不感觉到健康的可贵。而一旦生了病，承受病痛折磨，对比健康时的顺利和如意，才对健康有了新认识。因此，希望早日摆脱病痛，恢复健康是他们最迫切的心理。在这种心理的驱使下，他们不切实际的寻求名医和灵丹妙药，恨不能一夜之间疾病全无，成为健康者，尤其是患了危重急病的患者，此种愿望更为强烈。某些疑难病症，根据当今的医学科技条件，虽已无法救治，但是患者仍然期望能出现康复奇迹。

2. 依赖性增强　因疾病折磨和活动受限，患者对家庭亲人和周围环境的依赖性明显增加。同时，患者对社会和他人的依赖性，还与自己的心理因素有关。生了病以后，患者的意志、勇气和毅力往往受到削弱，在心理上有意无意地变得软弱起来，对自己不能干的事需他人帮助，有时即使自己力所能及的事情，也习惯由他人照顾。对医院的依赖性，表现为期盼医生的医疗技术精湛，护士服务热情周到，医院提供便利措施。

3. 不安全感强烈　患者的不安全感表现在三个方面，一是患者对疾病普遍存在一种疑虑心理，担心自己的疾病难以治愈。在"恐癌"心理的影响下，一旦病情稍重，便担心自己患了绝症。二是患者普遍存在自卑心理，害怕别人鄙视、嫌弃自己，尤其是患了传染性疾病，更是苦难言，明明别人仍像常人一样对待自己，但患者往往还是会怀疑自己受了歧视。三是害怕受到冷落。在此心理作用下，有的人便有意无意地表白透露自己的身份地位，有的人便设法与医护人员维持良好的人际关系，有的人便无端挑剔医护人员的态度。

三、医务人员谈话的主导地位

在医患交流的过程中，医务人员是医患交流的主体。出现这种现象的原因，是医务人员的职业所决定了的。客观地说，医学职业所拥有的技术极为复杂，医疗手段常涉及人们的健康和生命。这种神圣的使命，使得医务人员在医患交流中处于主体和主导地位。当前导致医生不愿意与患者多交流的原因有三点，首先，医生由于工作强度大，一直忙于紧张思考和判断，而患者医疗基本知识缺乏，沟通困难，费时费力，所以导致一些医生不耐烦，不愿意与患者多交流。其次，就是在当前医疗纠纷事件此起彼伏的情况下，有些医生担心自己的言论会产生有害后果并承担责任，所以也不愿与患者多交流。再次，患者患有某些绝症时，医生出于同情或者其他人道主义的原因，不愿向病人说明真实情况。

各行各业均有自己的职业道德规范，医务人员的语言表达首先应服从医务工作总的道德要求。我国唐代孙思邈《备急千金方·大医精诚》记载："夫为医之法，不得多语调笑，谈谑喧哗，道说是非，议论人物，炫耀声名，訾毁诸医，自矜已德，偶然治瘥一病，则昂头戴面，而有自许之貌，谓天下无双，此医人之膏肓也。"明代李中梓《医宗必读·不失人情论》也指出："或巧语诳人，或甘言悦听，或强辩相欺，或危言相恐。此便佞之流也。"由此可见，我国古代对医家的职业语言已有了具体的规范。

我们今天要求医务人员的职业语言需反映良好的医德医风，主要是指：

（一）礼貌性

礼貌待患者,是对医务人员最起码的要求。当今社会,人们普遍使用国家提倡的如"您"、"请"、"对不起"、"没关系"、"谢谢"、"再见"等一般性礼貌用语,医院作为服务行业,医务人员作为治病救人的职业使者,当然义不容辞更需讲究礼貌用语。医务人员出语不逊,其结果轻则伤害患者的自尊心,使人反感;重则加重病情,引起死亡等医疗事故,遭人唾骂。

作为医务工作者,还应当使用职业性礼貌用语,主要表现在医学的名词术语对患者的尊重上。例如,医学上对某些像癌症之类的疾病进行研究后经常使用"存活时间"、"存活率"等,就让人难以接受。人不该也不是为了活而活着,人要追求生命的价值和生活的质量,而不是像动物或植物那样存活。这对于病人包括危重病人来说是同样的道理,他们理应受到人道主义的尊重。如果改用"生命时间"、"生命率"等,并不影响人们对其含义的正确理解,但服务对象更易于接受。有些医学术语,更换词后可能表达不够清楚,但因医学伦理学的需要,我们可以赋予它特定的含义。

案例 8-3：

一位护士,在家和丈夫吵架后,到医院还余气未消。遇到一位肝炎患者病情好转正待出院,家属买了许多保肝药来,患者认为自己的病已经好了,便来问她要不要用这些保肝药。那护士说:"我管你还用不用。"患者说:"你怎么这样说话,真不好听。"护士气呼呼地说:"什么话好听,唱歌好听,唱给你听?"患者当时气得脸色发白,回到病房便躺在床上,后来肝功能急剧恶化,终因治疗无效而死亡。

（二）讲究诚信

诚信是一个社会赖以生存和发展的基石,也是医患交流的基础和根本。只有讲诚信,才能建立良好的医患关系。医患之间应该真诚相处,没有隔阂。在对患者交代病情时,要实事求是,讲究科学性,不能扩大、夸张。如果过分夸大治疗难度,会使患者失去治疗信心,不利于其配合医生的治疗工作。反之,如果不明确将治疗方案的局限性及弊端交代清楚,会有可能使患者过于乐观,不能面对现实,最终陷于失望状态。

案例 8-4：

患者,男,12 岁。该患者出生后 4 个月时,即发现右侧颈部有一约鸽蛋大小的瘤子,瘤子随年龄增长而增大,在当地医院诊断为血管瘤,因医院无手术条件,才来省城。于某年 3 月 1 日第一次来省城医院看专家门诊,专家看完病对家长说,此患儿可能是右颈部淋巴管瘤,建议手术治疗。但这种淋巴管瘤手术治疗也有复发的可能。你们如同意手术就办手续入院治疗(已记录在门诊病历上)。家长说,下面医院不敢做,你们是省里大医院,只要尽了心,我不怪你们。于是患儿当天住了院。

手术前 1 天,患儿家长为手术后果再次询问该科室一位住院医师,这位年轻的住院医师说:"诊断是颈部淋巴管瘤。明天就可以手术,这样的手术我们做得多了,保证不会复发。"

次日,手术中发现部分淋巴管缠绕在颈部大血管旁,即尽力剥离。术后 5 天,其家长因经济困难,即办手续出院,回当地医院按时拆线,伤口愈合尚可。但1周后颈部又出现肿块,且逐日长大,家长由高兴转为烦恼。20天后,又带小孩返回省城医院,住原病室。经检查确认淋巴管瘤复发,行注射平阳霉素等方法,淋巴管瘤消失后又出院。

出院时,患儿家长要求赔偿上次住院费:"你们的医师说,不会复发,现在复发了,第一次手术不是白做了?"医务科了解了各方面情况,查看了门诊病历和住院病历,在专家门诊病历书上确有"有可能复发"字样。对随意解释病情的年轻医师进行了批评教育。患者家属方才认可,离开了医院。

(三)保守秘密

保守医密不仅是医务人员的一种美德,也是对病人应尽的义务。早在两千年前,希波克拉底就曾说过:"凡是我所见所闻无论是有无业务关系,我认为应守秘密者,我愿保守秘密"。世界医学会1949年采纳的有关医学伦理学《日内瓦协议法》也规定:"凡是信托于我的秘密我均予以尊重"。在询问病史过程中常涉及病人的隐私,医务人员要对病人的隐私保密,切忌取笑、歧视病人。一旦医务人员对病人的隐私显示出鄙视、不屑的神情,会严重损害病人的自尊心,进而影响到患者的治疗效果。那种四处张扬患者的病情、隐私,把它当作谈笑资料的行为,不管是有意的,还是无意的,都会给患者及其家庭带来痛苦,甚至酿成悲剧,均属于不道德行为,应该受到谴责。

案例8-5:

某医师,因对妇科病治疗有独到之处,在当地小有名气。未婚女青年小李获知后,来找该医师诊治。经医治后,小李多年的难言之隐被治愈。出于感激,小李给该医师写了一封感谢信,称赞其医术精湛。这位医师为达到扩大知名度的目的,将小李的感谢信贴在诊室的大门上,并将这封信的复印件到处散发。结果,小李患有隐私疾病的消息不胫而走,以致小李在单位常被人指指点点,其男友也为此与小李分了手。小李十分气愤,将这位医师告上法庭。

(四)准确原则

医疗信息的传达,当以疾病事实为基础,准确地进行表述。医务人员应学会站在患者的立场,充分考虑患者个体的文化程度、理解能力、思维水平等实际情况,尽量细致完全地语言表达,让患者明了医者的真实意图,不致产生不当的联想。例如:患者,女,42岁,因身体不适就诊,医生询问病情后,认为患者的疾病系营养不良、劳累过度所致。于是对患者说:"别去上班了。在家好好休息,做点好吃的,另外再给你开点药,就不用再来看了。"此言刚出,患者立即昏厥。待抢救苏醒过来,仔细了解原因,方知患者因母亲患癌症去世不久,疑心太重,故对医生的话做了最坏的理解。

此例中,医生的话表面看来并无不妥,但对具体患者的可接受程度来说,则嫌过于简单,传达信息不够准确,致使患者产生了不当的联想。如果医生说得详细一些,效果就可能不致如此:"你的病不要紧,主要是营养不良,和劳累过度也有关系,还是向单位请几天假,在家休息几天,做点好吃的补补身体。我给你再开点药,过几天应该就好了。没有其他情况,就不用再来看了。"

(五) 注重人文关怀

医务人员在与患者交流时要多用换位思考。用医务人员的责任心换取患者的信心,用医务人员的细心换取患者的舒心,用医务人员的耐心换取患者的安心,用医务人员的爱心换取患者的放心。将心比心,营造和谐的医患交流氛围。医务人员是否对病人有同情心,是病人是否愿意和医务人员交流的关键。就病人而言,总认为自己的病痛很突出,希望得到医务人员的同情,而医务人员则因为职业原因"司空见惯",容易表现出淡漠。下面引用一位音乐教授的案例,则很好地说明了蕴涵友好、温和、同情心的职业语言能调动患者积极乐观的情绪,赢得患者对医生的信任,减轻患者的心理负担,抚平患者的心理创伤。

案例 8-6:

有位音乐教授,因病住院手术,被推进手术室时,她异常紧张,医护人员正在做术前准备,她一人躺在那儿,倍感孤独,想到手术风险、麻醉意外、术中大出血、事业、家庭……她愈想愈怕,全身发抖,乃至移动床也随之摇晃起来。这时,一位护士向她走去,说:"你别害怕,这种手术我们医院做过很多,都成功了,来!请握住我的手,放心吧!"这句简短的安慰话和握手举动立刻消除了音乐教授的紧张情绪。多年以后,她动情地回忆道:"我感觉那朴素的话语,比我听到过的所有音乐还要优美动听,令我终身不能忘怀,使我对那位护士同志充满了敬佩和感激之情。"

四、患者语言的特点

患者由于特殊的身体、心理状况,在言语表达上呈现出求助性、消极性、复杂性、零散性等特点,医务人员需要考虑的是应当增加对患者的理解程度,充分认识患者言语表达对医务人员治疗工作的弊端。因此,作为处于主动地位的医生既不因患者表达的不理性,而抓不住患者的表达主旨,影响准确判断;又不因此产生丝毫的厌烦情绪,从感情上疏远他们。

(一) 求助性

在目前的医患关系中,处于主动和支配地位的一般是医生,患者为了治病.必须求助于医生的准确诊断和有效治疗。就情感因素而言,这种求助越多,医患关系的倾斜则愈明显。在医疗实践中,患者语言的求助内容主要表现在求知、求医、求服务三个方面。求知,一般社会成员相对于受过高等医学教育的医生,其医学知识较为缺乏,一旦成为患者,急于向医务人员请教所患疾病的有关知识。求医,因为疾病痛苦的折磨和出于对疾病发展趋势的恐惧心理,患者总是希望寻求最有经验的名医、最有效的药品和最好的治疗措施。求服务,无论是门诊患者还是住院患者,都希望在医院得到人格的尊重和礼遇,得到医务人员的优质服务。事实上,部分医院和医务人员的服务质量存在一定的问题,使得患者对优质服务的需要更加迫切。患者语言的求助性,我们只要注意观察,不难从其请求的口吻、柔弱的话调、慎重的遣词造句等语言要素上体会出来。

案例8-7:

　　王女士心脏不舒服,到青岛市某大医院挂了专家门诊号。因为患者太多,她怕耽误医师的时间,事先把自己的病情归纳好,把准备向医师咨询的问题也事先列好。终于轮到她了,她用最简洁的语言对医师讲述了病情,医师听完后用听诊器听了听她的心脏,然后就低头开处方。王女士问:"要不要做个心电图?"医师不答话,仍旧写处方。王女士有点急了:"我心脏到底怎么了?"医师抬起头,把处方递给王女士,说了一句:"是更年期综合征,都写在病历上了。"王女士是来看心脏病的,没想到心脏病没看好,又多出了更年期的病,她心里很紧张,希望医师能给她解释一下,是心脏不好影响了更年期,还是更年期加重了心脏病。可医师一句话都不说,拿起了下一个患者的病历本,在旁边等了半天的"下一个"立刻要王女士起身让地方。王女士一边站起来,一边急急匆匆地问了一句:"药方里有没有激素?我有子宫肌瘤?"医师摇摇头,开始看下一个患者。王女士只好出来自己看病历,不看还好,一看更生气,医师写的几行字,她一个也不认识。王女士弄不明白,自己花了9元钱挂专家门诊号,就是为了检查得更仔细、全面一些,弄明白病情,可医师总共给我看了不到5分钟,只和我说了一句话!

(二) 消极性

　　患者语言的消极性主要表现在对治愈疾病缺乏信心,悲观失望。病人过去一直处于健康状态,一旦患病后,面临着家庭、社会多方面因素的变化,常常患得患失,睡不着觉、吃不下饭,精神压力很大。部分疾病病程长、治疗效果差,甚至反复发作。再加上患者缺乏医疗保险、经济困难,许多有效治疗无法开展,患病后的状态严重影响到家庭生活、夫妻关系、学习就业等,更加重了患者的消极情绪。医务人员在治疗疾病时应对患者的消极情绪加以重视。患者的消极情绪,反映在语言上则表现为语序的混乱、语义的重复、语态的零散。这种状态,尤其在患者初知病情的阶段,更为明显。随着时间的推移,这种语言困难程度可能渐趋缓和,但若想完全消除,实属不易。尽管由于个人的意志、修养程度水平不同,这种语言困难的延续时间会有变化,但在患病时期的存在几乎是不容置疑的。

(三) 复杂性

　　患者由于受教育水平、人生阅历、经济状况、信仰、病情严重程度等各不相同,其患病后的心理表现也千差万别。同时随着病情的变化,其情绪也在发生变化,呈现出时而高兴、时而悲伤、时而满意、时而失望等情绪状态。有些病人由于长期的疾病折磨,人格特征也往往发生变化,其自信、生机勃勃的人格特质有可能演变为敏感多疑、情感脆弱、自我中心等。医务人员应根据病患的不同特点、具体情况,进行细致的分析,给予充分的理解,切忌简单粗暴。

(四) 零散性

　　由于内心的痛苦、心理的折磨,患者理性思维的水平降低,感性思维增强,其语言常具有零散性的特点。这种零散性表现在三个方面:一是直观,患者痛则叫痛,苦则叫苦,一般不大隐瞒,儿科患者更是如此。这种直观表达有时受到患者年龄、身份、修养等因素的制约,表现出一定的隐忍,但这种隐忍一般也是能够看出来的。二是庞杂,患者住院以后,思绪显得特别活跃,对家庭的忧虑,对工作的关切,甚至对后事的安排等问题的思考,都会从患者的语言中得以反映,从而使患者的言语内容显得十分庞杂。三是无序,患者由于长期住院,与医务人员渐趋熟悉,言语较为随意,想到什么就说什么,因而在言语上表现出一定的无序性。

思考题与实训

1. 医学语言的重要性体现在哪些方面?

2. 在临床实践中,医务人员体现良好医德医风的语言应该具有哪些特点?

3. 案例:一对青年男女到某地卫生院进行婚前体检。接诊的妇科医生唐突的问了一声你以前怀过孕吗? 女青年十分纳闷,立即回答说没有。该医生又信口开河地冒出了一句,没怀过孕怎么有妊娠纹呢? 女青年急忙解释说:自己原来比较胖。由于卫生院的条件所限,诊室与待诊区只是用屏风相隔,不料医生的这些话被等在屏风外面的男青年听到了,此时的男青年顿起疑心,好像五雷轰顶,不仅认为这是奇耻大辱,而且坚决退婚。蒙受不白之冤的女青年,为了自己的声誉,为了还自己一个清白拿起了法律的武器进行维权。

问题(1):你认为此案例中接诊的医生语言有何不妥?

问题(2):你认为应该怎样询问才是正确的?

第 九 章 医疗语言表达艺术

教学目的与要求　了解医疗语言风格与语用原则,熟悉医患沟通的方式,初步掌握医患纠纷及其语言应对。

一、医疗语言的风格和语用原则

人际交往中语言如何表达是一门艺术,技巧性很强。在不同的场合,语言表达的风格差异较大。医学专业的特殊性决定了医学语言具有自身独特的语言风格和语用原则。

在医患沟通过程中,语言表达的技巧性就更强,因为医者说话的对象是身心非正常的患者,语言表达必须遵守一定的语用原则。它的原则性表现在:有的话不能说,有的话一定要说;有的话不可直接说,而要委婉地说,有的话则要直说;有的话不让患者说,有的话让患者多说……总之,医者的语言风格与语用原则也是行医基本技能的体现。

(一)医疗语言的风格

1. 科学性　医学是与人的生命、疾病、健康打交道的专门学问,理所当然地要求医务人员与病人的谈话符合医学的科学性(如客观、真实、准确、全面、严谨等)。

医学乃人学,而人是社会的人,所以,医学语言不能囿于医学角度,还必须考虑当代社会、伦理、法律的科学要求,这一点有时易被忽视。如临床上把严重遗传疾病、精神分裂症、近亲婚配和高龄等父母界定为“无价值父母”,这不仅与社会的情理不合,也与法律有悖:养父母对其子女的价值不是显而易见的吗?所以,当医务人员面对这类服务对象而不得不使用这一医学术语时,双方难免尴尬,不如用“不宜生育父母”替换“无价值父母”更具科学性,也易于让人接受。

2. 完整性　医学语言的完整性要求医务人员要把话说完整。有头无尾,藏头露尾,难免让病人丈二和尚——摸不着头脑。另外,仅仅把话说清楚也是不够的,我们还应当给病人做必要的解释,乃至做病人的思想工作。

> **案例 9-1:**
> 　　某人患桥本甲状腺炎伴甲状腺功能减退,医生告之诊断结果和终身服用甲状腺片的临床治疗以及定期复查的医嘱后,病人思想包袱加重,有轻生的意念。家属来院祈求说明,医生遂将该病的病因病理、临床表现、鉴别诊断及治疗愈后等向患者家属做详尽讲解,并循循劝导患者正视疾病,正视人生。得知复查仅是防止甲状腺恶变的积极步骤后,患者顿感释然。

另一方面,要让患者把话说透。河南医大一位教授曾遇这样一位病人,第一天看过,第二天又来,教授问:"药未服完,为何复诊?"患者答:"昨日话未说透,恐有误,未敢服药。"教授大惊,耐心听患者道明原委,谈话足半小时。教授重开处方,病人满意而归。临床上因语言不完整导致误诊的案例屡见不鲜,究其主要原因,莫不与医务人员缺乏耐心、不够细致密切相关。

3. 安慰性 病人来院就医,既想解除肉体上的痛苦,又盼卸去心理上的负担;不仅希望得到医务人员的治疗,而且希望从医务人员的语言中得到安慰,这种心情有时甚至胜过对药物的期望。即或是一句平常的安慰话,有时也能获得意想不到的效果,因而安慰性也构成了医学语言的风格之一。

4. 谨慎性 作为生理刺激的语言,对人的心理状态能起特殊的作用。为了消除病人的心理负担,使之主动配合治疗,医务人员务必谨言慎行。一方面,注意言谈措辞,多用积极向上的语言,忌用消极低沉的语言。另一方面,注意说话场合。医务人员除了在与病人交谈时要谨慎地使用语言外,在办公室交接班或其他场合交谈时也要谨慎小心,避免伤害服务对象。最后,还应注意医疗保密。医疗保密是一个非常复杂的课题,其实质是要尊重病人的隐私权,当然也有保护性医疗措施的意义。临床关于谨慎用语的教训,是屡见不鲜的。

5. 艺术性 医疗语言的艺术性,是指医务工作者用语言表达思想感情的准确、鲜明、生动的程度。艺术的语言能给人美的享受,或引人发笑,促进健康。民谚说:"欢笑使人少,烦恼催人老。"生理学家发现:人们在笑的时候,会牵动17条肌肉,笑可松弛肌肉,消除疲劳。人们要排除危害身体健康的不良情绪,用艺术的语言来引发幽默风趣的笑,恰似一剂良药。以前人们常把"良药苦口利于病,忠言逆耳利于行"作为格言信守。其实,现在大多数"苦药"都裹上了糖衣,变苦为甜,为何不能变"忠言逆耳"为"忠言顺耳"呢?!

案例 9-2:

表达清晰是医疗用语的基本要求

病人:医生,我吃了你开的药,这两天吃饭就恶心。

医生:不可能! 这药对肠胃没有副作用的。

病人:真的,就是吃药后恶心的……

医生看片子:"咦,咦……你,你过来,这样疼吗? 那这样呢?"

患者:"哎,医生,有什么问题吗?"

医生:"你骨头有点畸形,这样你还可以走路?"

患者:"可以的呀,走路没问题的,有什么问题吗?"

医生:"问题倒是没有什么问题。"

患者:"哦,那就好!"

医生:"不过40岁以后可能有点麻烦。"女医生按完我的肚子一直不说话。

患者:"医生,有问题吗?"

医生:(医生笑而不答,许久)我不能说,任何事情都有两面性,你有可能没事,有可能很严重。别以为你年轻就不会得大病,前一阵子,我一病人还30岁不到,就得肠癌死了,死的可快了。还有×××,你认识吧? 挺有名的,年纪轻轻就得癌死了。

患者:(没等她说完就走了)就是个肚子疼,说得我没法活了。

> **案例 9-3:**
>
> 　　谨言慎行,必要时回避患者和家属
>
> 　　如有病人生孩子,需要做侧切。
>
> 　　医生甲:"你瞧给我这个破剪刀,真是不好用。"
>
> 　　医生乙:"不是给我们准备了两个吗,换一把吧,用那把。"
>
> 　　医生甲:"……算了吧,那个还不如这个呢……"
>
> 　　再如在医院 ICU 病房里每天会有 15 分钟的探望时间。一个护士对另一个护士说:"床位太紧了,外面都安排不下了。"另一个护士说:"不用急,你看这个、那个还有窗户那边那个,过不了今晚,很快就腾出床位了。"再有,人工复苏后,用机器按压,……有个医生一边拍片子,一边说:"这个声音还挺好听的,有节奏感。"殊不知这时病人及家属还处在极度紧张和焦虑中,听了这句话有何感想就可想而知了。

　　因此,医护人员一定要重视语言在临床工作的意义,遵循语言风格,善于使用美好的语言,避免伤害性语言,更好地与患者沟通,为患者服务。

(二) 医疗语言语用原则

　　在医患沟通过程中,医疗语言应尽可能遵循以下这些语用原则:

　　1. 尽可能少地使用专业术语　有的医务人员因为忘记大多数患者并不具备相应的医学专业知识,有的医务人员因为不会用浅显通俗的语言对疾病进行解释,有的医务人员为了防止患者追问太多的问题,而有的医务人员则是为了掩饰自己对患者的症状难以确诊,于是,在医患语言沟通中运用专业的术语。比如,把小便称为排空,让患者感到疑惑不解,达不到有效沟通交流的效果。

　　2. 避免使用伤害性语言　患者在就诊过程中遇到专业术语不懂的话,他(她)会主动以"术业有专攻"原谅自己。但如果听到伤害性语言,产生的负面影响可就大了。伤害性语言可以代替种种劣性信息给人以伤害刺激,从而通过皮层与内脏相关的机制扰乱内脏与躯体的生理平衡。如果这种刺激过强或持续时间过久,还会引起病痛或加重病情。例如,医务人员一句漫不经心的话可以导致严重的医源性疾病,一声恶语可以使冠心病发作甚至猝死。临床上引起严重后果的伤害性语言有如下几种:

　　(1) 直接伤害性语言:包括对病人训斥、指责、威胁、讥讽和病人最害怕听到的语言。例如,一肝脏病人因大便弄到了手上,被护士训斥一顿,几分钟后病人出现了肝性脑病(肝昏迷);一肺心病病人,因自己调整氧气阀受到了护士的严厉指责,因而加重了心力衰竭,经抢救无效而死亡;还有的医护人员当面告诉病人疾病治疗无望,也加速了病人的死亡。

　　(2) 消极暗示性语言:医护人员有意无意的言语给病人造成严重的消极情绪。比如有个病人害怕手术,提心吊胆地问护士:"我这肺叶切除手术有危险吗?"护士冷冰冰地说:"那谁敢保险! 反正有下不来手术台的!"结果这个病人拒绝手术,拖延了手术期。

　　(3) 窃窃私语:由于渴望知道自己的病情,病人会留意医务人员的言谈,并往往与自己相联系。护士间或医生护士间在病人面前窃窃私语,病人听得片言只语后乱加猜疑,或根本没听清楚而纯属错觉,这都容易给病人带来痛苦或严重后果。

　　3. 善于使用美好语言　美好的语言,不仅使人听了心情愉快,感到亲切温暖,而且还有治疗疾病的作用。

（1）运用得体的称呼语：称呼语是医患交往的起点。称呼得体,会给病人以良好的第一印象,为以后的交往打下互相信任的基础。医护人员称呼病人的原则是：①要根据病人身份、职业、年龄等具体情况因人而异,力求恰当,难以确定时可征求对方的意见；②避免直呼其名,尤其初次见面呼名唤姓不礼貌；③不可用床号取代称谓；④与病人谈及配偶或家属时,适当用敬称,以示尊重。

（2）多用称赞的语言：真诚的赞美,于人于己都有重要的意义,对病人尤其如此。能否熟练应用赞美的艺术,已经是衡量医务人员职业素质的标志之一。虽然赞美不是包治百病的灵丹妙药,但却可以对病人产生深刻的影响。病人可以减少患病后的自卑心理,重新树立自身在社会及家庭中的价值。赞美是一件好事,但却不是一件简单的事情。因此要注意实事求是,措辞得当。学会用第三者的口吻赞美他人,学会间接地赞美他人,一般来讲,间接赞美他人的话最后都会传到病人的耳中,这样既增加了可信度,又避免了当面赞扬有时给人虚假和吹捧的感觉。一名临床医生必须学会发现别人的优点,用最生活化的语言去赞美别人。

（3）讲究提问的技巧：在与病人交往时,要尽量避免"审问式"提问。采取"开放式"和"封闭式"谈话方式。"开放式"提问使病人有主动、自由表达自己的机会,便于全面了解病人的思想感情。"封闭式"提问允许病人回答是与否,这便于医务人员较明确了解疾病情况。在交流中可交替使用这两种方式。

4. 使用保护性语言　在整个医疗过程中医护人员要注意有技巧地使用保护性语言,避免因语言不当引起不良刺激。对不良的愈后在病人没有心理准备的情况下不直接向病人透露,以减少病人的恐惧,可以先和家属沟通。有时为了得到病人的配合,告之愈后前须征得家属同意和配合,并注意方式和方法。

5. 不随便评价他人的治疗　由于每个医院的条件不同,医生的技术水平不同,对同一疾病认识可能有不同,对同一疾病的处理方法也可能不同,更何况疾病诊断和治疗是一个复杂的过程,故医生不要随便评价他人的诊疗,否则会导致病人的不信任,甚至引发医疗纠纷。

6. 尊重患者权益　现在的医患关系模式正在向生物——心理——社会医学模式转变,医生服务必须征得患者同意。医疗服务合同关系,也就是医患关系的法律化、双方共同约定权利义务、共同参与的医患关系。无论是治疗方案的选择、手术的风险、治疗效果及其治疗治愈的后遗症或副作用等尽可能尊重患者知情同意权。有时还需特别注重尊重患者隐私权以及身心保护诉求。

案例9-4：
　　一位扁桃体发炎的患者转入了某三甲医院,刚坐下,医生叫其张开嘴巴并赶紧拿了把夹子撑起患者口腔,急忙吩咐助手：
　　医生："快,把某某某等全都叫过来,太难得了！"
　　患者就欲哭无泪地被撑着嘴巴还被一大群实习医生围着,看他向实习医生讲解自己扁桃体的各种病症。
　　后来把夹子取下来后患者还半天合不拢嘴巴。
　　医生：可能把下巴撑脱臼了……

二、医患沟通方式和内容

医患之间的沟通并非一般的人际交往中的沟通。医患沟通（doctor-patient communication）是指医患双方在医疗活动中围绕患者的健康问题进行的不断深化的信息交流，所交流的信息既有同疾病诊治直接有关的内容，又包括医患双方的思想、情感、愿望和要求等方面的表达，其方式有言语性沟通和非言语性沟通。言语性沟通是指使用语言或文字的形式将信息发送给接受者的沟通形式；非言语性沟通则指不包括使用语言、文字的沟通，仅使用包括行为举止和表情动作等沟通形式。在医患沟通过程中，起主要作用的是言语性沟通。

（一）医患沟通方式

言语性沟通过程中可以适当运用"倾听"、"应答"、"设问"和"复述"几种方式来完成。

1. 倾听 在医患沟通中，患者有知情同意的权利和向医者告知自己症状或感受的义务。医者也有了解患者病史、病情、症状、心理感受的权利和向患者"告之"诊断和治疗预案的义务。这是医患双方相互对应的权利和义务。但是从医疗的流程看，这些权利和义务的实施又是医者的权利在先。因为只有通过倾听病人的主诉，经过必要的检查和观察才能充分获取这一病人罹患疾病的信息，并在此基础上依据医疗护理的科学理论和自身所积累的从医经验做出正确的判断和治疗预案。有了患者必需知情的内容，才有了实现"知情同意权"的基础，可见医患沟通中，医者的知情权是首要前提。医者知情权的实现要通过看、听、触摸（中医的望、闻、问、切）及必要的科学检查等环节。在听的环节，又包括了说与听两个方面。由于医者在医患沟通中占主导地位，因而要求医者不仅要能说，更要善听，掌握倾听的艺术。

而当有关部门在解决这类纠纷时，又会发现，被投诉的医者绝大多数其实是在认真听、仔细思考的，只是这种认真和仔细没能被病人所觉察。患者没有从医者那里获得"他在听"的信息，因而，形成对医者的态度甚至医德的误解。可见，要在医患沟通中避免和消除这类误解，医者在与患者的语言沟通中，应当是一位善听者。可通过变换表情和眼神，点头作"嗯、嗯"声，或简单地插一句"我听清楚了"等等，让患者知道你是在仔细倾听他（她）的诉说。具体地讲，在倾听过程中要学会运用应答、设问、复述的艺术，使病人确实感受到"大夫在认真地听、仔细地想"，从而形成良性互动。

2. 应答 在一些"缺乏沟通"的医患纠纷案例中，病人指责医者"冷漠"、"不负责任"时，其所举的事实，许多都与"听"有关。诸如"当时医生根本就没听"，"我说了那么多，医生一声哼哼都没有"。在倾听的基础上还需要应答，这是人际语言沟通中一种普遍要求，即在听的过程中，要对诉说者有回应。人们往往是一边听，一边用简短的词来回应。北方人把这种回应形象地概括为"吱应"、"搭茬"；反之，一声都不吭"就是不想听、没有听"。因此，医者在听患者的主诉时，要有适当的"应对"，要用对方能够理解的证词来表示"我在听"。同时要注意应答适度，如果听人讲话时，听一声"哦"一声，就容易让人认为你是心不在焉。适度并不是量的范畴，而是对诉者诉说的内容理解后的回应。病人诉说自己的痛苦时，医者徐缓低沉的"哦"是满怀同情；患者诉说康复或病情好转时的喜悦时，医者音调高扬而短促的"哦"是祝福、是同喜。这样的应对才是倾听后的应对。应对，是先有心，后才有行的。

3. 设问　"设问"是在听的过程中对谈话内容深入探究的反映。因为它向谈话的对方表明的不仅是"我在听",而且是"我在想"、"我在仔细地认真地听"。因而它是听者对说者的更积极的回应。在医患沟通中,由于患者缺乏医疗科学知识,其主诉可能不完备、不准确,甚至词不达意,引发误诊。因而,医者适时设问不仅是向患者表明"我在认真聆听",更显示医者自身的敬业、负责的良好医德。医者的设问应符合以下要求:首先,设问不是反诘,不是追问或责问。如果病人因缺乏医学知识而说不清、道不明自己的症状,或者因为某些个人原因而嗫嚅吞吐时,医者不能以"这么大的人连这点也说不清"、"既然不好意思说,早干什么去了?"等加以指责。医者应该以温和的态度和委婉的语气鼓励病人,并据此设问,如:"对不起,我没有听清楚,请您再告诉我一下好吗?"其次,医者的设问应当是开放式的而非封闭式的。"封闭式"提问只允许患者回答"是"或"否",或者在两三个答案中选择一个。这样的提问限制了患者的主动性,容易使患者感觉是在"受审"。"开放式"提问使患者能够主动、自由地表达自己,这既体现了医者对患者的尊重,也为全面了解患者的思想感情提供了最大的可能。医师还常常采取"有限开放式"提问,例如问患者:"昨晚睡的怎样?""有限"指只限于昨天的睡眠,"开放"意味着患者的回答有很大的自由,可简可繁,侧重点可由患者自由选择,患者自认为无关紧要的事可以不谈。

医者切忌以自己的设想或初步判断让病人回答、求证。因为病人缺乏医学知识,他们极易被医者的设问误导,把自己说不清楚的情况以为"和您说的差不多"、"大概就是这样的",这就会造成误诊。而在这种误诊出现后,病人是不会为此承担责任的。他们最好的理由就是"这不是您先说的吗?"所以临床谈话中医者的设问是十分重要的,一定要让病人自主地、自如地叙述自己的病情、症状和心理感受。

4. 复述　"复述"是指医者聆听病人述说后做简略、扼要的复述,它一方面是以复述的内容向病人证明"我确实在认真听","我确实听明白了"。另一方面更要据此形成医患双方共同正确的认识。由于医患双方有医疗科学知识掌握上不对等、不平衡的客观存在,这种用聆听主诉后做简要复述的方法来形成共同的认识便具有极为重要的作用。它是在医疗活动过程中医者主导作用的鲜明体现,也是医患双方互动活动的重要内容。

在医患沟通中,患者从医者的"应答"中知道了医者在听,从医者目的明确的设问中感到了医者在认真地听,从医者的复述中理解医者负责任。这不仅满足了患者诉说的愿望,而且培育了患者对医者的感情,成为建设和谐温馨医患关系的起点和基石。

（二）医患沟通的内容

现在个别医生不知道怎样与病人沟通,与病人要交谈些什么内容为好。其实,医患沟通的内容不能仅限于生物医学方面的问题,对影响健康或疾病的心理及社会因素也应加以评论。而如何获取这些或许病人不太愿意告知他人的资料,依赖于医患间的关系及会谈的技巧。医生会谈的过程与医生应诊过程是紧密联系的,可分为三个阶段:第一,开始阶段,包括打招呼与自我介绍,营造一个轻松、和谐的会谈气氛,使病人有被尊重的感觉,然后再切入主题,了解病人来诊的目的与要求;第二,中间阶段,主要是资料的搜集,包括病史等主观资料,理化检查等客观资料以及病人心理与社会因素等情况,这是会谈最重要的部分,而资料搜集的质量,将直接影响诊断与处理的正确性;第三,结束阶段,包括与病人讨论病情,提出治疗方法,给予具体意见,通常为强化主要内容避免病人遗忘,可以在应诊的最后阶段做个简单的小结。

具体过程为：

1. 问候　医师主动向病人打招呼,为病人的久候表示歉意,自我介绍,询问病人如何称谓、问明就诊目的、上次就诊情况等。

2. 病人就座　依据病情安排病人,使病人舒适就座或平躺,尽量使病人放松,注意力集中。

3. 建立和谐的关系　克服语言、文化和社会地位的障碍,对病人表现出诚恳、尊敬、同情、热心、信任和无偏见。

4. 询问病情　鼓励、启发病人如实、仔细地叙述病史,要耐心倾听,不要随意打断别人的陈述,避免暗示和提问过于复杂。

5. 医生情感表达　鼓励、支持、安慰病人,体谅病人疾苦。

6. 非语言交流　注意姿态良好、态度端正、表情自然,避免给病人留下不好印象。

7. 讨论方法　允许病人充分表述,引导病人清楚表述重要的问题,小心处理敏感话题,不时强调重要线索和关键问题。

8. 讨论相关问题　工作、社会活动、业余爱好等。

9. 生活情况　主要生活经历、人格、家庭、人际关系、不幸遭遇等。

10. 病人教育　向病人阐明诊断,提供健康咨询,建议疾病的预防措施等。

11. 阐明治疗措施　对处方进行解释,向病人讲明治疗的适应性和副作用。

12. 建立长期联系　如病情需要嘱托病人复诊并坚持随访。

13. 总结　简明扼要地对本次诊疗过程进行总结,征求病人意见,对病人的信任与合作表示感谢。

三、模糊、委婉和幽默语言

虽然在整个医疗过程中都体现着医学的专业性,但有时为了避免医患之间产生误会,达到良好沟通的目的,还应注意模糊、委婉和幽默语言的使用。尤其是涉及患者隐私、个人名誉时更要注意使用模糊和委婉的语言。

案例 9-5:

某年 5 月的一天上午,女青年周某与未婚夫王某到某市婚检指定医院进行婚前检查。经内、外、五官科检查后,来到妇产科门诊。接诊医师龙某招呼周某在妇检床上躺下,让其未婚夫在屏风外等候。龙某在检查时,见周某下腹部有花纹,便问:"你以前引过产吗?"周某感到吃惊,待明白过来后,予以否认说:"没有啊。"龙某坚持问:"那你腹部的妊娠纹是怎么来的?"周某气愤地说:"我没有怀过孕,你不要乱说啊。"为了明确周某腹部是否为妊娠纹,龙某又请来一位年长资深医师为周某检查,这位医师说:"是有点像妊娠纹。"后来,他们在体检单上还是写上了"正常",将体检单交还周某。周某与男友离开了医院,后来男友提出了分手。后来,周某在家人的陪同下找到医院领导和卫生局领导,要求医院为其恢复名誉。

在上述案例中,医师龙某即使在头脑中断定这腹部花纹是妊娠纹,在语言表达上也应该注意说话的模糊和委婉。龙某应当以"你这腹部花纹是怎么回事啊"设问,然后根据回答,再逐步深入,最终澄清自己头脑中的疑问,这样就不会出现后来的悲剧性结果。其实女

青年腹部的花纹是其减肥后留下的收缩纹,妇科医师的职业特点左右了龙某的思维,忽视了形成腹部花纹还有别的原因。

幽默是指说话有趣或可笑而又意味深长。幽默在人际交往中的作用不可低估,幽默是语言的润滑剂。幽默风趣,能使双方很快熟悉起来,一句使人笑逐颜开的幽默语言,可以让人心情为之一振,增加战胜疾病的信心。

俗话说:"笑一笑,十年少;愁一愁,白了头。"幽默也是化解矛盾,解释疑虑的很好手段。当患者由于情绪悲伤而变得消沉时,使用幽默语言可以帮助患者释放其情绪上的紧张感。恰当地使用幽默语可使人们在笑声中受到启迪,在笑声中解除危险的信号,在笑声中摆脱尴尬境地。它可以使严肃、沉闷的气氛变得生动活泼、轻松愉快。例如,当患者抱怨药费太贵,不愿再服药治疗时,医生可以笑着说:"你不用药,那怎么治病呢? 我可不是神医噢!"再比如,当一个肥胖的高血压患者问医生:"你看我什么时间锻炼比较合适呢?"医生回答"……别人在饭店款待你的时候。"医生诙谐的语言,使患者在毫不尴尬的处境下明白了节食在减肥中的重要性。当然幽默一定要注意使用的场合和患者的性格,否则会弄巧成拙。

四、医患纠纷及其语言应对

近年来,随着我国医疗制度改革步伐的加快,特别是随着人们生活水平的提高,人民群众的法律意识不断增强,医患纠纷事件急剧上升,影响了医院秩序和医疗工作程序,直接影响了医疗卫生事业的发展和社会稳定。因此,如何正确认识并妥善地处理医患纠纷,是今后相当长时间内医疗机构、法律部门及社会各界都需要研究解决的问题。

(一) 医患纠纷的定义

医患纠纷,狭义上讲,是指医患双方对医疗结果及其原因的认定存在分歧,引起争议并按法定程序解决的事件。从广义上讲,凡是患者或家属对诊疗、护理过程不满意,认为在诊疗护理过程中患者的权益(生命权、健康权、知情权、名誉权、隐私权、处分权等)受到侵害,要求医疗机构、卫生行政部门或司法机关追究责任或赔偿损失的事件,统称为医患纠纷。

(二) 医患纠纷的分类

按照医患纠纷产生的原因来分类,可以将医患纠纷分为医源性纠纷和非医源性纠纷。

1. 医源性纠纷　医源性纠纷是指由于医方的原因而引发的纠纷。医源性纠纷又可分为医疗过失引起的纠纷和服务缺陷引起的纠纷。

(1) 医疗有过失:医疗机构或医务人员在诊疗过程中存在医疗过失行为,如医疗事故、医疗差错等。这类纠纷多由于医务人员在诊疗工作中疏忽大意、过于自信、技术水平和经验不足或不严格执行医疗规章制度和诊疗操作规程而引发的。

(2) 服务缺陷:医方在医德医风、医患沟通服务质量、医疗收费、医院管理等方面存在缺陷,如服务态度恶劣、医疗管理混乱等。这类纠纷多由于医护人员责任感不强、缺乏对患者的同情心、素质水平不高而引发。

2. 非医源性纠纷　由于患方缺乏医学常识,或对医方的规章制度不熟悉,理解不准确而认为医方侵害了自己的合法权益引起的医患纠纷。非医源性纠纷主要有以下几种表现。

(1) 医疗无过失:医疗机构及其医务工作者在医疗活动中不存在过失行为,但出现了医疗意外、难以防范或避免的不良后果、并发症，导致患者发生了死亡、残废、组织器官损伤等不良后果。患者和亲属对这一结果的发生原因不能正确理解和接受。

（2）患者自身因素：由于患者不遵守医疗机构的规章制度，擅自离院，在院外发生病情变化或在诊治过程中不遵医嘱，不配合治疗而影响医疗效果或对治疗失去信心、担心经济承受能力而出现自杀、拒绝治疗等。

（3）患方不良动机：目前社会处于转型期，人们认识观念不同，思想觉悟参差不齐，部分患者或亲属存在不良动机，企图通过吵闹获得经济利益。

（4）其他事件转嫁成医患纠纷：医疗机构经常接诊因各种事故所致的患者，这些患者的伤情诊治、处理后果的好与坏，直接关系到案件的处理。如一车祸患者，医院出具的诊疗证明文件不利于肇事方或遭遇车祸方在法庭的判决，肇事方与遭遇车祸方的矛盾转嫁成同医院的矛盾，以致引起纠纷。

（三）语言应对

一旦产生了医患纠纷，医方和患方都应该积极协商，协同解决问题。在医患沟通的整个过程中，医方的语言应对应注意以下原则：

1. 沉着冷静，避免躲避　发生医患纠纷时，患者及其家属往往情绪激动或有过激行为，此时，接待人员一方面切忌惊慌，要保持镇静的情绪和姿态；另一方面不要对患者及其家属避而不见，避而不见易激化矛盾，刺激患方的情绪。一般来说，在患方情绪比较稳定时或双方能认真谈实质性问题时或医院有责任时，医院应采取积极接触的态度，动之以情、晓之以理，以实际行动处理纠纷，帮助患者解决问题，满足患者合理要求。

2. 耐心倾听，取得信任　在处理医患纠纷过程中，要体谅患方的心情，耐心倾听其意见，以取得信任，可以说耐心倾听是解决医患纠纷最重要的一步。在交谈过程中要尽可能让患方充分倾诉自己的意见和要求，理解、尊重对方，不计较患方的过激态度和行为，更不急于争辩。要使用安慰性、劝说性语言，听取并接受他们合理的建议，耐心做好解释工作。

3. 谨慎解释，科学引导　由于患者缺乏医学知识，对医学的高风险和未知领域没有充分认识，当诊治结果与自己期望的结果有出入时，就会片面地联想、推论、判断。对此，要用科学知识做谨慎的解释，不要说过头的语言，不做无原则的承诺，特别是赔偿问题。对患方不能接受的客观事实要用简单、通俗易懂的医学知识予以说明。对患方不理智的行为要耐心加以制止，并告知处理医患纠纷的正确方法。在此过程中，院方的语言得体、严谨是非常重要的。一是要使自己的语言力求准确。二是与患方谈话前，要做充分的材料和谈话内容的准备，特别是患方最关注、最敏感的话题。三是不断提高语言引导能力，即具有将事件引向合理正确方向的能力。四是必须熟悉各项法律法规，只有依法陈述才会有说服力。

4. 依法处理，合理维权　患方的身份不同，知识结构不同，法律意识不同，其中大多数投诉者能遵循法律程序，理智地与医疗机构协商解决问题。但谩骂殴打医务人员、聚众闹事、打砸医院、抢夺病历、停尸闹事等现象时有发生。当遇到上述现象时，应保持冷静、克制、迅速报告当地公安部门和上级行政部门，在上级行政部门的指导下，继续做好患方的思想工作，努力劝说患方只有按法律程序办事，才能妥善处理有关问题。对于严重过激行为的人，医院应按法律程序追究法律责任。

思考题与实训

1. 怎样了解病情

案例：某护士向病人询问病情：

问：你现在腹部痛还是不痛？回答：不痛。

问：昨天吃饭好还是不好？回答：比较好。

问：你昨晚睡眠好不好？回答：不是很好。

讨论：沟通时如果需要提问，尽量不要使用封闭式的提问，而是尽量使用开放式的提问。

2. 不经意的举动带来了投诉

案例：患者农民，因咳嗽、发热到某省一家三级甲等医院门诊就诊。患者进入诊室后在接诊医生的一侧坐定，而这位接诊医生却将自己的座椅向后挪了一下，拉大了与患者的距离，这一举动被陪伴患者的家属看在眼里。一个简单的举动，不禁使患者和家属将挂号员的大声"呵斥"、等候时医生带着亲朋好友插队看病等就诊经历联系在一起，并最终对医务人员进行投诉。

问题(1)：在接诊过程中，怎样保持与患者及其家属的正确距离？

问题(2)：医生对待患者应该保持什么样的态度？

3. 医生不恰当的问话直接加重患者病情

案例：一个从乡下长途跋涉来县城看病的患者，好不容易借足了钱，在他认为水平最高的医院挂了一位专家的号。一见面，这位专家看了看检查报告，第一句话就说："你来晚了。"第二句话说："没治了。"第三句话说："回家吧。"这时，病人精神上已经快受不了了，急忙央求医生说："大夫，您给看看还有没有别的办法，求求您了。"医生的第四句话，让这个病人当场就站不起来了："你早干什么去了？"

问题(1)：这位医生的问诊正确吗？

问题(2)：面对危重病人，怎样与患者及其家属沟通才能避免给患者和家属带来额外的心理负担？

名篇鉴赏

一、他的英名和事业永垂不朽

恩 格 斯

3月14日下午两点三刻,当代最伟大的思想家停止思想了。让他一个人留在房间里不过两分钟,等我们再进去的时候,便发现他在安乐椅上安静地睡着了——但已经是永远地睡着了。

这个人的逝世,对于欧美战斗着的无产阶级,对于历史科学,都是不可估量的损失。这位巨人逝世以后所形成的空白,在不久的将来就会使人感觉到。正像达尔文发现有机界的发展规律一样,马克思发现了人类历史的发展规律,即历来为繁茂芜杂的意识形态所掩盖着的一个简单事实:人们首先必须吃、喝、住、穿,然后才能从事政治、科学、艺术、宗教等。所以,直接的物质的生活资料的生产,因而一个民族或一个时代的一定的经济发展阶段,便构成为基础;人们的国家制度,法的观点,艺术以至宗教观念,就是从这个基础上发展起来的。因而,也必须由这个基础来解释,而不是像过去那样做得相反。

不仅如此,马克思还发现了现代资本主义生产方式和它所产生的资产阶级社会的特殊的运动规律。由于剩余价值的发现,而先前无论资产阶级经济学家或社会主义批评家所做的一切都只是在黑暗中摸索。

一生中能有这样两个发现,该是很够了,甚至只要能做出一个这样的发现,也已经是幸福的了。但马克思在他所研究的每一个领域(甚至在数学领域)都有独到的发现,这样的领域是很多的,而且其中任何一个领域他都不是肤浅地研究的。这位科学巨匠就是这样,但这在他身上远不是主要的。在马克思看来,科学是一种在历史上起推动作用的、革命的力量。任何一门理论科学中的每一个新发现,即使它的实际应用甚至还无法预见,都使马克思感到衷心喜悦。但是当有了立即会对工业、对一般历史发展产生革命影响的发现的时候,他的喜悦就完全不同了。例如,他曾经密切地注意电学方面各种发现的发展情况,不久以前,他还注意了马赛尔·德普勒的发现。因为马克思首先是一个革命家,以某种方式参加推翻资本主义社会及其所建立的国家制度的事业,参加赖有他才第一次意识到本身地位和要求、意识到本身解放条件的现代无产阶级的解放事业,——这实际上就是他毕生的使命。斗争是他得心应手的事业.而他进行斗争的热烈、顽强和卓有成效,是很少见的。最早的《莱茵报》(1842年),巴黎的《前进报》(1844年),《德意志·布鲁塞尔报》(1847年),《新莱茵报》(1848—1849年),《纽约每日论坛报》(1852—1861年),以及许多富有战斗性的小册子,在巴黎、布鲁塞尔和伦敦各组织中的工作,最后是创立伟大的国际工人协会,作为这一切工作的完成——老实说,协会的这位创始人即使别的什么也没有做,也可以拿这一结果引以为豪。

正因为这样,所以马克思是当代最遭忌恨和最受诬蔑的人。各国政府——无论专制或共和政府——都驱逐他;资产者——无论保守派或极端民主派——都纷纷争先恐后地诽谤他、诅咒他。他对这一切毫不在意，把它们当作蛛丝一样轻轻抹去，只是在万分必要时才给予答复。现在他逝世了，在整个欧洲和美洲，从西伯利亚矿井到加利福尼亚，千百万革命战友无不对他表示尊敬、爱戴和悼念。而我敢大胆地说，他可能有过许多敌人，但未必有一个私敌。

他的英名和事业将永垂不朽！

阅读提示

1883年3月17日，伟大的革命导师马克思的遗体被安葬在英国伦敦郊区海格特公墓。在葬礼上，恩格斯用英语发表了这篇演说。恩格斯是马克思的挚友，两人为无产阶级的解放事业并肩战斗近四十年，对马克思的了解，最深刻的莫过于恩格斯；对马克思的逝世，最悲痛的莫过于恩格斯；对马克思的逝世所造成的巨大损失，最清楚的莫过于恩格斯。在这篇悼词中，恩格斯总结了马克思一生的伟大贡献，表达了全世界无产阶级对马克思的无比崇敬和哀悼之情。

二、中国人民站起来了

毛 泽 东

诸位代表、先生们，我们有一个共同的感觉，这就是我们的工作将写在人类的历史上，它将表明，占人类总数四分之一中国人从此站立起来了。中国人从来就是一个伟大的勇敢的勤劳的民族，只是在近代是落伍了。这种落伍，完全是被外国帝国主义和本国反动政府所压迫和剥削的结果。一百多年以来，我们的先人以不屈不挠的斗争反对内外压迫者，从来没有停止过，其中包括伟大的中国革命先行者孙中山先生所领导的辛亥革命在内。我们的先人指示我们，叫我们完成他们的遗志。我们现在是这样做了。我们团结起来，以人民解放战争和人民大革命打倒了内外压迫者，宣布中华人民共和国的成立了。我们的民族将从此列入爱好和平自由的世界各民族的大家庭，以勇敢而勤劳的姿态工作着，创造自己的文明和幸福，同时也促进世界和平和自由。我们的民族将再也不是一个被人侮辱的民族了，我们已经站起来了。我们的革命已经获得全世界广大人民的同情和欢呼，我们的朋友遍于全世界。……

我们的人民民主专政的国家制度是保障人民革命的胜利成果和反对内外敌人的复辟阴谋的有力武器，我们必须牢牢地掌握这个武器。在国际上，我们必须和一切热爱和平自由的国家和人民团结在一起，首先是和苏联及各新民主主义国家团结在一起，使我们保障人民革命胜利成果和反对内外敌人复辟阴谋的斗争不至于处于孤立地位。只要我们坚持人民民主专政和团结国际友人，我们就会是永远胜利的。……随着经济建设的高潮到来，不可避免地将要出现一个文化建设的高潮。中国人被人认为不文明的时代已经过去了，我们将以一个具有高度文化的民族出现于世界。

我们的国防将获得巩固，不允许任何帝国主义者再来侵略我们的国土。在英勇的经过了考验的人民解放军的基础上，我们的人民武装力量必须保存和发展起来。我们将不但有一个强大的陆军，而且有一个强大的空军和一个强大的海军，让那些内外反动派在我们面前发抖罢，让他们去说我们这也不行那也不行罢，中国人民的不屈不挠的努力必将稳步地达到自己的目的。

在人民解放战争和人民革命中牺牲的人民英雄们永垂不朽!

庆贺人民解放战争和人民革命的胜利!

庆贺中华人民共和国的成立!

庆贺中国人民政治协商会议的成功!

阅读提示

中国伟大的无产阶级革命家,中华人民共和国的缔结者毛泽东同志是一位具有诗人气质的政治领袖,他的演讲论断精辟准确、语言生动活泼。1949 年 9 月 21 日正值中华人民共和国成立前夕,他在中国人民政治协商会议第一届全体会议上作了题为《中国人民站起来了》的演讲。

毛泽东的《中国人民站起来了》的著名演讲,全篇气势庄严宏伟,蕴涵博大精深,既是中国人民革命经验的总结,又是中国人民未来奋斗的目标所向。毛泽东的这篇演讲又是一篇胜利的宣言,它向全体中国人民、全世界人民宣告了中国人民革命的胜利,宣告"我们的民族将再也不是一个被人侮辱的民族了,我们已经站起来了",毛泽东的声音响彻环宇,使近百年来长期觊觎中国的列强们惊呼:"中国这头沉睡的狮子终于醒过来了!"

三、万隆演讲

周 恩 来

主席,各位代表:

我的主要发言现在印发给大家了。在听到了许多代表团团长的一些发言之后,我愿补充说几句话。

中国代表团是来求团结而不是来吵架的。我们共产党人从不讳言我们相信共产主义和认为社会主义制度是好的。但是,在这个会议上用不着来宣传个人的思想意识和各国的政治制度,虽然这种不同在我们中间显然是存在的。

中国代表团是来求同而不是来立异的。在我们中间有无求同的基础呢? 有的。那就是亚非绝大多数国家和人民自近代以来都曾经受过、并且现在仍在受着殖民主义所造成的灾难和痛苦。这是我们大家都承认的。从解除殖民主义痛苦和灾难找共同基础,我们就很容易互相了解和尊重、互相同情和支持,而不是互相疑虑和恐惧、互相排斥和对立。这就是为什么我们同意五国总理万隆会议所宣布的关于亚非会议的四项目的,而不另提建议。

本来,对于美国一手造成的台湾地区的紧张局势,我们很可以在这里提出如同苏联所提出的召开国际会议谋求解决的议案,请求会议加以讨论。中国人民解放自己领土台湾和沿海岛屿的要求是正义的,这完全是内政和行使自己的主权,并得到许多国家的支持。我们也很可以提议会议讨论承认和恢复中华人民共和国在联合国的合法地位问题。去年,科伦坡五国总理会议,还有亚非其他国家,都曾经支持中华人民共和国在联合国的地位。而且,中国在联合国所受的不公正待遇,也可以在这里提出批评。但是,我们并没有这样做。因为这样一来,就很容易使我们的会议陷入对这些问题的争论而得不到解决。

我们的会议应该求同而存异。同时,会议应将这些共同愿望和要求肯定下来。这是我们中间的主要问题。我们并不要求个人放弃自己的见解,因为这是实际存在的反映。但是不应该使它妨碍我们在主要问题上达成共同的协议。我们还应在共同的基础上来互相了解和重视彼此的不同见解。

现在,我首先谈不同的思想意识和社会制度问题。我们应该承认,在亚非国家中是存在有不同的思想意识和社会制度的,但这并不妨碍我们求同和团结。第二次大战后,亚非两洲兴起了许多独立国家,一类是共产党领导的国家,一类是民族主义者领导的国家。前一类国家并不多。但是某些人所不喜欢的,就是6万万中国人民选择了中国共产党领导的、属于社会主义体系的政治制度,而不再为帝国主义所统治了。后一类国家很多,像印度、缅甸、印度尼西亚和亚非许多国家都是。我们这两类国家都是从殖民主义的统治下独立起来的,并且还在为完全独立而奋斗。我们有什么理由不可以互相了解和尊重、互相同情和支持呢?五项原则完全可以成为在我们中间建立友好合作和亲善睦邻关系的基础。我们亚非国家,中国也在内,不论在经济上或文化上都很落后。我们亚非会议既然不要排斥任何人,为什么我们自己反倒不能互相了解、不能友好合作呢?

次之,我要谈有无宗教信仰自由的问题。宗教信仰自由是近代国家所共同承认的原则。我们共产党人是无神论者,但是我们信任有宗教信仰的人。我们希望有宗教信仰的人也应该信任无宗教信仰的人。中国是有宗教信仰自由的国家,这不仅有700万共产党员,并且还有以千万计的回教徒和佛教徒,以百万计的基督教徒和天主教徒。中国代表团中就有虔诚的伊斯兰教的阿訇。这些情况并不妨碍中国内部的团结,为什么在亚非国家的大家庭中不能将有宗教信仰的和没有宗教信仰的人团结在一起呢?挑起宗教纷争的时代应该过去了,因为从挑起那种纷争中得到利益的并不是我们中间的人。

第三,我要谈所谓颠覆活动的问题。中国人民为反对殖民主义所进行的斗争超过100年。中国共产党领导的民族、民主的革命斗争也经历了近30年的艰难困苦的过程,才终于达到了成功。中国人民在帝国主义、封建主义和蒋介石统治下所受的苦难是数也数不尽的,最后才选择了这个国家制度和现在的政府。中国革命是依靠中国人民的努力取得胜利的。绝不是从外输入的,这一点连不喜欢中国革命胜利的人也不能否认。中国古话说:"己所不欲,勿施于人。"我们反对外来干涉,为什么我们会去干涉别人的内政呢?有人说,中国在国外有1000多万华侨,可能利用他的双重国籍来进行颠覆活动。但是,华侨的双重国籍问题是旧中国遗留下来的,蒋介石至今还在利用极少数的华侨进行对所在国的破坏活动,新中国的人民政府却准备与有关各国政府解决华侨的双重国籍问题。又有人说,在中国境内有傣族自治区威胁了别人。中国境内有几十种少数民族共4000多万人,其中傣族和相同系统的壮族将近千万人。他们既然存在,我们就必须给他们自治权利。好像缅甸有掸族自治邦一样,在中国境内各个少数民族都有他们的自治区。中国少数民族在中国境内实行自治权利,如何能说威胁邻邦呢?我们现在准备在坚守五项原则的基础上与亚非各国,乃至世界各国,首先是我们的邻邦,建立正常关系。现在的问题不是我们去颠覆别人的政府,倒是有人在中国的周围建立进行颠覆中国政府的据点。比如在缅甸边境就存在着蒋介石集体的残余武装分子,对中缅两国进行破坏。因为中缅友好,我们一直尊重缅甸的主权,信任缅甸政府去解决这个问题。

中国人民选择和拥护自己的政府,中国有宗教信仰自由,中国绝无颠覆邻邦政府的意图。相反地,中国正在受着美国政府进行颠覆活动的害处。大家如果不信,可亲自或派人到中国去看。我们是容许不知真相的人怀疑的。中国俗语说:"百闻不如一见。"我们欢迎所有到会的各国代表到中国去参观,你们什么时候去都可以。我们没有后幕,倒是别人要在我们之间施放烟幕。

16万万亚非人民期待着我们的会议成功。全世界原意和平的国家和人民期待着我们的会议能为扩大和平区域和建立集体和平有所贡献。让我们亚非国家团结起来,为亚非会议的成功努力吧!

阅读提示

周恩来总理是世界是公认的第一流的外交家、宣传家和演讲家。1955年,亚非29个从殖民主义压迫下新独立的国家和地区在印度尼西亚万隆举行会议,讨论国际形势和有关亚非国家共同利害关系问题。周恩来率领中国代表团参加了这次大规模国际会议。4月19日,根据会议发展情况,周恩来临时决定将原来的发言改用书面散发,另外针对帝国主义对新中国的造谣中伤,在下午的全体会议上做了一个补充发言。这就是极其著名的万隆演讲。

在著名的万隆演讲中,周恩来以其杰出外交家的风度在发言中申辩不离原则,驳斥不失礼仪,娓娓而谈不失严谨,阐明了我国的外交路线和政策,呼吁亚非各国"求同存异",团结起来共同进行反帝反殖斗争。这篇演讲充分展现出周恩来出色的外交才能,面对会议上出现的有人打着反共的旗号向中国挑衅的情况,周恩来坚定沉着,意识到这是帝国主义者的阴谋,随机应变,以补充发言的形式上台演讲,迎头痛击帝国主义者的阴谋,阐明"求同存异"的方针,促进了亚非国家间的团结,对会议的成功起了重要的作用。整篇演讲有很强的针对性,措辞妥帖,柔中见刚,态度明朗,开诚布公,获得了与会代表热烈的欢迎和赞扬。

四、中国绝不会沦亡

孙 中 山

兄弟此次东来,蒙诸君如此热心欢迎,兄弟实感佩莫名。窃恐无以符诸君欢迎之盛意,然不得不献兄弟见闻所及,与诸君商定救国之方针,当亦诸君所乐闻者。兄弟由西至东,中间至美国圣路易斯的博览会,此会为新球开辟以来的一大会。后又由美至英、至德、到法,乃至日本。离东二年,论时不久,见东方一切事皆大变局,兄弟料不到如此,又料不到今日与诸君相会于此。近来我中国人的思想议论,都是大声疾呼,怕中国沦为非、澳。前两年还没有这等风潮,以此看来,我们中国不会亡国了。这都由我国民文明的进步日进一日,民族的思想日长一日,所以有这样的影响。从此看来,我们中国一定没有沦亡的道理。

今日试就我游历过各国的情形,与诸君言之。

日本与中国不同者有二件:第一件是日本的旧文明毕由中国输入。50年前,维新诸豪杰沉醉于中国哲学大家王阳明知行合一的学说,故皆具有独立尚武的精神,以成此拯救4500万人于水火中之大功。我中国人则反抱其素养的实力,以赴媚异种,故中国的文明遂至落于日本之后。第二件如日本衣、食、住的文明乃由中国输入者,我中国已改从满制,则是我中国的文明已失之日本了。后来又有种种的文明由西洋输入。是中国的文明开化虽先于日本,究竟无大裨益于我同胞。

渡太平洋而东至美国,见美国之人物皆新。论美人不过由四百年前哥伦布开辟以来,世人渐知有美国,而于今的文明,即欧洲列强亦不能及。去年圣路易斯的博览会为世界最盛之会,盖自法人手中将圣路易斯买来之后,特以此会为纪念。美国从前乃一片洪荒之土,于今40全州的盛况,皆非中国所能及。兄弟又由美至英、至法、至德,见各洲从前极文明者,如罗马、埃及、希腊、雅典等皆败,极野蛮者如条顿民族等皆兴。中国的文明已有数千年,西人不过数百年,中国人又不能由古代之文明变而为近世的文明;所以人皆说中国最守旧,共积弱的缘由也在于此。殊不知不然。不过我们中国现在的人物皆无用,将来取法西人的文明而用之,亦不难转弱为强,易旧为新。盖兄弟自至四方则见新物,至东方则见旧物,我们中国若能渐渐发明,则一切旧物又何难均变为新物?如英国伦敦,先无电车而用马车,百年后方用自行车而仍不用电车。日本去年尚无电车,至今而始盛。中国不过误于从前不变,若如现在的一切思想议论,其进步又何可思议!又皆说中国为幼稚时代。殊不知不然。中国盖实当老迈时代。中国从前之不变,因人皆不知改革之幸福,以为我中国的文明极盛,如斯已足,他何所求。于今因游学志士见各国种种的文明,渐觉得自己的太旧了,故改革的风潮日烈,思想日高,文明的进步日速。如此看来,将来我国的国力能凌驾全球,也是不可预料的。所以各志士知道我们中国不得了,人家要瓜分中国,日日言救中国。倘若是中国人如此能将一切野蛮的法制改变起来,比美国还要强几分的。何以能将一切野蛮的法制改变起来,比美国还要强几分的。何以见之?美国无此好基础。虽西欧英、法、德、意皆不能及。我们试与诸君就各国与中国比较而言之:

日本不过我中国四川一省之大,至今一跃而为头等强国;

美国土地虽有清国版图之大,不过人口不过8000万,于今美人极强,即欧人亦畏之;

英国不过区区海上三岛,其余都是星散的属地;

德、法、意诸国虽称强于欧西,土地人口均不如我中国;

俄国被挫于日本,土地虽大于我,人口终不如我。

则是中国土地人口,世界莫及。我们生在中国,实为幸福。各国贤豪皆羡慕此英雄用武之地,而不可行。我们生在中国,正是英雄用武之时,反而都是沉沉默默,让异族儿据我上游,而不知利用此一片好山河,鼓吹民族主义,建一头等民主共和国,以执全球的牛耳,实为可叹!

所以西人知中国人不能利用此土地也,于是占旅顺、占大连、占九龙等处,谓中国人怕他。殊不知我们自己能立志恢复,他还是要怕我的。即现在中国与美国禁约的风潮起,不独美国人心惶恐,欧西各国亦莫不震惊。此不过我国民小举动耳,各国则震动若是,倘有什么大举动,则各国还了得吗?

所以现在中国要由我们4万万国民兴起。今天我们是最选兴起一日,从今后要用尽我们的力量,提起这件改革的事情来。我们放下精神说要中国兴,中国断断乎没有不兴的道理。

即如日本,当维新时代,志士很少,国民尚未大醒,他们人人担当国家义务,所以不到30年,能把他的国家弄到为全球六大强国之一。若是我们人人担当国家义务,将中国强起来,虽地球上六个强国,我们比他还要大一倍。所以我们万不可存一点退志。日本维新须经营30余年,我们中国不过20年就可以。盖日本维新的时候,各国的文物,他们国人一点都不知道;我们中国此时,人家的好处人人皆知道,我们可以择而用之。他们不过是天然的进步,我们这方才是人力的进步。

又有说中国此时的政治幼稚、思想幼稚、学术幼稚,不能猝学极等文明。殊不知然。他们不过见中国此时器物皆旧,盖此等功夫,如欧洲著名各大家用数十余年之功发明一机器,而后世学者不过数年即能造作,不能谓其躐等也。

又有说欧美共和的政治,我们中国此时尚不能合用。盖由野蛮而专制,而专制而立宪,由立宪而共和,这是天然的顺序,不可躐进的;我们中国的改革最宜于君主立宪,万不能共和。殊不知此说大谬。我们中国的前途如修铁路,然此时若修铁路,还是用最初发明的汽车,还是用近日改良最利便之汽车,此虽妇孺亦明其利钝。所以君主立宪之不合用于中国,不待智者而反决。

又有说中国人民的程度,此时还不能共和。殊不知又不然。我们人民的程度比各国还要高些。兄弟由日本过太平洋到美国,路经檀香山,此地百年前不过一野蛮地方,有一英人至此,土人还要食他,后来与外人交通,由野蛮一跃而为共和。我们中国人的程度岂反比不上檀香山的土民吗?后至美国的南七省,此地因养黑奴,北美人心不服,势颇骚然,因而交战五六年,南败北胜,放黑奴 200 万为自由民。我们中国人的程度又反不如美国的黑奴吗?我们清夜自思,不把我们中国造起一个 20 世纪头等的共和国来,是将自己连檀香山的土民、南美的黑奴都看做不如了,这岂是我们同志诸君所期望的吗?!

所以我们绝不能说我们同胞不能共和,如说不能,是不知世界的进步,不知世界的文明,不知享这共和幸福的蠢动物了。

若使我们中国人人已能如此,大家负这个责任起来,我们这一份人还稍可以安乐。若今日之中国,我们是万不能安乐的,是一定要劳苦代我 4 万万同胞求这共和幸福的。

若创造这立宪共和二等的政体,不是在别的缘故上分判,总在志士的经营。百姓无所知,要在志士的提倡;志士的思想高,则百姓的程度高。所以我们为志士的,总要择地球上最文明的政治法律来救我们中国,最优等的人格来待我们 4 万万同胞。

若单说立宪,此时全国的大权都落在人家手里,我们要立宪,也是要从人家手里夺来。与其夺来成立宪国,又何必不夺来成立共和国呢?

又人人说,中国此时改革事事取法于人,自己无一点独立的学说,是事先不能培养起国民独立的性格来,后来还望国民有独立的资格吗?此说诚然。但是此时异族政府禁端百出,又从何处发行这独立的学说?又从何处培养起国民独立的性格?盖一变则全国人心动摇,动摇则进行自速,不过十数年后,这'独立'两字自然印入国民的脑中。所以中国此时的改革,虽事事取法于人,将来他们各国定要在中国来取法的。如美国之文明仅百年耳,先皆由英国取法去的,于今为世界共和的祖国;倘是仍旧不变,于今能享这地球上最优的幸福不能呢?

若我们今日改革的思想不取法乎上,则不过徒救一时,是万不能永久太平的。盖这一变更是很不容易的。

我们中国先是误于说我中国四千年来的文明很好,不肯改革,于今也都晓得不能用,定要取法于人。若此时不取法他现世最文明的,还取法他那文明过渡时代以前的吗?我们绝不要随天演的变更,事实上要为人事的变更,其进步方速。兄弟愿诸君救中国,要从高尚的下手,万莫取法乎中,以贻我 4 万万同胞子子孙孙的后祸。

阅读提示

中国伟大的资产阶级民主革命先行者孙中山先生,是中国近代杰出的演讲家。1905 年 8 月 13 日,他在日本东京中国留学生欢迎大会上做了题为《中国绝不会沦亡》的演讲。孙中山先生的这篇演讲是在同盟会正式成立前7天的背景下产生的,处处反映了孙中山先生提出的"驱逐鞑虏,恢复中华,建立民国,平均地权"的斗争纲领和"民主、民权、民生"的三民主义学说的理论和精神。在这篇演讲中,孙中山先生以饱满的爱国主义热情,通过鲜明的比较,尖锐、深刻地批驳了改良派散布的种种谬论,阐明了博采各国之长,实行民主共和的主张,有力地证明了中国绝不会沦亡的主题。孙先生以游历欧美各国以及在日本的见闻作为证明主题的材料,强调国人要有志气改革,"中国断断乎没有不兴的道理。"在结构的安排上,立与破结合得恰当得体。面对前来欢迎自己的群众,孙先生以亲切、平和的态度循循善诱,用不直接点名的方式,把改良派的谬论驳得体无完肤,并且以满腔的热情,发人们树立民族自尊心,坚定改革的自信心,以昂扬战斗的情绪激励群众。演讲中多处使用设问、反问等句式,增添了语言的气势,有助于驳斥政敌、激励群众,抒发中华民族奋发图强的豪情。这篇演讲比较充分地体现出孙中山先生既朴实严谨又气魄宏伟的演讲风格。

五、在葛底斯堡的演说

林　肯

八十七年前,我们先辈在这个大陆上创立了一个新国家,它孕育于自由之中,奉行一切人生来平等的原则。

我们正从事一场伟大的内战,以考验这个国家,或者任何一个孕育于自由和奉行上述原则的国家是否能够长久存在下去。我们在这场战争中的一个伟大战场上集会。烈士们为使这个国家能够生存下去而献出了自己的生命,我们来到这里,是要把这个战场的一部分奉献给他们作为最后安息之所。我们这样做是完全应该而且非常恰当的。

但是,从更广泛的意义上说,这块土地我们不能够奉献,不能够圣化,不能够神化。那些曾在这里战斗过的勇士们,活着的和去世的,已经把这块土地圣化了,这远不是我们微薄的力量所能增减的。我们今天在这里所说的话,全世界不大会注意,也不会长久地记住,但勇士们在这里所做过的事,全世界却永远不会忘记。毋宁说,倒是我们这些还活着的人,应该在这里把自己奉献于勇士们已经如此崇高地向前推进但尚未完成的事业。倒是我们应该在这里把自己奉献于仍然留在我们面前的伟大任务——我们要从这些光荣的死者身上吸取更多的献身精神,来完成他们已经完全彻底为之献身的事业;我们要在这里下定最大的决心,不让这些死者白白牺牲;我们要使国家在上帝福佑下自由的新生,要使这个民有、民治、民享的政府永世长存。

📖 阅读提示

林肯(1809—1865年)美国总统,共和党人。担任过律师。1847—1849年当选为众议员。总统任职内,爆发内战。1862年颁布《宅地法》和《解放黑奴宣言》,使战争成为群众性的革命斗争,保证了战争的胜利。1865年4月14日,遇刺身亡。

18世纪美国南北战争,是美国历史上规模最大,也是人类历史上具有伟大意义的战争。在这场战争中,以林肯为首的新政府军队同南部奴隶主军队展开了殊死的斗争,终于废除奴隶制,战争取得最后的胜利。1864年3月1日,联邦政府隆重地举行了葛底斯堡国家公墓落成典礼仪式,纪念在葛底斯堡战役中为国捐躯的烈士。林肯在此发表了演讲。这是历史上最伟大的演讲之一。在短短不足 3 分钟的时间里,先后 5 次被热烈的掌声打断。后人评论它"像一首凝练的史诗,真挚,深沉,意蕴无穷。它又像一篇庄严的宣言,深刻,厚实,力量无边"。

林肯的葛底斯堡演说是美国文学中最漂亮、最富有诗意的文章之一,通篇演讲不到三分钟。虽然这是一篇庆祝军事胜利的演说,但它没有丝毫的好战之气;相反,这是一篇感人肺腑的颂辞,赞美那些做出最后牺牲的人,以及他们为之献身的理想。在这篇演讲中,林肯提出了深入人心的"民有、民治、民享"的口号,成为后人推崇民主政治的纲领。这篇演讲被认为是英语演讲中的最高典范,其演讲手稿被藏于美国国会图书馆,其演说词被铸成金文,长存于牛津大学。

六、我有一个梦想

马丁·路德·金

一百年前,一位伟大的美国人签署了解放黑奴宣言,今天我们就是在他的雕像前集会。这一庄严宣言犹如灯塔的光芒,给千百万在那摧残生命的不义之火中受煎熬的黑奴带来了希望。它之到来犹如欢乐的黎明,结束了束缚黑人的漫漫长夜。

然而一百年后的今天,我们必须正视黑人还没有得到自由这一悲惨的事实。一百年后的今天,在种族隔离的镣铐和种族歧视的枷锁下,黑人的生活备受压榨。一百年后的今天,黑人仍生活在物质充裕的海洋中一个穷困的孤岛上。一百年后的今天,黑人仍然萎缩在美国社会的角落里,并且意识到自己是故土家园中的流亡者。今天我们在这里集会,就是要把这种骇人听闻的情况公之于众。

就某种意义而言,今天我们是为了要求兑现诺言而汇集到我们国家的首都来的。我们共和国的缔造者草拟宪法和独立宣言的气壮山河的词句时,曾向每一个美国人许下了诺言。他们承诺给予所有的人以生存、自由和追求幸福的不可剥夺的权利。

就有色公民而论,美国显然没有实践她的诺言。美国没有履行这项神圣的义务,只是给黑人开了一张空头支票,支票上盖着"资金不足"的戳子后便退了回来。但是我们不相信正义的银行已经破产。我们不相信,在这个国家巨大的机会之库里已没有足够的储备。因此今天我们要求将支票兑现——这张支票将给予我们宝贵的自由和正义的保障。

我们来到这个圣地也是为了提醒美国,现在是非常急迫的时刻。现在绝非冷静下来或服用渐进主义的镇静剂的时候。现在是实现民主的诺言的时候。现在是从种族隔离的荒凉阴暗的深谷攀登种族平等的光明大道的时候。现在是向上帝所有的儿女开放机会之门的时候。现在是把我们的国家从种族不平等的流沙中拯救出来,置于兄弟情谊的盘石上的时候。

如果美国忽视时间的迫切性和低估黑人的决心,那么,这对美国来说,将是致命伤。自由和平等的爽朗秋天如不到来,黑人义愤填膺的酷暑就不会过去。一九六三年并不意味着斗争的结束,而是开始。有人希望,黑人只要消消气就会满足;如果国家安之若泰,毫无反应,这些人必会大失所望的。黑人得不到公民的权利,美国就不可能有安宁或平静。正义的光明的一天不到来,叛乱的旋风就将继续动摇这个国家的基础。

但是对于等候在正义之宫门口的心急如焚的人们,有些话我是必须说的。在争取合法地位的过程中,我们不要采取错误的做法。我们不要为了满足对自由的渴望而抱着敌对和仇恨之杯痛饮。我们斗争时必须求远举止得体,纪律严明。我们不能容许我们的具有崭新内容的抗议蜕变为暴力行动。我们要不断地升华到以精神力量对付物质力量的崇高境界中去。

现在黑人社会充满着了不起的新的战斗精神,但是我们却不能因此而不信任所有的白人。因为我们的许多白人兄弟已经认识到,他们的命运与我们的命运是紧密相连的,他们今天参加游行集会就是明证。他们的自由与我们的自由是息息相关的。我们不能单独行动。

当我们行动时,我们必须保证向前进。我们不能倒退。现在有人问热心民权运动的人,你们什么时候才能满足?

只要黑人仍然遭受警察难以形容的野蛮迫害,我们就绝不会满足。

只要我们在外奔波而疲乏的身躯不能在公路旁的汽车旅馆和城里的旅馆找到住宿之所,我们就绝不会满足。

只要黑人的基本活动范围只是从少数民族聚居的小贫民区转移到大贫民区,我们就绝不会满足。

只要密西西比仍然有一个黑人不能参加选举,只要纽约有一个黑人认为他投票无济于事,我们就绝不会满足。

不!我们现在并不满足,我们将来也不满足,除非正义和公正犹如江海之波涛,汹涌澎湃,滚滚而来。

我并非没有注意到,参加今天集会的人中,有些受尽苦难和折磨;有些刚刚走出窄小的牢房;有些由于寻求自由,曾在居住地惨遭疯狂迫害的打击,并在警察暴行的旋风中摇摇欲坠。你们是人为痛苦的长期受难者。坚持下去吧,要坚决相信,忍受不应得的痛苦是一种赎罪。

让我们回到密西西比去,回到阿拉巴马去,回到南卡罗来纳去,回到佐治亚去,回到路易斯安那去,回到我们北方城市中的贫民区和少数民族居住区去,要心中有数,这种状况是能够也必将改变的。我们不要陷入绝望而不可自拔。

朋友们,今天我对你们说,在此时此刻,我们虽然遭受种种困难和挫折,我仍然有一个梦想。这个梦想是深深扎根于美国的梦想中的。

我梦想有一天,这个国家会站立起来,真正实现其信条的真谛,我们认为这些真理是不言而喻的:人人生而平等。

我梦想有一天,在佐治亚的红山上,昔日奴隶的儿子将能够和昔日奴隶主的儿子坐在一起,共叙兄弟情谊。

我梦想有一天,甚至连密西西比州这个正义匿迹、压迫成风、如同沙漠般的地方,也将变成自由和正义的绿洲。

我梦想有一天,我的四个孩子将在一个不是以他们的肤色,而是以他们的品格优劣来评价他们的国度里生活。

我今天有一个梦想。

我梦想有一天,亚拉巴马州能够有所转变,尽管该州州长现在仍然满口异议,反对联邦法令,但有朝一日,那里的黑人男孩和女孩将能与白人男孩和女孩情同骨肉,携手并进。

我今天有一个梦想。

我梦想有一天,幽谷上升,高山下降,坎坷曲折之路成坦途,圣光披露,满照人间。

这就是我们的希望。我怀着这种信念回到南方。有了这个信念,我们将能从绝望之巅劈出一块希望之石。有了这个信念,我们将能把这个国家刺耳争吵的声,改变成为一支洋溢手足之情的优美交响曲。

有了这个信念,我们将能一起工作,一起祈祷,一起斗争,一起坐牢,一起维护自由;因为我们知道,终有一天,我们是会自由的。

在自由到来的那一天,上帝的所有儿女们将以新的含义高唱这支歌:我的祖国,美丽的自由之乡,我为您歌唱。您是父辈逝去的地方,您是最初移民的骄傲,让自由之声响彻每个山岗。

如果美国要成为一个伟大的国家,这个梦想必须实现。让自由之声从新罕布什尔州的巍峨峰巅响起来!让自由之声从纽约州的崇山峻岭响起来?让自由之声从宾夕法尼亚州阿勒格尼山的顶峰响起来!

让自由之声从科罗拉多州冰雪覆盖的洛基山响起来!让自由之声从加利福尼亚州蜿蜒的群峰响起来?不仅如此,还要让自由之声从乔治亚州的石岭响起来?让自由之声从田纳西州的瞭望山响起来!

让自由之声从密西西比的每一座丘陵响起来?让自由之声从每一片山坡响起来。

当我们让自由之声响起来,让自由之声从每一个大小村庄、每一个州和每一个城市响起来时,我们将能够加速这一天的到来,那时,上帝的所有儿女,黑人和白人,犹太教徒和非犹太教徒,耶稣教徒和天主教徒,都将手携手,合唱一首古老的黑人灵歌:终于自由啦!终于自由啦!感谢全能的上帝,我们终于自由啦!

🔖 阅读提示

1929 年 1 月 15 日,马丁·路德·金出生在美国亚特兰大市奥本街 501 号,一幢维多利亚式的小楼里。他的父亲是牧师,母亲是教师。他从母亲那里学会了怎样去爱、同情和理解他人;从父亲那里学到了果敢、坚强、率直和坦诚。但他在黑人区生活,也感受到人格的尊严和作为黑人的痛苦。15 岁时,聪颖好学的金以优异成绩进入摩尔豪斯学院攻读社会学,后获得文学学士学位。尽管美国战后经济发展很快,强大的政治、军事力量使它登上了"自由世界"盟主的交椅。可国内黑人却在经济和政治上受到歧视与压迫。面对丑恶的现实,金立志为争取社会平等与正义做一名牧师。他先后就读于克拉泽神学院和波士顿大学,于 1955 年获神学博士学位后,到亚拉巴马州蒙哥马利市得克斯基督教浸礼会教堂作牧师。

1955 年 12 月,蒙哥马利节警察当局以违反公共汽车座位隔离条令为由,逮捕了黑人妇女罗莎·帕克斯。金遂同几位黑人积极分子组织起"蒙哥马利市政改进协会",号召全市近 5 万名黑人对公共汽车公司进行长达 1 年的抵制,迫使法院判决取消地方运输工具上的座位隔离。这是美国南部黑人第一次以自己的力量取得斗争胜利,从而揭开了持续 10 余年的民权运动的序幕,也使金博士锻炼成民权运动的领袖。

1963 年 8 月 23 日,马丁·路德·金组织了美国历史上影响深远的"自由进军"运动。他率领一支庞大的游行队伍向首都华盛顿进军,为全美国的黑人争取人权。他在林肯纪念堂前向 25 万人发表了著名的演说《我有一个梦想》,为反对种族歧视、争取平等发出呼号。马丁·路德·金 1964 年获诺贝尔和平奖。1968 年 4 月 4 日他在田纳西州被暗杀。

美国政府规定,从 1986 年起,每年 1 月的第 3 个星期一为马丁·路德·金全国纪念日。

七、悼念马丽·居里

爱因斯坦

各位科学界的朋友及同仁:

在像居里夫人这样一位崇高人物结束她一生的时候,我们不要仅仅满足于回忆她的工作成果和对人类已做出的贡献。第一流人物对于时代和历史进程的意义,在其道德品质方面,也许比单纯的才智成就方面还要大。即使是后者,它们取决于品格的程度,也远超过通常所认为的那样。

我幸运地同居里夫人有二十余年崇高而真挚的友谊。我对她的人格的伟大越来越感到佩服。她的坚强、她的意志的纯洁,她的律己之严,她的公正不阿的判断——所有这一切都难得集中在一个人的身上。她在任何时候都意识到自己是社会的公仆,她极其谦虚,永远不给自满留下任何余地。由于社会的严酷和不平等,她的心情总是抑郁的。这就是使她具有那样严肃的外貌,很容易使那些年接近她的人发生误解——这是一种无法用任何艺术气质来解脱的少见的严肃性。一旦她认识到某一道路是正确的,她就毫不妥协地并且极其顽强地坚持下去。

她一生中最伟大的科学功绩——证明放射性元素的存在并把它们分离出来——之所以能取得,不仅是靠大胆的直觉,而且靠着在难以想象的极端困难情况下工作的热忱和顽强,这样的困难,在实验科学的历史中罕见的。

居里夫人的品德力量和热忱,哪怕只要有一小部分存在于欧洲的知识分子中间,欧洲就会面临一个比较光明的未来。

阅读提示

通常情况下,提到居里夫人,人们所想的往往是它在科学上的不可磨灭的功绩,而爱因斯坦却想他人所未想,另辟蹊径,避开了人们耳熟能详的事迹,从居里夫人取得成功的深层次是原因——品德力量说起,启人深思。无论是命题演讲还是即兴演讲,最忌讳满口陈词滥调,人云亦云。如何选择适当的切入点。从一个新的角度去阐发事实,是演讲成功的关键因素。1934 年法国物理学家、化学家、诺贝尔奖两度获得者居里夫人逝世。作为居里夫人有着 20 年崇高友谊的同行,爱因斯坦饱含深情地做了这篇追悼演讲。

这篇演讲之所以给人留下深刻印象,正是因为他有着独特而深刻的立意,想他人所未想,说他人所未说,使人听后能够触发深层次的思考。

八、在凯拉斯科的讲演

拿破仑

士兵们! 你们在六天之内赢得了六次胜利,缴获了二十一面旗子和五十五门大炮,攻下了几座要塞,征服了皮尔蒙特的最富饶的地方! 你们捉住了一万五千名俘虏,你们杀伤一万多敌人。在此以前,你们为那些不毛之山而战,并在那些山岩上留下了你们的荣誉,可是这些山岩对祖国却是毫无裨益的。现在由于你们的功勋,你们可以同荷兰和莱茵方面军并驾齐驱了!你们什么也没有,什么都得自己操心。你们没有大炮打了胜仗,没有桥梁能够过河,没有鞋穿能够急行军,你们休息时没有酒喝,甚至常常没有粮食吃。只有共和国的战士才能够忍受你们所忍受的一切!士兵们,为此应当感谢你们!有功必赏的祖国正在以自己的繁荣昌盛来答谢你们!如果你们,土伦的胜利者们,曾经预言过1794年的不朽的战争,那么,你们现在的胜利就是预示着前面还有更光荣的战士!

奥地利和皮尔蒙特两国军队不久以前曾遭到你们勇敢的攻击,现在他们恐惧万状地逃避你们了!以前嘲笑你们贫困,以梦想你们的敌人打胜仗为乐事的那些荒淫无耻的人们,现在吓得惊慌失措、胆战心惊了。可是,士兵们,你们还不能万事大吉,因为你们还有仗要打!无论是都灵或米兰你们都还没有拿下来。那些杀害巴斯维尔的凶手还在践踏着赶走塔尔克维尼的胜利者们的骸骨!据说,你们中间有些人的勇气减少了,他们竟宁愿回到亚平宁山和阿尔卑斯山的山顶上去。不!我不相信真有这回事。蒙特洛特、米莱西莫、迭戈和芒多维等战役的胜利者们,正满怀着把法国人民的光荣传播到更远的地方的热烈愿望!

阅读提示

拿破仑(1769—1821年)法国资产阶级军事家、政治家。法兰西第一帝国和“百日王朝”皇帝。科西嘉岛破落贵族家庭出身。毕业于巴黎军事学校。任过炮兵少尉。1799年发动雾月政变。1804年称帝,建立法兰西第一帝国,颁布《拿破仑法》。曾率军东征西讨。1812年对俄战争失败。1814年以后两度被流放。1821年,因病死于流放地圣赫勒拿岛。

1796年4月28日,拿破仑率部征服了凯拉斯科,部队已疲惫不堪,再难出击。但此时的形势,却需要他的将士一鼓作气,乘胜进军。为此,拿破仑面对着筋疲力尽的战士,发表了震撼人心的演说。

九、战时演说

丘 吉 尔

今晚,我要借此机会向大家发表演说,因为我们已经来到了战争的关键时刻。

今天凌晨4时,希特勒已进攻并入侵俄国。既没有宣战,也没有最后通牒;但德国炸弹突然在俄国城市上空像雨点般地落下,德国军队大侵犯俄国边界。一小时后,德国大使拜见俄国外交部长,称两国已处于战争状态。但正是这位大使,还却喋喋不休地向俄国人保证,德国是朋友,而且几乎是盟友。

希特勒是个十恶不赦、杀人如麻、欲壑难填的魔鬼;而纳粹制度除了贪得无厌和种族统治外,另无主旨和原则。它横暴凶悍,野蛮侵略,为人类一切形式的鄙劣行径所不及。

过去的一切,连同它的罪恶,它的愚蠢和悲剧,都一闪而逝了。我看见俄国士兵站在祖国的大门口,守卫着他们的祖先自远古以来劳作的土地。我看见他们守卫着自己的家园,他们的母亲和妻子在祈祷——呵,是的,有时人人都要祈祷,祝愿亲人平安,祝愿他们的赡养者、战斗者和保护者回归。

我看见俄国数以万计的村庄正在耕种土地,正在艰难地获取生活资料,那儿依然有着人类的基本乐趣,少女在欢笑,儿童在玩耍。我看见纳粹的战争机器向他们碾压过来,穷凶极恶地展开了屠杀。我看见全副戎装,配剑马刀和鞋钉的普鲁士军官,以及刚刚威吓、压制过十多个国家的、奸诈无比的特工高手。我还看见大批愚笨迟钝、受过训练、唯命是从、凶残暴戾的德国士兵,像一大群爬行的蝗虫正在蹒跚行进。我看见德国轰炸机和战斗机在天空盘旋,它们依然因英国人的多次鞭挞而心有余悸,却在为找到一个自以为唾手可得的猎物而得意忘形。在这番嚣张气焰的背后,在这场突然袭击的背后,我看到那一小撮策划、组织向人类发动这场恐怖战争的恶棍。

于是,我的思绪回到若干年前,他们坚忍不拔,英勇善战,帮助我们赢得了胜利,但后来,他们却完全同这一切隔绝开了——虽然这并非我们的过错。

我亲身经历了所有这一切。如果我直抒胸臆,感怀旧事,你们是会原谅我的。但现在我必须宣布国王陛下政府的决定,我确信伟大的自治领地在适当时候会一致同意这项决定。然而我们必须现在,必须立即宣布这项决定,一天也不能耽搁。我必须发表这项声明,我相信,你们绝不会怀疑我们将要采取的政策。

我们只有一个目标,一个唯一的、不可变更的目标。我们决心要消灭希特勒,肃清纳粹制度的一切痕迹。什么也不能使我们改变这个决心。什么也不能!我们绝不能谈判;我们绝不同希特勒或他的任何党羽进行谈判。我们将在陆地同他作战;我们将在海洋同他作战;我们将在天空同他作战,直至邀天之助,在地球上肃清他的阴影,并把地球上的人民从他的枷锁下解放出来。

任何一个同纳粹主义作斗争的人或国家,都将得到我们的援助。任何一个与希特勒同流合污的人或国家,都是我们的敌人。这一点不仅适用于国家,而且适用于所有那些卑劣的、吉斯林之流的代表人物,他们充当了纳粹制度的工具和代理人,反对自己的同胞,反对自己的故土。这些吉斯林们,就像纳粹头目自身一样,如果没有被自己的同胞干掉(干掉就会省下很多麻烦),就将在胜利的翌日被我们送交同盟国法庭审判。这就是我们的政策,这就是我们的声明。

因此,我们将尽力给俄国和俄国人民提供一切援助。我们将呼吁世界各地的朋友和盟友采取同样的方针,并且同我们一样,忠诚不渝地推行到底。

我们已经向苏俄政府提供了力所能及的,可能对他们有用的技术援助和经济援助。我们将夜以继日地、越来越大规模地轰炸德国,月复一月地向它大量投掷炸弹,使它每一个月都尝到并吞下比它倾撒给人类的更加深重的苦难。

值得指出的是,仅仅在昨天,皇家空军曾深入法国腹地,以极小损失击落了28架侵犯、玷污并扬言要控制法兰西领空的德国战斗机。

然而,这仅仅是一个开端。从现在起,我国空军的扩充将加速进行。在今后6月,我们从美国那儿得到的援助,包括各种战争物资,尤其是重型轰炸机,将开始展示出重要意义。这不是阶级战争。这是一场整个大英帝国和英联邦不分种族,不分信仰,不分党派,全都投入进去的战争。

希特勒侵略俄国仅仅是蓄谋侵略不列颠诸岛的前奏。毫无疑问,他指望在冬季到来之前结束这一切,并在美国海军和空军进行干涉之前击溃英国。他指望更大规模地重演故伎,各个击破。他一直是凭借这种伎俩得逞的。那时,他就可以为最后行动清除障碍了,也就是说,他就要迫使西半球屈服于他的意志和他的制度了,而如果做不到这一点,他的一切征服都将落空。

因此,俄国的危险就是我国的危险,就是美国的危险;俄国人民为了保卫家园而战的事业就是世界各地自由人民和自由民族的事业。

让我们从如此残酷的经验中吸取教训吧！在这生命尚存,力量还在之际,让我们加倍努力,合力奋战吧!

阅读提示

在危难之际出任英国战时首相的温斯顿·丘吉尔有很高的文学造诣,这使他一生中的数百篇演说无一不具文采。为此,他曾被美国《展示》杂志列为近百年世界最有说服力的八大演说家之一。第二次世界大战中,就在德军于1941年6月22日大举入侵苏联的当晚,丘吉尔即发生了援助苏联抗击德国法西斯的演说。

十、对 日 宣 战

罗 斯 福

副总统先生、议长先生、参众两院各位议员:

昨日,1941年12月7日——一个遗臭万年的日子——美利坚合众国遭到了日本帝国海空军队突然和蓄谋的进攻。

合众国当时同该国处于和平状态,而且,根据日本的请求,当时仍在同该国政府和该国天皇进行着对话,对于维持太平洋的和平有所期待。实际上,就在日本空军中队已经开始轰炸美国瓦胡岛之后一小时,日本驻合众国大使及其同事还向我国务卿提交了对美国最近致日方的信函的正式答复。虽然复函声言继续现行外交谈判已无用,它并未包含有关战争或武力进攻的威胁或暗示。

应该记录在案的是:由于夏威夷同日本的距离,这次进攻显然是许多天乃至若干星期以前就已蓄谋进行了策划的。在策划的过程中,日本政府通过虚伪的声明和表示希望维系和平而蓄意对合众国进行了欺骗。

昨天对夏威夷群岛的进攻,给美国海陆军部队造成了严重的损害。我遗憾地告诉各位,很多美国人丧失了生命。此外,据报,美国船只在旧金山和火奴鲁岛之间的公海上也遭到了鱼雷袭击。

昨天,日本政府已发动了对马来西亚的进攻。

昨夜,日本军队进攻了香港。

昨夜,日本军队进攻了关岛。

昨夜,日本军队进攻了菲律宾群岛。

昨夜,日本人进攻了威克岛。

今晨,日本人进攻了中途岛。

因此,日本在整个太平洋区域采取了突然的攻势。昨天和今天的事实不言自明。合众国的人民已经形成了自己的见解,并且十分清楚这关系到我们国家的安全和生存的本身。

作为陆海军总司令,我已指示,为了我们防务采取一切措施。

但是,我们整个国家都将永远记住这次对于我们进攻的性质。

不论要用多长的时间才能战胜这次预谋的入侵,美国人民以自己的正义力量一定要赢得绝对的胜利。

　　我现在断言，我们不仅要作出最大的努力来保卫我们自己，我们还将确保这种形式的背信弃义永远不会再危及我们。我这样说，相信是表达了国会和人民的意志。

　　对敌行动已经存在。毋庸讳言，我国人民，我国领土和我国利益都处于严重危险之中。

　　信赖我们的武装部队——依靠我国人民的坚定决心——我们将取得必然的胜利——上帝助我！

　　我要求国会宣布：自1941年12月7日——星期日日本进行无缘无故和卑鄙怯懦的进攻时起，合众国和日本帝国之间已处于战争状态。

阅读提示

　　富·德·罗斯福连任四届美国总统，是第二次世界大战时同盟国三巨头之一。他不仅是一位卓越的政治家，同时也是一位杰出的演说家。美国《展示》杂志也把他列为近百年来世界八大最有说服力的演说家之一。1941年12月7日，日本法西斯发动太平洋战争，突然偷袭美国海军基地珍珠港，2300多名美国人被打死，美国太平洋舰队几乎全军覆没，美国人义愤填膺，视这一天为"国耻日"。第二天，罗斯福总统发表了著名的要求对日宣战的演说。

　　罗斯福的演说虽然篇幅不长，但句句有力，字字千钧，并以其严谨的逻辑把美国人反日的愤怒一步一步推向高潮，整个议会群情激昂、反应强烈，终于以压倒多数投票通过对日宣战。

十一、不信败局

戴 高 乐

　　那些多年身居军界要职的将领们已经组成了一个政府。这个政府以我们的军队吃了败仗为由，同敌人接触，意在谋取停战。

　　毫无疑问，我们确是吃了败仗，我们陷于敌人陆军、空军的机械化部队的围困之中。我们之所以受挫，不仅是因德军人数众多，更重要的是他们的飞机、坦克和战略。正是德军的坦克、飞机和战略使我们不知所措，置于今天的境地。

　　但是难道已一锤定音，胜利无望，败局已定吗？不，绝不如此！

　　请相信我，因为我对自己说的话胸有成竹。我告诉你们，法兰西并没有失败。我们完全可以以其人之道还治其人之身，并有朝一日扭转乾坤，取得胜利。

　　因为法兰西并不孤立，她不是孤军作战！她绝不孤立！她有一幅员辽阔的帝国作为后盾。她可以同控制着海域并继续在战斗着的不列颠帝国结盟。同英国一样，她可以得到美国雄厚工业力量的取之不尽用之不竭的资源。

　　这场战争不仅限于在我们这块不幸的土地上，战争的胜败不取决于法国战场的局势。这是一场世界大战。所有的过失、延误和磨难都不会改变一个事实，即世界上仍有种种锦囊妙计，能够最终置我们的敌人于死地。我们今天虽然受挫于机械化部队，将来，我们却可用更高级的机械化部队制胜，世界的命运正系于此。

　　我，戴高乐将军，现在在伦敦向法国的官兵发了请求，不管你们现在还是将来踏上英国的田地，不管是否持有武器，都同我联系。我请求具有制造武器技能的工程师和技术工人，不管你们现在或是将来踏上英国的国土，都和我联系。

不管风云如何变幻,法兰西抗战烽火都不会被扑灭,法兰西的抗战烽火也绝不可能被扑灭。

明天,我还会像今天一样继续在伦敦发表广播演讲。

📖 阅读提示

法兰西第五共和国总统夏尔·戴高乐是法国现代史上著名的反法西斯英雄,也是一位著名的演说家。1940 年 6 月 18 日,即法国贝当元帅向希特勒投降的第二天,他在伦敦布什大厦的播音室里,向法国人民发表了这篇著名的演说。

戴高乐的这篇演讲言简意明,充满爱国主义的激情和必胜的信念。他在法国向德国法西斯投降之际,高举起"争取民族独立"的大旗,领导法国人民开展抵抗运动,使法国人民在黑暗中看到一线光明,重新燃起了希望。这篇演讲成为战时法国抵抗运动的动员令和号召书,也使戴高乐成为法国人民心目中的爱国英雄。

十二、在博鳌亚洲论坛 2013 年年会上的主旨演讲

习 近 平

尊敬的各位元首、政府首脑、议长、国际组织负责人、部长,博鳌亚洲论坛理事会各位成员,各位来宾,女士们,先生们,朋友们:

椰风暖人,海阔天高。在这美好的季节里,同大家相聚在美丽的海南岛,参加博鳌亚洲论坛 2013 年年会,我感到十分高兴。

首先,我谨代表中国政府和人民,并以我个人的名义,对各位朋友的到来,表示诚挚的欢迎! 对年会的召开,表示热烈的祝贺!

12 年来,博鳌亚洲论坛日益成为具有全球影响的重要论坛。在中国文化中,每 12 年是一个生肖循环,照此说来,博鳌亚洲论坛正处在一个新的起点上,希望能更上一层楼。

本届年会以"革新、责任、合作:亚洲寻求共同发展"为主题,很有现实意义。相信大家能够充分发表远见卓识,共商亚洲和世界发展大计,为促进本地区乃至全球和平、稳定、繁荣贡献智慧和力量。

当前,国际形势继续发生深刻复杂变化。世界各国相互联系日益紧密、相互依存日益加深,遍布全球的众多发展中国家、几十亿人口正在努力走向现代化,和平、发展、合作、共赢的时代潮流更加强劲。

同时,天下仍很不太平,发展问题依然突出,世界经济进入深度调整期,整体复苏艰难曲折,国际金融领域仍然存在较多风险,各种形式的保护主义上升,各国调整经济结构面临不少困难,全球治理机制有待进一步完善。实现各国共同发展,依然任重而道远。

亚洲是当今世界最具发展活力和潜力的地区之一,亚洲发展同其他各大洲发展息息相关。亚洲国家积极探索适合本国情况的发展道路,在实现自身发展的同时有力促进了世界发展。亚洲与世界其他地区共克时艰,合作应对国际金融危机,成为拉动世界经济复苏和增长的重要引擎,近年来对世界经济增长的贡献率已超过 50%,给世界带来了信心。亚洲同世界其他地区的区域次区域合作展现出勃勃生机和美好前景。

当然,我们也清醒地看到,亚洲要谋求更大发展、更好推动本地区和世界其他地区共同

发展,依然面临不少困难和挑战,还需要爬一道道的坡、过一道道的坎。

——亚洲发展需要乘势而上、转型升级。对亚洲来说,发展仍是头等大事,发展仍是解决面临的突出矛盾和问题的关键,迫切需要转变经济发展方式、调整经济结构,提高经济发展质量和效益,在此基础上不断提高人民生活水平。

——亚洲稳定需要共同呵护、破解难题。亚洲稳定面临着新的挑战,热点问题此起彼伏,传统安全威胁和非传统安全威胁都有所表现,实现本地区长治久安需要地区国家增强互信、携手努力。

——亚洲合作需要百尺竿头、更进一步。加强亚洲地区合作的机制和倡议很多,各方面想法和主张丰富多样,协调各方面利益诉求、形成能够保障互利共赢的机制需要更好增进理解、凝聚共识、充实内容、深化合作。

女士们、先生们、朋友们!

人类只有一个地球,各国共处一个世界。共同发展是持续发展的重要基础,符合各国人民长远利益和根本利益。我们生活在同一个地球村,应该牢固树立命运共同体意识,顺应时代潮流,把握正确方向,坚持同舟共济,推动亚洲和世界发展不断迈上新台阶。

第一,勇于变革创新,为促进共同发展提供不竭动力。长期以来,各国各地区在保持稳定、促进发展方面形成了很多好经验好做法。对这些好经验好做法,要继续发扬光大。同时,世间万物,变动不居。"明者因时而变,知者随事而制。"要摒弃不合时宜的旧观念,冲破制约发展的旧框框,让各种发展活力充分迸发出来。要加大转变经济发展方式、调整经济结构力度,更加注重发展质量,更加注重改善民生。要稳步推进国际经济金融体系改革,完善全球治理机制,为世界经济健康稳定增长提供保障。亚洲历来具有自我变革活力,要勇做时代的弄潮儿,使亚洲变革和世界发展相互促进、相得益彰。

第二,同心维护和平,为促进共同发展提供安全保障。和平是人民的永恒期望。和平犹如空气和阳光,受益而不觉,失之则难存。没有和平,发展就无从谈起。国家无论大小、强弱、贫富,都应该做和平的维护者和促进者,不能这边搭台、那边拆台,而应该相互补台、好戏连台。国际社会应该倡导综合安全、共同安全、合作安全的理念,使我们的地球村成为共谋发展的大舞台,而不是相互角力的竞技场,更不能为一己之私把一个地区乃至世界搞乱。各国交往频繁,磕磕碰碰在所难免,关键是要坚持通过对话协商与和平谈判,妥善解决矛盾分歧,维护相互关系发展大局。

第三,着力推进合作,为促进共同发展提供有效途径。"一花独放不是春,百花齐放春满园。"世界各国联系紧密、利益交融,要互通有无、优势互补,在追求本国利益时兼顾他国合理关切,在谋求自身发展中促进各国共同发展,不断扩大共同利益汇合点。要加强南南合作和南北对话,推动发展中国家和发达国家平衡发展,夯实世界经济长期稳定发展基础。要积极创造更多合作机遇,提高合作水平,让发展成果更好惠及各国人民,为促进世界经济增长多作贡献。

第四,坚持开放包容,为促进共同发展提供广阔空间。"海纳百川,有容乃大。"我们应该尊重各国自主选择社会制度和发展道路的权利,消除疑虑和隔阂,把世界多样性和各国差异性转化为发展活力和动力。我们要秉持开放精神,积极借鉴其他地区发展经验,共享发展资源,推进区域合作。进入新世纪10多年来,亚洲地区内贸易额从8000亿美元增长到3万亿美元,亚洲同世界其他地区贸易额从1.5万亿美元增长到4.8亿美元,这表明亚洲合作是开放的,区域内合作和同其他地区合作并行不悖,大家都从合作中得到了好处。亚洲应该欢迎域外国家为本地区稳定和发展发挥建设性作用,同时,域外国家也应该尊重亚洲的多样性特点和已经形成的合作传统,形成亚洲发展同其他地区发展良性互动、齐头并进的良好态势。

女士们、先生们、朋友们!

中国是亚洲和世界大家庭的重要成员。中国发展离不开亚洲和世界,亚洲和世界繁荣稳定也需要中国。

去年11月,中国共产党召开了第十八次全国代表大会,明确了中国今后一个时期的发展蓝图。我们的奋斗目标是,到2020年国内生产总值和城乡居民人均收入在2010年的基础上翻一番,全面建成小康社会;到本世纪中叶建成富强民主文明和谐的社会主义现代化国家,实现中华民族伟大复兴的中国梦。展望未来,我们充满信心。

我们也认识到,中国依然是世界上最大的发展中国家,中国发展仍面临着不少困难和挑战,要使全体中国人民都过上美好生活,还需要付出长期不懈的努力。我们将坚持改革开放不动摇,牢牢把握转变经济发展方式这条主线,集中精力把自己的事情办好,不断推进社会主义现代化建设。

"亲望亲好,邻望邻好。"中国将坚持与邻为善、以邻为伴,巩固睦邻友好,深化互利合作,努力使自身发展更好惠及周边国家。

我们将大力促进亚洲和世界发展繁荣。新世纪以来,中国同周边国家贸易额由100多亿美元增至1.3亿美元,已成为众多周边国家的最大贸易伙伴、最大出口市场、重要投资来源地。中国同亚洲和世界的利益融合达到前所未有的广度和深度。当前和今后一个时期,中国经济将继续保持健康发展势头,国内需求特别是消费需求将持续扩大,对外投资也将大幅增加。据测算,今后5年,中国将进口10万亿美元左右的商品,对外投资规模将达到5000亿美元,出境旅游有可能超过4亿人次。中国越发展,越能给亚洲和世界带来发展机遇。

我们将坚定维护亚洲和世界和平稳定。中国人民对战争和动荡带来的苦难有着刻骨铭心的记忆,对和平有着孜孜不倦的追求。中国将通过争取和平国际环境发展自己,又以自身发展维护和促进世界和平。中国将继续妥善处理同有关国家的分歧和摩擦,在坚定捍卫国家主权、安全、领土完整的基础上,努力维护同周边国家关系和地区和平稳定大局。中国将在国际和地区热点问题上继续发挥建设性作用,坚持劝和促谈,为通过对话谈判妥善处理有关问题作出不懈努力。

我们将积极推动亚洲和世界范围的地区合作。中国将加快同周边国家的互联互通建设,积极探讨搭建地区性融资平台,促进区域内经济融合,提高地区竞争力。中国将积极参与亚洲区域合作进程,坚持推进同亚洲之外其他地区和国家的区域次区域合作。中国将继续倡导并推动贸易和投资自由化便利化,加强同各国的双向投资,打造合作新亮点。中国将坚定支持亚洲地区对其他地区的开放合作,更好促进本地区和世界其他地区共同发展。中国致力于缩小南北差距,支持发展中国家增强自主发展能力。

女士们、先生们、朋友们!

亲仁善邻,是中国自古以来的传统。亚洲和世界和平发展、合作共赢的事业没有终点,只有一个接一个的新起点。中国愿同五大洲的朋友们携手努力,共同创造亚洲和世界的美好未来,造福亚洲和世界人民!

最后,预祝年会取得圆满成功!

阅读提示

博鳌亚洲论坛(英文名称为 Boao Forum For Asia,缩写 BFA)(以下简称"论坛")是一个非政府、非营利性、定期、定址的国际组织。

论坛由菲律宾前总统拉莫斯、澳大利亚前总理霍克及日本前首相细川护熙于 1998 年倡议,并于 2001 年 2 月 27 日正式宣告成立。中国海南博鳌为论坛总部的永久地所在,从 2002 年开始,论坛每年定期在博鳌召开年会。

论坛的宗旨是立足亚洲,面向世界,促进和深化本地区内和本地区与世界其他地区间的经济交流、协调与合作。为政府、企业及专家学者等提供一个共商经济、社会、环境及其他相关问题的高层对话平台。通过论坛与政界、商界及学术界建立的工作网络为会员与会员之间、会员与非会员之间日益扩大的经济合作提供服务。

习近平在博鳌亚洲论坛 2013 年年会发表主旨演讲,就当前亚洲和世界的发展形势作出科学判断和精辟论述,对实现亚洲和世界和平发展、合作共赢所面临的机遇和挑战进行了深刻分析,阐明了中国外交政策的新理念。勇于变革创新、同心维护和平、着力推进合作、坚持开放包容——讲话的关键词,折射出中国促进亚洲和世界发展繁荣、维护和平稳定、推动合作共赢,共创亚洲和世界美好未来的坚定决心。

主要参考文献

贝思德教育机构 . 2002. 青年口才训练教程 . 西安 : 西北大学出版社

方百寿 . 2002. 管理口才 . 北京 : 海潮出版社

高捍东 . 2004. 有效演讲口才技能 . 长沙 : 中南大学出版社

何书宏 . 2006. 演讲与口才知识全集 . 北京 : 北京工业大学出版社

惠转宁,赖华强 . 2015. 领导与管理口才 . 广州 : 暨南大学出版社

姜国和 . 2005. 医患沟通 . 北京 : 新华出版社

姜学林 . 2005. 病房警示录——医患沟通案例评析 . 北京 : 人民军医出版社

姜学林,赵世鸿 . 2002. 医患沟通艺术 . 上海 : 第二军医大学出版社

李平 . 2006. 大学生口才实用教程 . 西安 : 第四军医大学出版社

刘晖,张彩霞,阎琦 . 2009. 美口才训练教程 . 北京 : 电子工业出版社

刘津 . 2002. 妙语改变一生 . 北京 : 中国发展出版社

刘维娅 . 2009. 口才与演讲教程 . 武汉 : 华中师范大学出版社

卢卡斯 S. 2002. 演讲的艺术 . 李斯,译 . 海口 : 海南出版社

美国职业出版社 . 2003. 实用演讲与发言技巧 . 高彬,译 . 北京 : 中国劳动社会保障出版社

田园,傅有德 . 2006. 管理口才实务 . 北京 : 解放军出版社

王建民 . 2011. 瞬间掌握管理口才 . 北京 : 北京工业大学出版社

王锦帆 . 2008. 医患沟通学 . 北京 : 人民卫生出版社

肖传实,李荣山 . 2008. 实用医患沟通技巧 . 北京 : 军事医学科学出版社

谢伯端 . 2009. 实用演讲与口才教程 . 武汉 : 华中科技大学出版社

徐普,邢璐 . 2003. 医患沟通理论与实践 . 西安 : 第四军医大学出版社

闫世东,阎浩然,陈罕冰 . 2003. 出口成章——口头表达的艺术.北京 : 中国物资出版社

颜永平,杨赛 . 2015. 演讲与口才教程 . 上海 : 华东师范大学出版社

叶晗 . 2008. 大学口才教程 . 杭州 : 浙江大学出版社

朱婉儿 . 2009. 医患沟通基础 . 杭州 : 浙江大学出版社